Savia

física y química

sm

4 ESO

Entrar en Saviadigital es fácil:

1. Escribe en internet la siguiente dirección: **smsaviadigital.com**
2. Regístrate e introduce el número de licencia que encontrarás en la página anterior.
3. Como solo debes registrarte una vez, anota tu **identificador** y **contraseña**.

CONOCE TU LIBRO

Entrada de la unidad

Empieza la unidad disfrutando de un texto relacionado con los contenidos que contextualiza la imagen y... **Abre tu mirada**.

Propuestas de actividades
Sirven para motivar, detectar lagunas, dificultades y conocimientos previos.

Ruta de aprendizaje
Cuestiones que te indican qué vas a aprender en la unidad.

Y tú, ¿qué opinas?
Cuestiones para promover tu opinión, el pensamiento crítico o la conciencia social.

Epígrafes

Los contenidos se exponen de manera ordenada y concisa, partiendo de un **contexto inicial** con situaciones reales y cercanas, para concluir con las ideas principales en un cuadro de color.

Mediante el icono **Savia**digital.com podrás acceder a vídeos, animaciones, actividades interactivas y enlaces web que te facilitarán la comprensión de los contenidos.

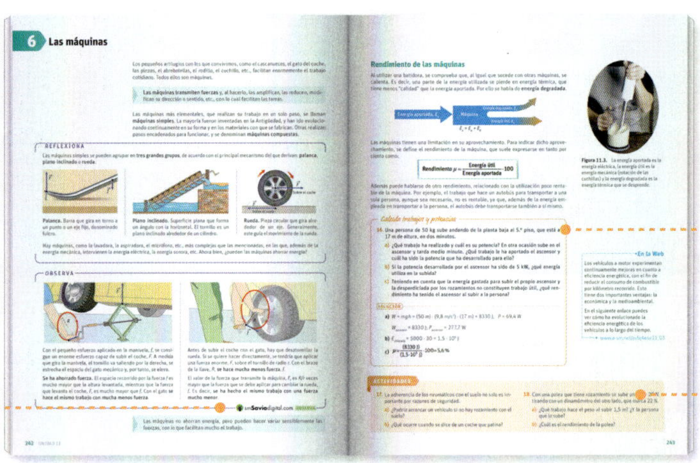

Dispones de **ejercicios resueltos** contextualizados que facilitan tu comprensión de los contenidos.

Actividades propuestas al final de cada epígrafe para que afiances los contenidos.

Repasa lo aprendido

Aquí encontrarás las respuestas a las cuestiones planteadas en la **ruta de aprendizaje** de la entrada.

Procedimientos de la ciencia

Explicación, paso a paso, de las técnicas más habituales de **trabajo en el laboratorio**.

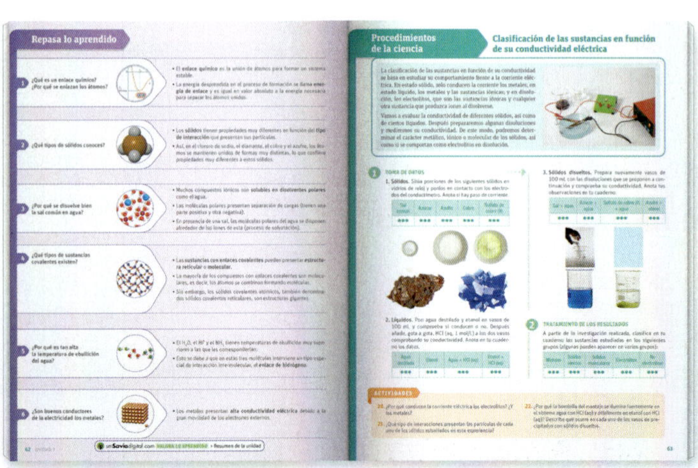

Actividades finales

Para terminar la unidad cuentas con cuatro páginas de **ejercicios y problemas contextualizados** para profundizar y trabajar lo aprendido.

Se intercalan **ejercicios resueltos** que te facilitarán la resolución de las actividades.

Los ejercicios están organizados por los **contenidos** desarrollados y clasificados por **nivel de dificultad**.

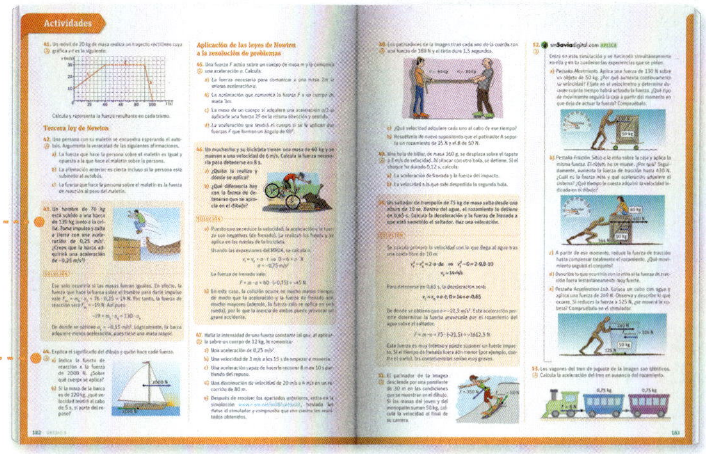

Ponte a prueba

Problemas y actividades PISA

Problemas presentados desde un contexto, extraídos de las pruebas PISA o inspirados en ellas.

Autoevaluación

Cuestiones para que evalúes los conocimientos adquiridos al finalizar la unidad. Dispones de las soluciones en las páginas finales del libro.

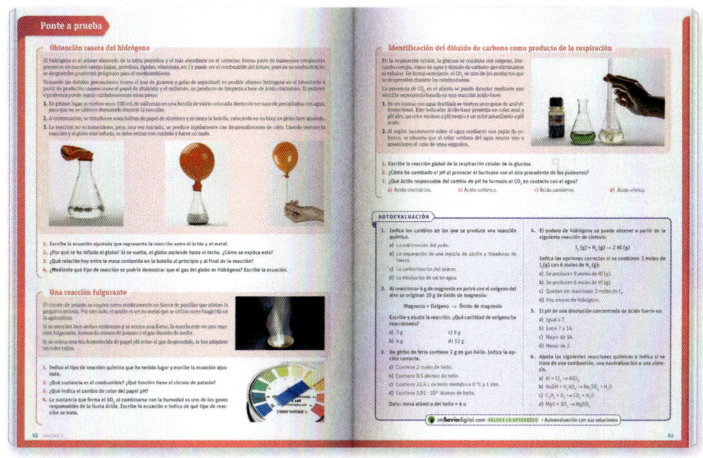

CONOCE **Savia**digital www.sm**Savia**digital.com

Saviadigital te ofrece más recursos y actividades para aprender y profundizar en los contenidos.

En tu libro aparecen llamadas para que sepas qué recursos hay en **Savia**digital.

sm**Savia**digital.com
APLICA Ajusta las ecuaciones químicas que se proponen

OBSERVA	Vídeos y animaciones para facilitarte la comprensión de los contenidos.
PRACTICA	Animaciones que te ayudan a entender el significado de algunas leyes o teorías.
APLICA	Actividades interactivas con las que resolverás ejercicios de una manera diferente.
INVESTIGA	Enlaces externos en los que ampliarás la información.
VALORA LO APRENDIDO	Resumen y autoevaluación de la unidad.

Para acceder a **Savia**digital, sigue los pasos que encontrarás al abrir este libro.

ÍNDICE

1 El trabajo científico

Abre tu mirada

La ciencia es un intento por entender el mundo físico que nos rodea y explicar los fenómenos naturales que en él se presentan. El científico, trabajando en equipo, tiene que diseñar experimentos, realizar medidas, emitir hipótesis, elaborar modelos, argumentar a partir de los datos obtenidos, sacar conclusiones y comunicar al resto de la comunidad científica los resultados alcanzados.

- ¿Qué es la ciencia?
- ¿Qué estudian la física y la química?
- ¿En qué consiste medir? ¿Qué unidades de medida emplea el SI?
- ¿Es lo mismo exactitud y precisión?

Observa y decide

Las ciencias físicas se ocupan del estudio de los fenómenos físicos y químicos.

a) ¿Qué caracteriza el trabajo de la física? ¿Y el de la química?

b) Pregunta a algún físico o químico por su trabajo.

c) ¿Te gustaría trabajar como científico? ¿Por qué?

a

b

c

Analiza y determina

La ciencia sigue una metodología.

a) ¿En qué consiste? ¿Es la misma para todas las ciencias?

b) ¿Por qué es importante "medir"?

c) ¿Qué es "emitir una hipótesis"?

d) ¿Para qué sirven los modelos científicos?

Y tú, ¿qué opinas?

Comprender el universo que habitamos es el objetivo teórico de la ciencia. Gracias a ella, nuestro conocimiento del mundo físico es cada vez más profundo y exacto, pero ¿crees que la ciencia ofrece respuestas definitivas? ¿Qué le queda a la ciencia por saber?

La ciencia ha permitido desarrollos tecnológicos que, bien empleados, nos ayudan a diario en todas nuestras actividades y nos ofrecen mayor calidad de vida. Pero estas aplicaciones no están exentas de peligros cuando las manejamos de forma inadecuada. ¿Qué usos de la ciencia han resultado positivos para el progreso de la humanidad? ¿Cuáles han sido perjudiciales?

- ¿Con cuántas cifras debemos expresar un resultado?
- ¿Qué diferencia hay entre magnitudes escalares y vectoriales?
- ¿Cómo se investiga la relación entre variables?

1 La ciencia y la metodología científica

En ciencia no existe un único método universal válido para todas las disciplinas, sino un conjunto de diversos procedimientos que constituyen la **metodología científica**.

EXPERIMENTA

¿Qué ocurrirá si colocas una vela encendida en un plato con agua y, a continuación, la tapas con un vaso?

- Realiza este experimento y observa lo que pasa.
- Plantea una hipótesis, es decir, una posible explicación de lo sucedido.
- Discute y argumenta con tus compañeros las diferentes hipótesis propuestas.
- Defiende o rechaza cada una de ellas a partir de lo que has observado.
- Propón nuevas experiencias que permitan confirmar o refutar las hipótesis.

- Un **experimento** es la reproducción de un fenómeno natural o la producción de uno nuevo; se hace de manera controlada y en él se realizan ciertas **medidas**.
- Una **hipótesis** es la explicación tentativa de un fenómeno, una suposición acerca de las relaciones que pudieran existir entre las variables involucradas.
- Las **pruebas experimentales** obtenidas validan o refutan las hipótesis emitidas.
- Una **argumentación** es la justificación de una hipótesis en función de las pruebas experimentales halladas.
- Un **modelo** es cierta representación mental o material de la estructura o el funcionamiento de un objeto o de un fenómeno.
- Una **ley experimental** es la generalización de una serie de observaciones realizadas bajo las mismas condiciones experimentales.
- Una **teoría científica** es un conjunto coherente de hipótesis capaz de explicar muchos fenómenos relacionados y las leyes experimentales que los describen.

ACTIVIDADES

1. Pon ejemplos de: experimento, hipótesis, pruebas experimentales, modelo, ley experimental y teoría científica.

La teoría del flogisto y la teoría de Lavoisier de la combustión

Cuando se quema la cera de una vela, esta desaparece. Otras observaciones similares hicieron pensar a los científicos de la segunda mitad del siglo XVIII que los materiales perdían al arder algún tipo de sustancia: el "flogisto".

La **teoría del flogisto** era errónea, pues no podía explicar el incremento de masa de los metales cuando eran calcinados o quemados: si este proceso implicara la eliminación de flogisto, el producto resultante debería pesar menos, no más.

Lavoisier propuso entonces una nueva **teoría de la combustión**.

ACTIVIDADES

2. Explica mediante la teoría del flogisto por qué se apaga la vela al taparla con el vaso.
3. Investiga acerca de la teoría de la combustión de Lavoisier: ¿qué hipótesis realizó?, ¿con qué evidencias y pruebas experimentales contaba?

EXPERIMENTA

Reproduce por ti mismo la experiencia de Lavoisier:

- Coloca lana de acero en un plato y pésala con una balanza electrónica.
- Quema la lana mediante el paso de corriente eléctrica.
- Pesa de nuevo tras la combustión.
- Interpreta qué ha sucedido.

Lana de acero — Lana de acero oxidada

Para probar que la oxidación de un metal es un proceso que implica la reacción de este con el oxígeno del aire, puedes realizar la siguiente experiencia:

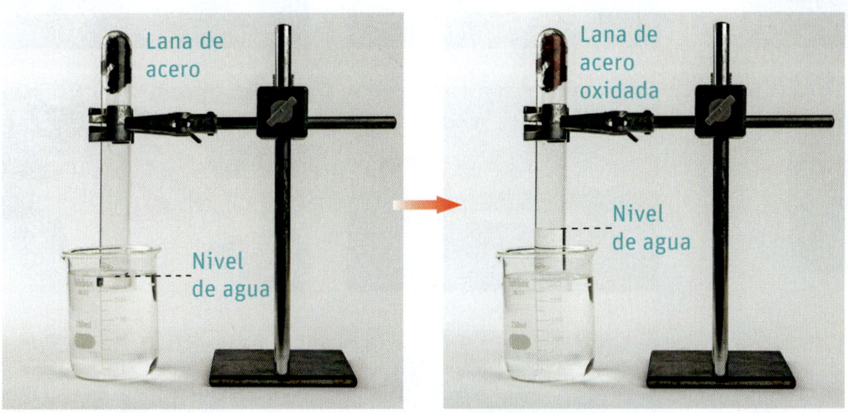

- Introduce lana de acero en el fondo de un tubo de ensayo y coloca el tubo invertido en un vaso con agua.
- Espera al día siguiente y verás que el nivel de agua en el tubo ha ascendido. ¿Por qué ha ocurrido tal cosa?
- ¿Por qué este experimento sí permite concluir que la oxidación del hierro implica su reacción con el oxígeno del aire?
- ¿Se puede estimar a partir de esta experiencia la proporción de oxígeno que hay en el aire?

Toda investigación científica se caracteriza por una serie de procesos, resumidos en las siguientes etapas:

1. **Identificación de un problema y formulación de preguntas de carácter científico**, lo cual da lugar al inicio de una investigación.
2. **Planteamiento de hipótesis y construcción de modelos explicativos**, que intentan dar una respuesta al problema previamente detectado.
3. **Contrastación experimental de las hipótesis y de los modelos propuestos.** La manera de probar si una hipótesis o un modelo son correctos es buscar pruebas experimentales de su validez.
4. **Análisis, discusión y evaluación de los resultados.** El análisis de los resultados implica argumentar si los datos obtenidos confirman o no las hipótesis emitidas y el modelo propuesto.
5. **Comunicación de los resultados.** Los resultados obtenidos se comunican al resto de la comunidad científica internacional para que puedan ser conocidos, estudiados y validados por otros científicos.

smSaviadigital.com OBSERVA
En este vídeo puedes ver los tres experimentos de esta doble página.

2 La física y la química

Las **ciencias de la naturaleza** tienen por objeto el estudio del mundo físico o natural; entre ellas están las **ciencias físicas** (física y química) y las **ciencias naturales** (biología y geología).

Las **ciencias sociales** (historia, sociología, antropología, geografía humana, economía, derecho, etc.) se ocupan de la cultura y la sociedad.

IDENTIFICA

Observa las siguientes imágenes e indica qué ámbitos de la física o de la química están implicados en ellas.

Física

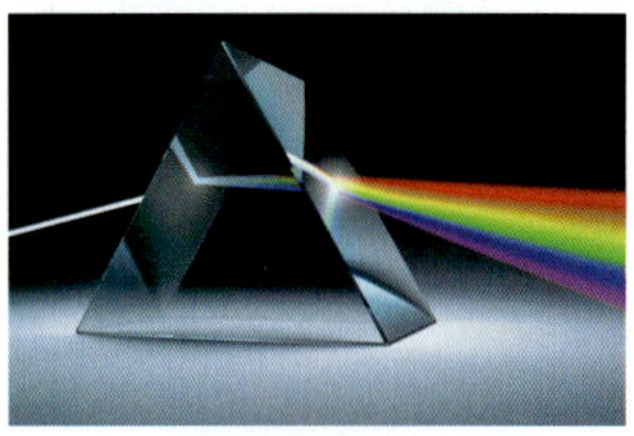

Química

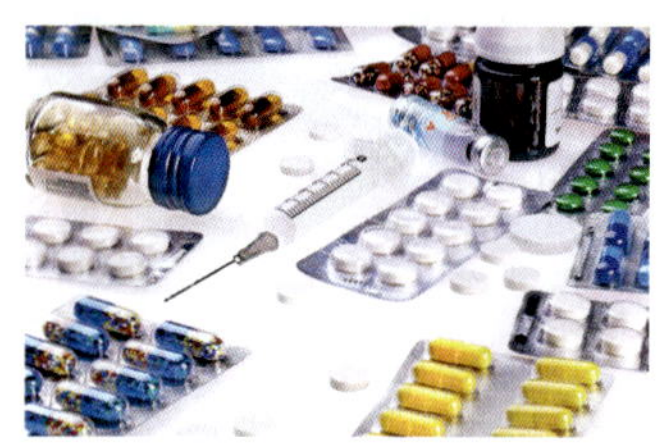

La **física** estudia los constituyentes íntimos de la materia (átomos, partículas subatómicas y elementales), las fuerzas fundamentales de la naturaleza (gravitatoria, electromagnética y nuclear), el movimiento, la energía y el universo.

La **química** estudia las propiedades, la composición, la estructura y el cambio químico de las sustancias, interpretándolo en función del comportamiento de los átomos, moléculas e iones que las constituyen.

Estas ciencias no tienen solo un objetivo teórico, sino también práctico, ya que han permitido **desarrollos tecnológicos**.

La física ha revolucionado, por ejemplo, el transporte, las comunicaciones, la óptica y la electrónica.

La química ha permitido la síntesis de muchas sustancias, desde plásticos y fertilizantes hasta medicamentos para tratar la tuberculosis, el cáncer o el sida.

ACTIVIDADES

4. Buscad, por grupos, información en internet acerca de las actividades principales desarrolladas por los investigadores en las disciplinas de la física y la química. Realizad una presentación para comunicarlo al resto de la clase.

3 La medida: magnitudes y unidades

El estudio de los fenómenos físicos y químicos implica elaborar experimentos en los que se realizan medidas con los instrumentos adecuados.

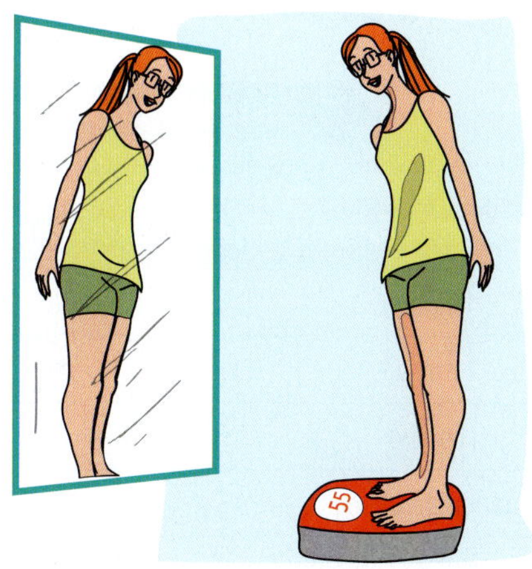

Una **magnitud** es cualquier propiedad que puede ser medida; la longitud, el volumen, la masa o el tiempo son ejemplos de magnitudes.

La **medida** de una magnitud es el resultado de comparar esta con cierta cantidad de la misma magnitud que se toma como patrón o unidad de medida.

La medida de cualquier magnitud siempre viene dada por un **número** y una **unidad**.

Por ejemplo, si la longitud, *l*, de una mesa es de 1,52 metros, significa que es 1,52 veces mayor que la unidad patrón de longitud, el metro (m); se expresa así: $l = 1{,}52$ m.

Magnitudes fundamentales y magnitudes derivadas

Las **magnitudes fundamentales** son las que no se pueden expresar en función de otras magnitudes, como, por ejemplo, la longitud, *L*, la masa, *m*, o el tiempo, *t*.

Las **magnitudes derivadas** son las que se pueden expresar a partir de las fundamentales; la superficie, el volumen o la velocidad son magnitudes derivadas:

- La superficie, *S*, de un rectángulo de lados *a* y *b* se expresa como: $S = a \cdot b$.
- El volumen, *V*, de un cubo de arista *L* se halla así: $V = L^3$.
- La velocidad, *v*, de un móvil se calcula según la expresión:

$$v = \frac{e}{t}$$

donde *e* es la distancia recorrida, y *t*, el tiempo empleado.

Las **unidades** también se pueden clasificar en **fundamentales** y **derivadas**:

- El metro, el kilogramo y el segundo son unidades fundamentales.
- El metro por segundo (m/s), el metro cuadrado (m^2) o el metro cúbico (m^3) son unidades derivadas.

Recuerda

El m^3 es una unidad derivada que equivale al volumen de un cubo de 1 m de arista.

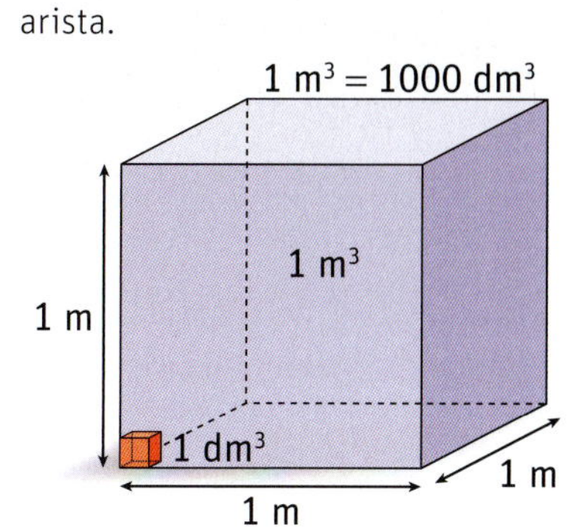

ACTIVIDADES

5. ¿Por qué la expresión "masa = 4,5" no informa sobre el resultado de una medida?
6. Explica qué se entiende por magnitud.
7. Haz una lista de las magnitudes que conozcas e indica cuáles son fundamentales y cuáles derivadas. Expresa las magnitudes derivadas en función de las fundamentales.

En la Web

Practica con magnitudes y unidades.

www.e-sm.net/svfq4eso01_01

Te interesa saber

Los **símbolos de las magnitudes** se escriben siempre en cursiva.

Los **símbolos de las unidades** siempre se escriben en redonda, minúscula y sin punto. No obstante, si provienen del nombre propio de un científico, se escriben en mayúscula; por ejemplo, K (de lord Kelvin) y A (de Ampère).

El sistema internacional de unidades

Para facilitar su trabajo, los científicos han convenido usar el **sistema internacional de unidades (SI)**, que emplea siete magnitudes fundamentales y sus unidades:

Sistema internacional de unidades

Magnitud física	Símbolo de la magnitud	Unidad	Símbolo de la unidad
longitud	L	metro	m
masa	m	kilogramo	kg
tiempo	t	segundo	s
temperatura absoluta	T	kelvin	K
intensidad de corriente	I	amperio	A
cantidad de sustancia	n	mol	mol
intensidad luminosa	I_v	candela	cd

Múltiplos y submúltiplos de las unidades del SI

En ocasiones, la cantidad medida es mucho más grande o mucho más pequeña que la unidad básica del SI; se emplean entonces múltiplos y submúltiplos del SI:

Múltiplos

	Notación exponencial	Prefijo	Símbolo
1 000 000 000 000	10^{12}	tera-	T
1 000 000 000	10^{9}	giga-	G
1 000 000	10^{6}	mega-	M
1000	10^{3}	kilo-	k
100	10^{2}	hecto-	h
10	10^{1}	deca-	da

Submúltiplos

	Notación exponencial	Prefijo	Símbolo
0,1	10^{-1}	deci-	d
0,01	10^{-2}	centi-	c
0,001	10^{-3}	mili-	m
0,000 001	10^{-6}	micro-	μ
0,000 000 001	10^{-9}	nano-	n
0,000 000 000 001	10^{-12}	pico-	p

Notación exponencial o científica

Permite expresar cómodamente cantidades muy grandes o muy pequeñas mediante un coeficiente y una potencia de 10. Por ejemplo:

$$4\,320\,000 = 4{,}32 \cdot 10^{6} \qquad 0{,}008\,350 = 8{,}35 \cdot 10^{-3}$$

Factores de conversión

Cuando se quiere convertir una cantidad expresada en una unidad del SI en otra múltiplo o submúltiplo de esta, se emplean factores de conversión.

Un **factor de conversión** es una fracción que expresa la equivalencia entre dos unidades de una misma magnitud. Por ejemplo:

$$(6530 \text{ m}) \cdot (1 \text{ km}/1000 \text{ m}) = 6{,}350 \text{ km}$$

ACTIVIDADES

8. Convierte las cantidades siguientes utilizando factores de conversión.
   a) 83 500 m en km
   b) 432 mg en g
   c) 5,4 m en cm
   d) 1,6 h en s

4 Errores en la medida

Siempre que realizamos una medida cometemos algún **error**; es decir, siempre hay alguna diferencia entre el valor medido y el valor real de la magnitud que medimos.

El **error aleatorio o accidental** se debe a múltiples factores incontrolables que provocan variaciones entre una medición y la siguiente. Para minimizarlo, se repite la medida varias veces y se toma el valor medio como una estimación del valor real.

El **error sistemático** se debe a imperfecciones en los aparatos de medida, y siempre alteran la medición de la misma manera. Se corrige calibrando correctamente el instrumento o empleando otro más exacto.

Exactitud, precisión y sensibilidad

La **exactitud** de una medida es la coincidencia entre el valor medido y el valor real: un instrumento es **exacto** si al medir con él obtenemos un valor muy próximo al real.

La **precisión** de una medida es la proximidad de los valores obtenidos al repetirla: un instrumento es **preciso** si al repetir una medida arroja valores muy parecidos.

La **sensibilidad** o **resolución** de un instrumento es la mínima cantidad que permite apreciar; por ejemplo, en la balanza de la derecha la sensibilidad es de 0,01 g.

Error absoluto y error relativo

La sensibilidad de un instrumento da una idea del **error absoluto,** ε_a, que, como máximo, cometemos. Así, utilizando una regla graduada en milímetros, ε_a será como máximo ± 1 mm.

La importancia de este error depende de lo grande que sea en relación con la cantidad, *x*, que se mide. Por ello, se define el **error relativo,** ε_r:

$$\varepsilon_r = \frac{\varepsilon_a}{x} \cdot 100\ \%$$

Calcula el error relativo

1. **Se mide la longitud de un lápiz con una regla graduada en mm y se obtiene un valor de 7,2 cm. Expresa el resultado de la medida, indica su error absoluto y calcula el error relativo.**

SOLUCIÓN

Estamos cometiendo un error absoluto ε_a = ± 0,1 cm, así que su longitud se expresará como:

$$l = 7{,}2 \pm 0{,}1\ \text{cm}$$

y el error relativo será:

$$\varepsilon_r = \frac{\varepsilon_a}{l} \cdot 100\ \% = \frac{(0{,}1\ \text{cm})}{(7{,}2\ \text{cm})} \cdot 100\ \% = 1{,}4\ \%$$

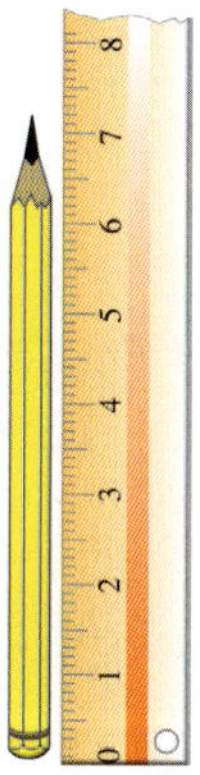

PON EN VALOR

Actualmente, con el empleo de sensores calibrados, se han detectado fraudes en las emisiones de CO_2 producidas por los coches. ¿Cómo han logrado hasta hoy burlar las inspecciones?
www.e-sm.net/svfq4eso01_02

Recuerda

No confundas precisión con exactitud. Una balanza puede ser muy precisa, pero tener un defecto de construcción que dé lugar a un error sistemático. Con esta balanza conseguiremos medidas muy precisas, pero poco exactas.

ACTIVIDADES

9. Los siguientes dibujos muestran los resultados de cuatro tiradores de dardos. ¿Cómo calificarías a cada uno de ellos?

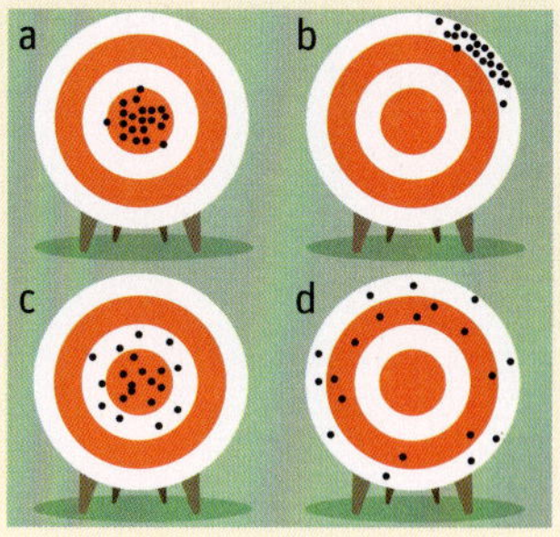

- preciso e inexacto
- impreciso e inexacto
- preciso y exacto
- exacto e impreciso

10. Al medir la masa de una sustancia con una balanza de sensibilidad 0,01 g se obtiene el valor de 3,46 g. Determina el error absoluto y relativo de la medida.

5 Cifras significativas

smSaviadigital.com PRACTICA

Juego de acierto y error en medidas.

La sensibilidad de un instrumento determina también el número de **cifras significativas** con que se puede expresar el resultado de una medida.

El termómetro de la figura marca una temperatura entre 18,6 °C y 18,7 °C, pero como no facilita el valor de la centésima, la lectura solo tendrá tres cifras significativas.

INTERPRETA

Las fotografías muestran la medida de la masa de una sustancia y del volumen de un líquido.

Lee estas cantidades y exprésalas con las cifras significativas adecuadas.

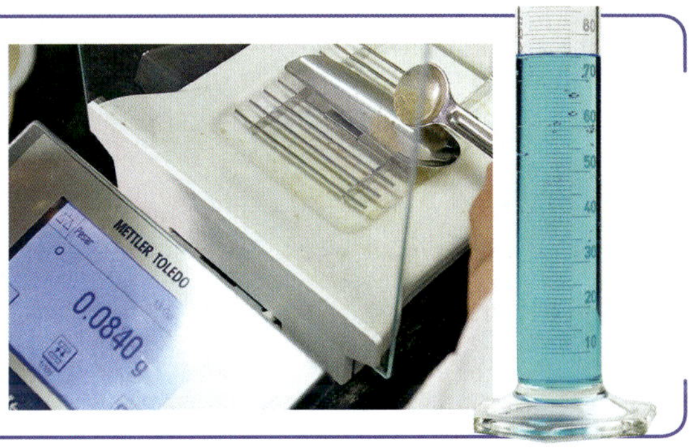

Te interesa saber

El número de **cifras significativas** de un resultado no puede ser nunca mayor que el del dato con menor número de ellas.

Al cortar un número, hemos de **redondear** la cantidad resultante: suma 1 al último dígito si la cifra siguiente es mayor o igual que 5.

Selecciona el número de cifras significativas adecuado

2. **Para determinar la densidad de un material se ha tomado una muestra de él y se ha medido su masa (m = 1,436 g) y su volumen (V = 0,80 cm³). Calcula su densidad con el número correcto de cifras significativas.**

SOLUCIÓN

Al hacer la división con la calculadora obtenemos:

$$d = \frac{m}{V} = \frac{(1{,}436\ \text{g})}{(0{,}80\ \text{cm}^3)} = 1{,}795\ \frac{\text{g}}{\text{cm}^3}$$

Como la masa se ha medido con cuatro cifras significativas, y el volumen, con dos, el resultado no puede tener más de dos cifras significativas:

$$d = 1{,}8\ \frac{\text{g}}{\text{cm}^3}$$

ACTIVIDADES

11. ¿Cuántas cifras significativas tienen las siguientes cantidades?

a) 0,005 kg b) $2{,}4 \cdot 10^3$ K c) 2,56 mol d) 3000 s e) 24,0 m³ f) 12,36 A

12. Redondea cada uno de estos números a cuatro cifras significativas.

a) 46,536 6 b) 46,532 7 c) 46,535 0 d) 46,545 8 e) 46,542 9 f) 46,527 1

13. Calcula la densidad de un trozo de metal cuya masa es de 15,6 g y que ocupa un volumen de 2,0 cm³.

6 Magnitudes escalares y vectoriales

Las magnitudes físicas pueden ser escalares o vectoriales:

Magnitudes escalares	Magnitudes vectoriales
Definidas mediante un número y su unidad correspondiente. Son escalares: distancia, tiempo, masa, volumen, temperatura... 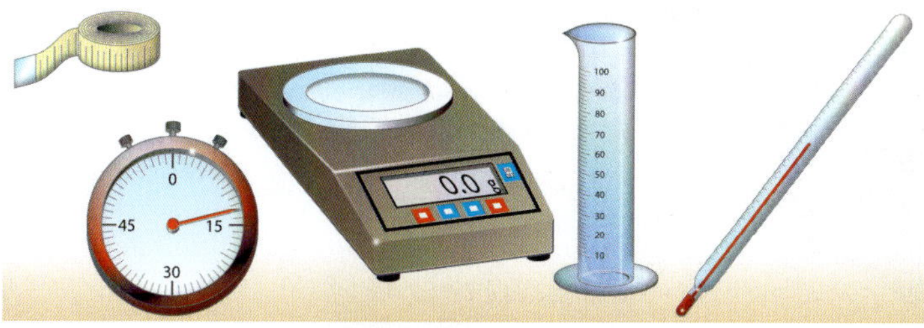	Requieren un número, una dirección y un sentido. Son vectoriales: desplazamiento, velocidad, aceleración, fuerza... 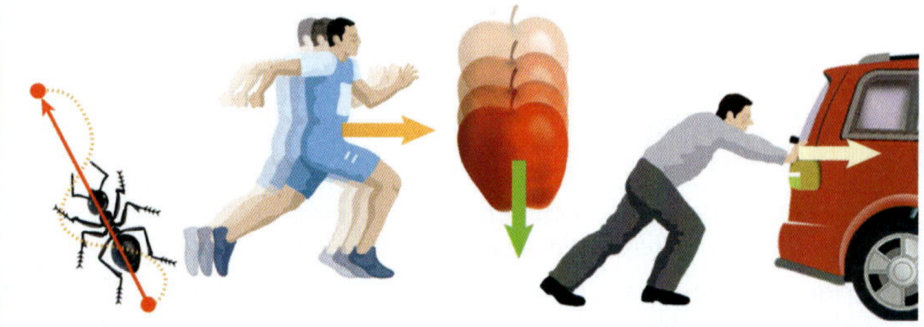

Las magnitudes vectoriales se representan mediante un **vector**, es decir, una flecha o segmento orientado, con los siguientes elementos (figura 1.1):

- **Origen** o **punto de aplicación:** donde comienza o se aplica el vector.
- **Extremo:** la punta de la flecha.
- **Módulo** o **intensidad:** su longitud, con las unidades adecuadas.
- **Dirección:** la recta sobre la que se sitúa el vector.
- **Sentido:** hacia dónde apunta la flecha.

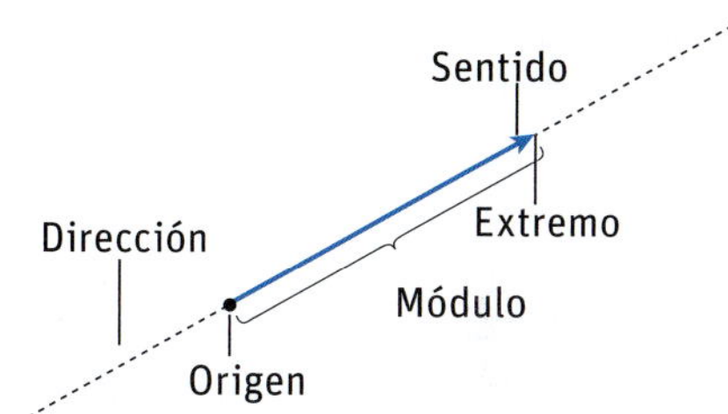

Figura 1.1. Elementos de un vector.

Suma vectorial

Las magnitudes vectoriales se suman mediante la **regla del paralelogramo** (figura 1.2).

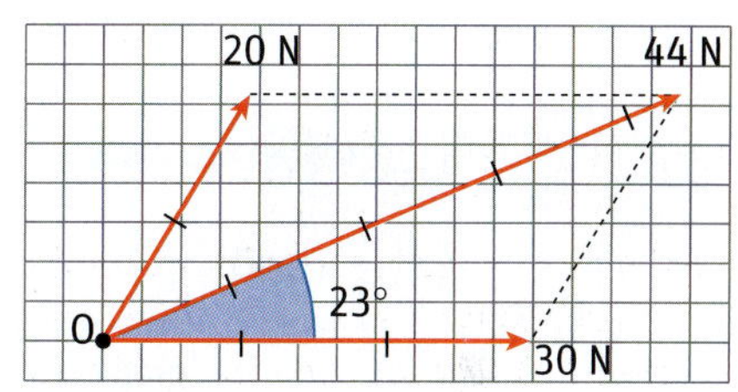

Figura 1.2. Suma vectorial.

Suma fuerzas de diferente dirección o sentido

3. **Determina gráficamente la fuerza resultante en cada caso.**

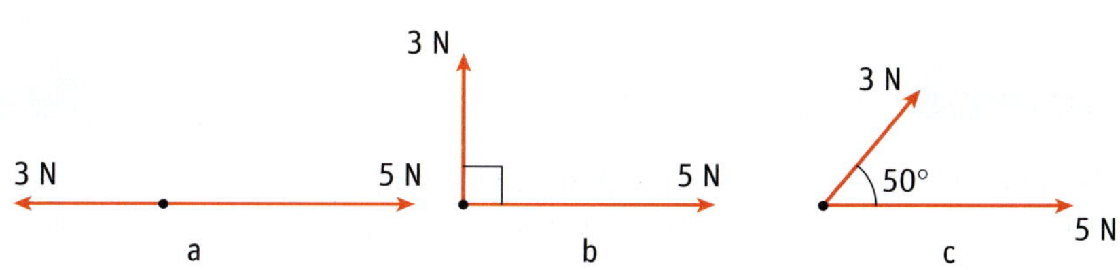

SOLUCIÓN

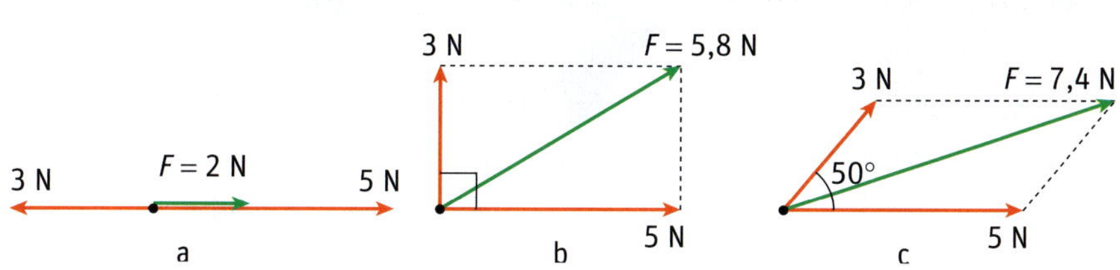

Recuerda

La **distancia recorrida** es una magnitud escalar, pero el **desplazamiento** realizado es un vector.

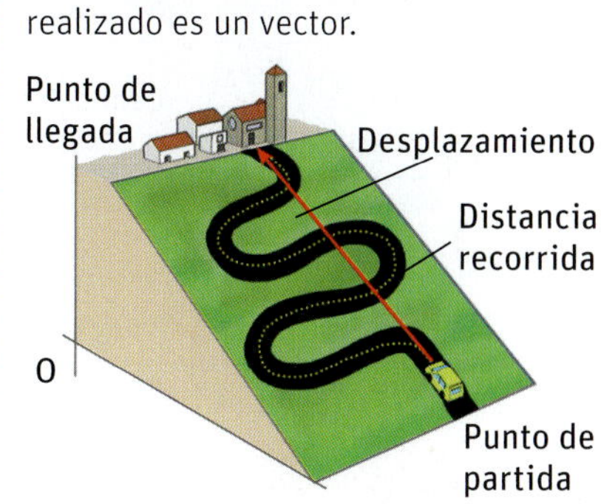

ACTIVIDADES

14. Clasifica las siguientes magnitudes en escalares o vectoriales: distancia recorrida, desplazamiento, aceleración, peso, fuerza, presión, densidad, temperatura, cantidad de sustancia. Justifica tu respuesta.

15. Un piloto dirige su avión hacia el este a 100 m/s y el viento sopla hacia el norte con una velocidad de 25 m/s. ¿Cuál es la velocidad del avión y cuál su dirección y sentido respecto de la tierra?

7 Investigar la relación entre variables

En la Web

Observa este sencillo experimento acerca de la ley de Boyle.

• www.e-sm.net/svfq4eso01_03

Ten en cuenta

El manómetro de la figura mide la diferencia entre la presión del aire en el interior de la jeringa y la presión atmosférica. Por ello, para conocer el valor absoluto de la presión del aire hay que sumar la presión atmosférica a la presión relativa medida.

El objetivo de muchas investigaciones es determinar la relación que existe entre dos magnitudes que se pueden medir y que reciben el nombre de **variables**. Por ejemplo, imaginemos que queremos hallar la relación que existe entre la presión y el volumen de un gas según el montaje de la figura.

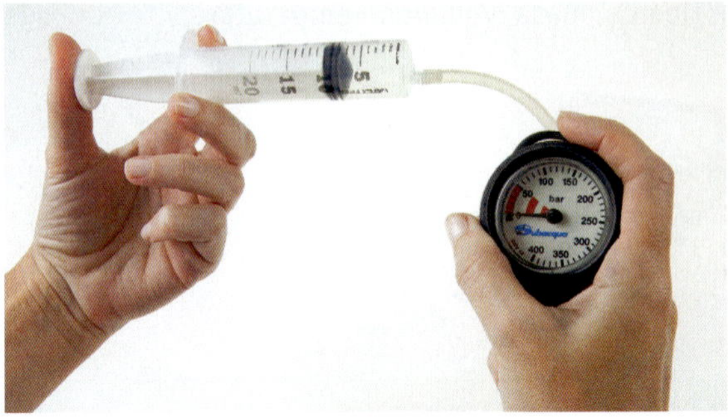

Planificación del experimento

Para determinar qué relación cuantitativa existe entre estas dos variables, debemos planificar un experimento:

1. Escoge la **variable independiente** (en este caso, el volumen), que podrás variar a voluntad, y decide cómo vas a medirla.

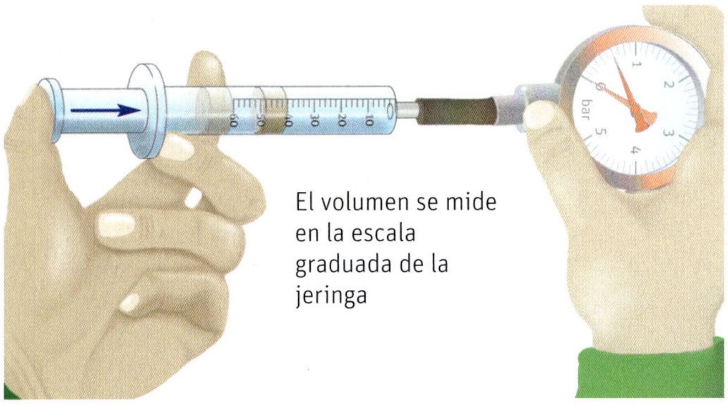

2. Determina cómo vas a medir la **variable dependiente** (en este caso, la presión).

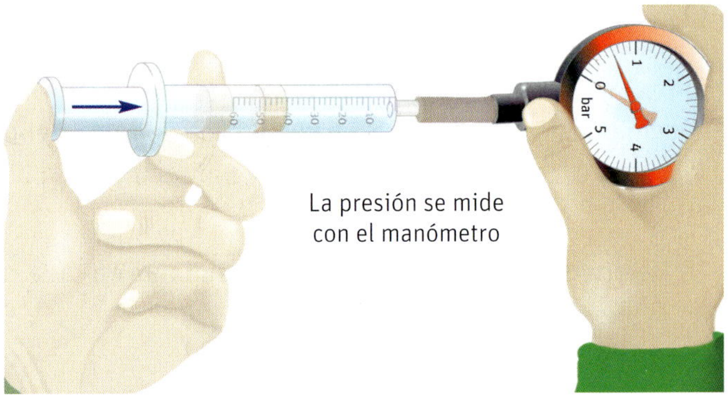

3. Realiza un **control de variables**: identifica y mantén fijas otras variables que puedan influir (temperatura y cantidad de aire).

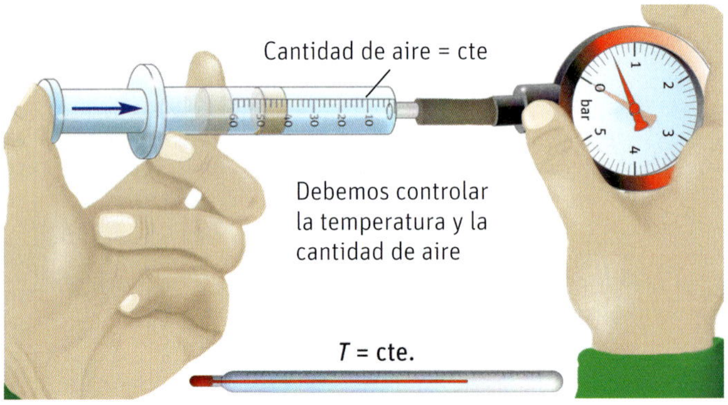

4. Decide el **número de medidas** que vas a realizar (en este caso, cuántos pares de valores volumen-presión mediremos).

ACTIVIDADES

16. Define los conceptos de variable dependiente, variable independiente y variables de control. Propón una investigación y especifica cada una de estas variables.

Realización del experimento

1. Recoge los datos experimentales en una **tabla** con el nombre o símbolo de las variables y las unidades empleadas.

Volumen (cm^3)	Presión (bar)
60	1,0
50	1,1
40	1,6
30	2,1
20	2,9

2. Realiza una **representación gráfica** de los datos experimentales:
   - Elige un **título** adecuado.
   - Rotula los **ejes** con su magnitud y unidad correspondiente.
   - Escoge las **escalas** que más convengan.
   - Marca claramente los **puntos**.
   - Ajusta una recta o una **curva** a los puntos.

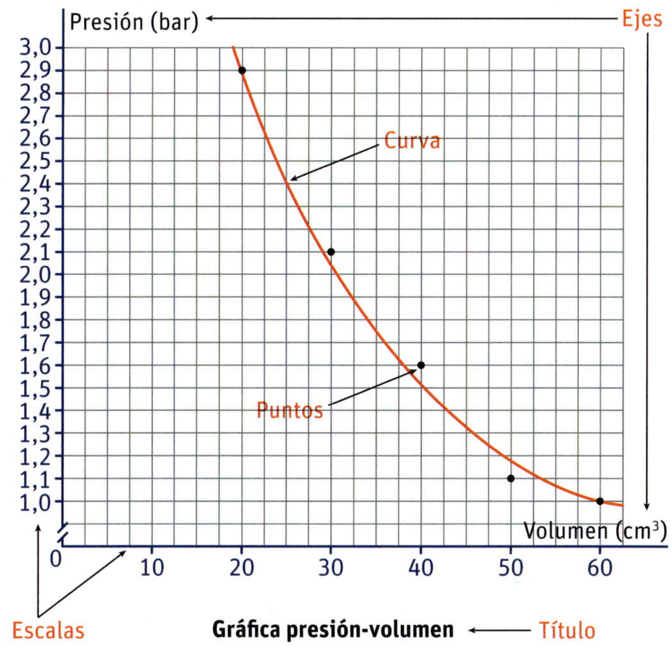

Análisis de los datos

Si analizas los datos experimentales para dar con la **función matemática** que relaciona ambas variables, verás que el producto de la presión, p, y del volumen, V, arroja siempre el mismo valor:

$$p \cdot V = \text{constante}$$

Existe, por tanto, una relación inversamente proporcional entre ellas:

$$p = \frac{\text{constante}}{V}$$

El valor de la constante se obtiene multiplicando cualquiera de los pares p y V. Como este producto, debido a pequeños errores experimentales, no es siempre el mismo, los calculamos todos y tomamos su valor medio:

$$p \cdot V = 60 \text{ bar cm}^3$$

Recuerda

La ecuación $p \cdot V$ = constante se conoce como **ley de Boyle**, en honor del científico británico Robert Boyle (1627-1691), quien fue el primero en enunciarla.

En la Web

Juega con este interactivo sobre la ley de Boyle.

www.e-sm.net/svfq4eso01_04

Calcula el valor de la constante en unidades SI

4. En la ecuación $p \cdot V$ = constante, el valor de esta depende de las unidades empleadas. Calcula, mediante los factores de conversión adecuados, el valor de la constante en las unidades básicas del SI.

SOLUCIÓN

Las unidades básicas del SI para la presión y el volumen son, respectivamente, el Pascal (1 Pa = 10^{-5} bar) y el m^3 (1 m^3 = 10^6 cm^3). Si realizamos la conversión de estas unidades, obtenemos el valor de la constante en el SI:

$$p \cdot V = 60 \text{ bar cm}^3 = (60 \text{ bar cm}^3) \cdot \frac{(10^5 \text{ Pa})}{(1 \text{ bar})} \cdot \frac{(1 \text{ m}^3)}{(10^6 \text{ cm}^3)} = 6{,}0 \text{ Pa m}^3$$

ACTIVIDADES

17. El valor de la constante de la ecuación $p \cdot V$ = constante, para una muestra de gas, depende de dos variables.

a) ¿Cuáles son?

b) ¿Cómo tendrían que variar para que la constante fuera mayor?

Repasa lo aprendido

1 ¿Qué es la ciencia?

La **ciencia** es un conjunto de conocimientos que se obtienen mediante la investigación científica.

La **metodología científica** consiste en hacer preguntas, emitir hipótesis, elaborar modelos, contrastarlos experimentalmente, realizar medidas, argumentar a partir de los datos obtenidos, sacar conclusiones y comunicar los resultados.

2 ¿Qué estudian la física y la química?

La **física** estudia la materia, las fuerzas y la energía; es decir, el mundo físico en general, desde las partículas fundamentales hasta el universo como un todo.

La **química** estudia la composición, la estructura y las propiedades de las sustancias, así como las reacciones que transforman unas sustancias en otras.

3 ¿En qué consiste medir? ¿Qué unidades de medida emplea el SI?

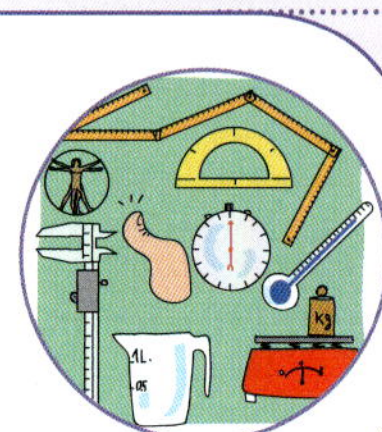

Medir una magnitud es compararla con una cantidad de esa misma magnitud que se toma como **patrón** o unidad de medida.

El **sistema internacional de unidades** consta de siete unidades fundamentales, con sus respectivos nombres, símbolos, múltiplos y submúltiplos.

4 ¿Es lo mismo exactitud y precisión?

La **exactitud** de una medida se refiere a la coincidencia entre el valor medido y el valor real de la magnitud medida.

La **precisión** de una medida se refiere al grado de proximidad de las medidas cuando estas se repiten.

5 ¿Con cuántas cifras debemos expresar un resultado?

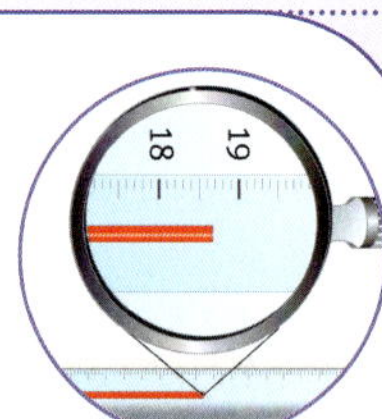

El número de **cifras significativas** del resultado de una operación no puede ser nunca mayor que el del dato con menor número de ellas.

La cantidad resultante se redondea sumando 1 al último dígito si la cifra siguiente es mayor o igual que 5.

6 ¿Qué diferencia hay entre magnitudes escalares y vectoriales?

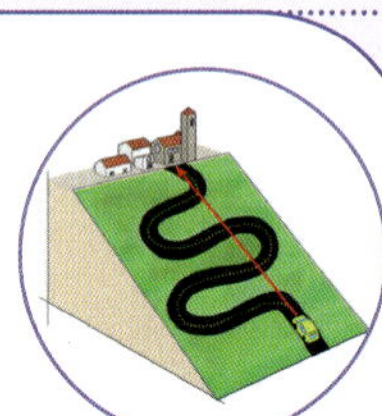

Las **magnitudes escalares** son aquellas que se definen por medio de un valor numérico y su correspondiente unidad.

Las **magnitudes vectoriales** son aquellas que requieren, además de un número y su unidad, especificar una dirección y un sentido.

7 ¿Cómo se investiga la relación entre variables?

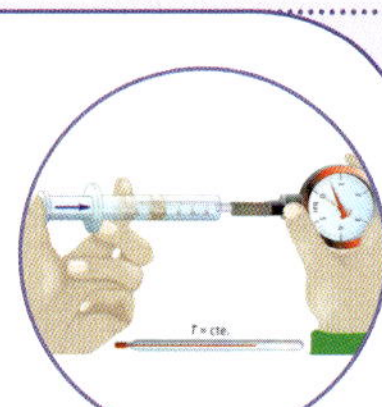

Para investigar la **relación cuantitativa** entre dos variables es preciso planificar un experimento con control de variables, efectuarlo, tomar medidas, recoger los datos en una tabla, realizar una representación gráfica de los puntos obtenidos y analizar el resultado.

smSaviadigital.com VALORA LO APRENDIDO > Resumen de la unidad

¿Cómo llevar a cabo una investigación?

Planteamiento del problema

En un partido de *squash* podrás observar que, a medida que jugamos, el rebote de la pelota se produce cada vez de manera más enérgica, más rápida. ¿A qué crees que se debe este curioso comportamiento de la pelota?

1 EMISIÓN DE HIPÓTESIS

Lo más probable es que este aumento de la elasticidad de la pelota sea debido a los múltiples choques que esta sufre contra las raquetas, el suelo y las paredes. Las colisiones calientan la pelota y el incremento de su temperatura provoca un aumento en la elasticidad del material que la compone. En consecuencia, el rebote de la pelota es cada vez mayor. De hecho, los jugadores de *squash* que buscan un mayor rebote de la pelota la calientan antes de empezar el partido.

2 PREGUNTA DE INVESTIGACIÓN: ¿CÓMO VARÍA LA ELASTICIDAD DE UNA PELOTA DE *SQUASH* CON LA TEMPERATURA?

Queremos saber si, en efecto, la elasticidad aumenta con la temperatura y, en tal caso, cuál es la relación cuantitativa que hay entre elasticidad y temperatura.

3 PLANIFICACIÓN DE LA INVESTIGACIÓN

Debemos planificar un experimento que consista en variar y medir la temperatura (variable independiente) de la pelota y medir su elasticidad (variable dependiente) para cada una de esas temperaturas.

- ¿Cómo podemos variar y medir la temperatura de la pelota? Podemos sumergir la pelota de *squash* en un recipiente con agua y calentarlo a diferentes temperaturas, que mediremos con un termómetro digital. Con la pelota sumergida en el agua el suficiente tiempo, podremos considerar que su temperatura es la misma que la del baño de agua en el que se halla.
- ¿Cómo podemos medir la elasticidad de la pelota? Una forma indirecta de medir la elasticidad de la pelota consiste en dejarla caer desde una altura determinada y medir la altura del rebote: cuanto más alto rebote la pelota, mayor elasticidad tendrá.

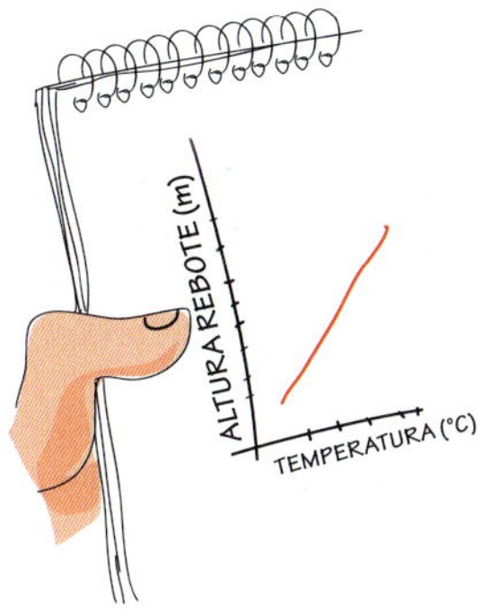

ACTIVIDADES

18. ¿Qué variables se han de controlar en este experimento? ¿Cuántas medidas deben realizarse? ¿Qué temperaturas se podrían utilizar en el experimento? ¿Desde qué altura mínima sería conveniente dejar caer la pelota?

19. Una vez realizadas las medidas y recogidas en una tabla de altura del rebote y temperatura, ¿qué podrías hacer para saber la relación que existe entre ambas variables?

20. Haz una relación del material e instrumentos que necesitarías para llevar a cabo esta investigación.

21. Realiza la investigación y escribe un informe en el que expliques el problema planteado, las hipótesis efectuadas, el procedimiento experimental, los resultados obtenidos y las conclusiones a las que has llegado.

Actividades

La ciencia y la metodología científica

22. Una de las características de la ciencia es su capacidad para plantear preguntas a las que se puede responder con la metodología científica. Algunos interrogantes a los que la ciencia ha encontrado respuestas, aunque no definitivas, son:

a) ¿De qué está hecho el universo?

b) ¿Cómo se formaron las primeras estrellas?

c) ¿Qué cambios genéticos nos hacen humanos?

d) ¿Cómo funciona el interior de la Tierra?

e) ¿Qué alternativas hay a los combustibles fósiles?

Busca información sobre estos temas, añade otros que te parezcan de interés para la ciencia actual y construye un mapa mental para alguno de estos asuntos.

23. Cuando calentamos un matraz de Erlenmeyer con un globo en su boca, observamos que este se hincha debido al aumento del volumen de aire que hay en el interior. Explica este fenómeno mediante el modelo cinético-molecular de los gases y resume sus características principales.

La física y la química

24. Cita cinco problemas que investigue la física y otros cinco que estudie la química. Asocia cada uno de estos fenómenos al ámbito de la física o de la química que se ocupe de ellos.

La medida: magnitudes y unidades

25. Copia y completa esta tabla en tu cuaderno:

Magnitud	Unidad	Símbolo
longitud	●●●	●●●
●●●	●●●	kg
tiempo	●●●	●●●
●●●	kelvin	●●●
●●●	●●●	mol
intensidad de corriente	●●●	●●●

26. La medición de la longitud. En junio de 1792, dos astrónomos partían de París en sentidos opuestos. Su misión era medir un arco de meridiano terrestre comprendido entre Dunkerque y Barcelona. Los dos albergaban la esperanza de que todos los países utilizaran a partir de entonces el metro como patrón para medir longitudes. El metro iba a ser eterno porque había sido tomado de la Tierra, que también era eterna, y pertenecería por igual a todos los habitantes del planeta. El "sistema métrico decimal" había de ser "para todos los pueblos y para siempre".

a) ¿Por qué se denominó "sistema métrico decimal"? ¿Se consiguió que todos los países lo adoptaran?

b) ¿Qué unidades de longitud se empleaban antes del metro? ¿Eran las mismas en todo lugar?

c) ¿Por qué era preciso medir un sector de meridiano terrestre? ¿Cómo fue definido el metro?

d) Las medidas de distancias se realizaban mediante triangulación. ¿En qué consiste este método?

e) ¿Cuál es la definición actual del metro?

27. La medición del tiempo. Desde siempre, el ser humano se ha valido de movimientos periódicos de origen astronómico para medir el tiempo:

acontecimiento	movimiento periódico	unidad de tiempo
salida y puesta de sol	rotación de la Tierra sobre sí misma	día
fases de la Luna	rotación de la Luna alrededor de la Tierra	mes
ciclos de las estaciones	rotación de la Tierra alrededor del Sol	año

A través de la historia, el tiempo se ha medido con relojes de sol, de agua (clepsidras) o de arena, relojes mecánicos y cronómetros. Un día se divide en 24 horas, cada hora en 60 minutos y cada minuto en 60 segundos: el segundo se definió como la fracción 1/86 400 de la duración media de un día. Pero el día solar medio no se mantiene constante, así que en 1940 el tiempo pasó a medirse mediante relojes. Hasta el siglo XX, los relojes más precisos usaban péndulos como osciladores. Actualmente se utilizan relojes de cuarzo y el segundo se define en función de relojes atómicos de gran precisión.

a) Busca información en internet acerca de la evolución y funcionamiento de los relojes.

b) ¿Cuál es la definición actual de segundo?

c) Expresa qué sensibilidad tiene el reloj de tu móvil.

28. La medición de la masa. La masa es una medida de la cantidad de materia de un cuerpo. La acción de medir la masa se denomina pesar, ya que una balanza compara pesos. El peso de un cuerpo es proporcional a su masa, es decir, cuanto más pesa un cuerpo, más masa tiene; por tanto, dos cuerpos con el mismo peso tienen la misma masa.

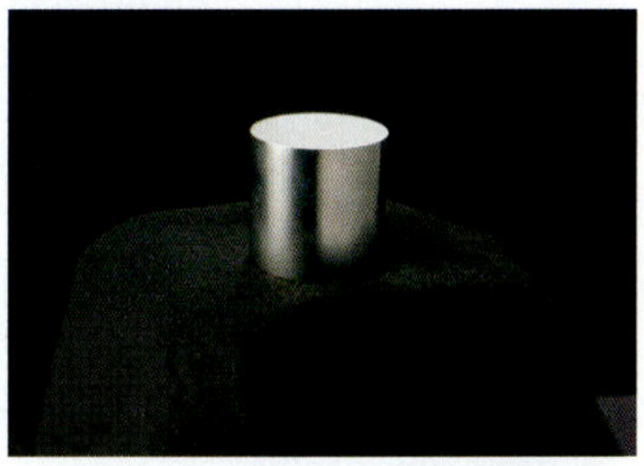

a) ¿Cómo se definió el kilogramo en el SI?

b) ¿Cómo se materializa el kilogramo patrón? ¿Dónde se conserva?

c) ¿Y el patrón nacional de masa en España?

d) ¿Por qué es tan importante la exactitud con que se determina la masa del kilogramo patrón?

29. Algunas unidades derivadas tienen un nombre y un símbolo propio; otras, no. Completa en tu cuaderno la tabla siguiente.

Magnitud derivada	Definición	Unidad derivada	Nombre y símbolo
fuerza	$F = ma$	$kg\ m\ s^{-2}$	newton, N
trabajo	$W = Fd$	●●●	julio, J
energía cinética	$E_c = ½\ m v^2$	●●●	●●●
cantidad de movimiento	$p = mv$	●●●	●●●
carga eléctrica	$Q = It$	●●●	●●●

30. Escribe en notación científica (exponencial) las cantidades siguientes y exprésalas empleando los múltiplos y submúltiplos adecuados.

a) 4500 g c) 6500 K e) 0,005 6 kg g) 0,062 m

b) 0,005 3 s d) 0,003 g f) 35 100 m h) 0,002 A

31. La notación exponencial facilita la conversión de una magnitud en sus múltiplos o submúltiplos más adecuados. Compruébalo con las siguientes cantidades.

a) $3,4 \cdot 10^3$ m c) $5,32 \cdot 10^3$ dm^3 e) $8,2 \cdot 10^{-2}$ m

b) $1,52 \cdot 10^3$ g d) $6,42 \cdot 10^{-6}$ s f) $3,4 \cdot 10^{-3}$ L

32. Otra de las ventajas de la notación exponencial es que permite estimar rápidamente el **orden de magnitud** de una cantidad, es decir, la potencia de 10 más próxima. ¿Cuál es el orden de magnitud de las siguientes cantidades?

a) $3,4 \cdot 10^6$ m b) $6,7 \cdot 10^9$ m c) $2,5 \cdot 10^{-6}$ m d) $7,8 \cdot 10^{-4}$ m

SOLUCIÓN

a) 10^6 b) 10^{10} c) 10^{-6} d) 10^{-3}

Fíjate en que cuando el coeficiente es mayor o igual que 5 se debe incrementar en una unidad el exponente para obtener la potencia de 10 más próxima.

33. A continuación te damos algunos ejemplos de longitudes y masas. Busca la información que necesites en cada caso y estima su orden de magnitud.

Longitudes:

a) universo

b) galaxia

c) distancia Tierra-Sol

d) distancia Tierra-Luna

e) diámetro de la Tierra

f) campo de fútbol

g) cinta métrica

h) ancho del dedo índice

i) célula

j) bacteria

k) virus

l) átomo

Masas:

m) Sol

n) Tierra

ñ) montaña

o) coche

p) paquete de azúcar

q) manzana

r) billete

s) cabello humano

34. Realiza las conversiones siguientes mediante el factor de conversión adecuado.

a) 0,0032 m en milímetros

b) 5,4 Mg en kilogramos

c) $5,80 \cdot 10^{-5}$ m en micrómetros

d) 4500 mg en gramos

e) $3,4 \cdot 10^{-8}$ g en nanogramos

35. Un camión pesa 12 400 kg. Expresa su peso en toneladas (t). Recuerda: 1 t = 10^3 kg

36. Una persona ha estado caminando durante 1 h 35 min. Calcula este tiempo en segundos.

37. Una persona tiene 80 pulsaciones por minuto. ¿Cuánto tiempo dura, en segundos, una pulsación?

38. El volumen de cierto líquido es de 32 cm^3. Expresa el resultado en mL y en L.

39. Una piscina contiene 200 m^3 de agua. ¿Cuántos litros de agua son? (Recuerda: 1 m^3 = 10^3 dm^3)

40. La capacidad del depósito de un coche es de 60 L. Expresa esta capacidad en dm^3 y en m^3.

41. En la botella de un refresco se indica que su volumen es de 33 cL. ¿Cuántos cm^3 contiene?

42. Las dimensiones de un tablero son 1,6 m × 0,90 m.

a) Calcula la superficie del tablero en m^2.

b) Expresa el resultado en dm^2 y en cm^2.

(Recuerda: 1 m^2 = 10^2 dm^2 = 10^4 cm^2)

43. La masa de una molécula de agua es de 18 u (unidades de masa atómica). Si la densidad del agua en estado líquido es de 1000 kg/m^3 y suponemos que las moléculas están prácticamente en contacto, ¿qué volumen ocuparía una molécula de agua? (Dato: 1 u = $1,6604 \cdot 10^{-27}$ kg).

Actividades

Errores en las medidas

44. La masa de una sustancia, obtenida mediante una balanza electrónica con una sensibilidad de décimas de gramo, es de 12,5 g. Expresa el resultado con su límite de error absoluto y calcula el error relativo.

45. Se ha medido el diámetro de un alambre a lo largo de su longitud con un micrómetro, obteniendo los valores (en mm):

1,26; 1,26; 1,29; 1,31; 1,28; 1,27; 1,25

a) Halla la media de estas medidas para estimar el valor más probable del diámetro del alambre.

b) Calcula el error cometido en cada medida a partir de la diferencia absoluta entre dicha medida y la media de todas las medidas.

c) Estima el error absoluto como la media de los errores cometidos en cada una de las medidas.

d) Halla el error relativo.

e) Expresa el resultado de la medida con su error absoluto.

46. Alrededor del 200 a. C., Eratóstenes de Alejandría ideó una manera de calcular el radio de la Tierra. Trabajando en la biblioteca, leyó que en la ciudad de Siena (la actual Asuán, situada en el sur de Egipto) existía un pozo que el Sol iluminaba verticalmente el día del solsticio de verano. Ese mismo día, en la ciudad de Alejandría el Sol formaba un ángulo de 7° 12' con el cénit. Por las caravanas de los comerciantes que viajaban entre ambas ciudades, Eratóstenes conocía que las separaba una distancia de 5000 estadios (6 estadios de aquella época equivalían a 1 km, aproximadamente).

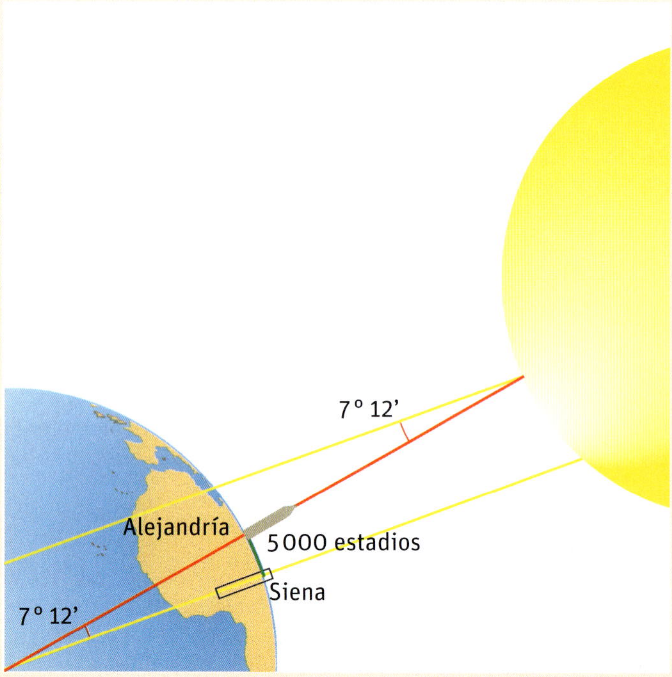

a) Emplea los datos que manejó Eratóstenes para deducir el radio terrestre.

b) Calcula el error relativo cometido por Eratóstenes en su cálculo. (Dato: el radio medio de la Tierra es de 6378 km).

SOLUCIÓN

Si te fijas en la figura, verás que con una simple proporción puede obtenerse la longitud de la circunferencia terrestre:

$$\frac{7°}{360°} = \frac{833{,}3\ \text{km}}{\text{longitud de la circunferencia terrestre}}$$

De aquí sabrás el radio que obtuvo Eratóstenes y podrás compararlo con el valor actual para hallar el error relativo.

Cifras significativas

47. Indica cuántas cifras significativas tienen los siguientes datos experimentales.

a) 0,006 2 g
b) $2{,}4 \cdot 10^6$ s
c) $3{,}43 \cdot 10^3$ m
d) 4500 kg

48. Redondea a tres cifras significativas los siguientes datos experimentales.

a) 156 300 J
b) 1006 g
c) 20,06 s
d) 0,345 9 g

49. Se ha medido el contorno de un campo rectangular de la siguiente forma: la longitud, con una cinta graduada en decímetros, obteniéndose 52,4 m, y la anchura, con una cinta métrica graduada en centímetros, obteniéndose 10,42 m. Calcula el perímetro del campo, expresando el resultado con el número adecuado de cifras significativas.

Magnitudes escalares y vectoriales

50. Un hombre tira de una maleta con una fuerza de 50 N que forma un ángulo de 60° con la horizontal. Pero no toda esta fuerza es útil para desplazar el equipaje hacia delante: encuentra de forma gráfica el valor de la fuerza que esta persona ejerce en la dirección horizontal.

51. Determina gráficamente la resultante de las fuerzas que aparecen en la figura.

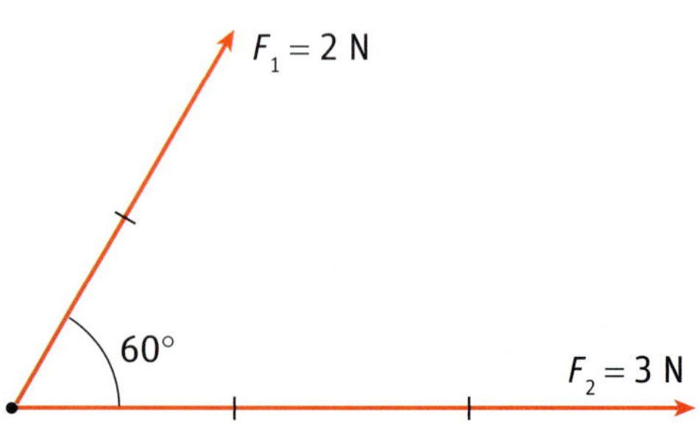

Investigar la relación entre variables

52. No podemos medir el espesor de una hoja de papel directamente porque es una longitud muy pequeña. ¿Se te ocurre algún método indirecto para hacerlo?

SOLUCIÓN

Podríamos, por ejemplo, medir el grosor de un taco de 100 hojas y dividir entre el número de estas para obtener el de una sola hoja. Supongamos, por ejemplo, que el espesor del taco es de 12,0 mm; entonces el de una hoja sería:

$$\frac{12{,}0\ \text{mm}}{100\ \text{hojas}} = \frac{1{,}2 \cdot 10^{-2}\ \text{m}}{100\ \text{hojas}} = 1{,}2 \cdot 10^{-4}\ \text{m}$$

53. Construimos un péndulo simple como el de la figura. Queremos investigar si el período de oscilación del péndulo depende o no de los siguientes factores:

- la masa de la bola
- la longitud del péndulo

En caso de encontrar una dependencia, desearíamos determinar la relación que existe entre ambas variables.

Planifica un proyecto de investigación para dar respuesta a las siguientes cuestiones:

a) ¿Qué masas conviene escoger para las bolas?

b) ¿Cómo podemos medir el tiempo de oscilación de la bola con el menor error posible?

c) ¿Qué variables debemos controlar?

d) ¿Cómo podemos medir la longitud del péndulo?

SOLUCIÓN

Investigación sobre el efecto de la masa

a) Para saber si la masa afecta o no al período de oscilación, basta con elegir dos bolas de un tamaño similar pero de masas muy diferentes; por ejemplo, una de acero y otra de madera. Como solo queremos saber si la masa influye sobre el período de oscilación, no es necesario realizar medidas cuantitativas de la masa de las bolas.

b) El período de oscilación puede medirse con un cronómetro. Para reducir el error, medimos el tiempo que tarda la bola en realizar 10 oscilaciones y lo dividimos entre 10.

c) Debemos controlar que la longitud del péndulo y la amplitud de oscilación (es decir, la desviación angular con que se pone a oscilar la bola respecto de la vertical) sea exactamente la misma en los dos casos. Conviene que la longitud del péndulo sea suficientemente larga y que la amplitud no supere los 15°.

d) La longitud del péndulo es la distancia que existe hasta el centro de masas de la bola; así que a la longitud del hilo hay que añadir el radio de la bola esférica (de este modo, la situación es equivalente a otra en que la masa de la bola estuviera concentrada en su centro de masas).

Investigación sobre el efecto de la longitud

Podemos realizar varias medidas del período de oscilación para péndulos de distinta longitud, variando la longitud del hilo (por ejemplo, de 10 en 10 cm), pero manteniendo constante la bola (su masa) y la amplitud de oscilación. Comprobaremos cómo el período de oscilación aumenta con la longitud del hilo.

Si recoges los pares de valores obtenidos en una tabla de longitud (en cm) y período de oscilación (en s) y los representas en una gráfica, llegarás a unos resultados similares a los que muestra esta figura:

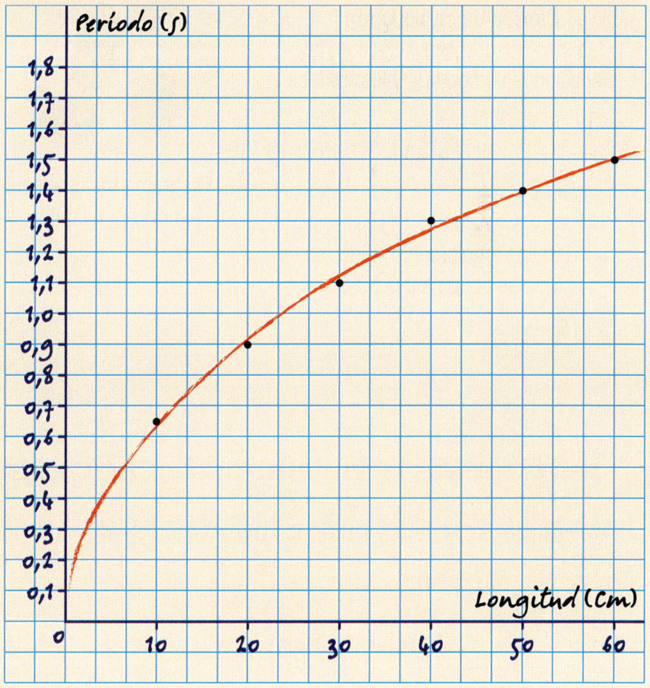

Para conocer la función matemática que relaciona ambas variables hemos de probar con distintas funciones, comenzando con las más sencillas (lineal, cuadrática, raíz cuadrada,...). En la gráfica está claro que no existe una relación lineal ni cuadrática. Pero si probamos con la raíz cuadrada y representamos el período, T, frente a la raíz cuadrada de la longitud, L, del péndulo, los puntos se ajustarán muy bien a una línea recta. Por tanto, la relación entre período y longitud es $T \propto \sqrt{L}$.

Ponte a prueba

Análisis dimensional

Una de las condiciones que ha de cumplir cualquier fórmula o ecuación física es que sea dimensionalmente homogénea, es decir, que las dimensiones o unidades a la izquierda y a la derecha de la ecuación sean las mismas. Una manera de representar las dimensiones es utilizar el símbolo de la magnitud en mayúsculas. Así, la longitud se representa por L; la masa, por M; el tiempo, por T, etc. Aquí tienes las ecuaciones dimensionales de algunas unidades físicas derivadas:

volumen $[V] = L^3$ velocidad $[v] = LT^{-1}$ aceleración $[a] = LT^{-2}$ fuerza $[F] = MLT^{-2}$

1. Escribe la ecuación de dimensiones de las siguientes magnitudes: densidad, presión, trabajo y potencia.

2. Comprueba que las siguientes ecuaciones son dimensionalmente homogéneas.

a) $F \cdot t = m(v_f - v_i)$ b) $F \cdot d = \frac{1}{2}m(v_f^2 - v_i^2)$ c) $E_p = mgh$

Distingue los cuatro niveles de representación en química

La química explica los fenómenos macroscópicos (lo que vemos a simple vista) mediante modelos o representaciones de lo que ocurre en el mundo submicroscópico (moléculas y átomos). También se usan símbolos y fórmulas químicas para representar los átomos y moléculas. Distinguir los niveles de representación en química es importante. Completa esta tabla en tu cuaderno.

Macroscópico	Multimolecular	Molecular	Simbólico
Dióxido de carbono (g) Gas incoloro que se produce en las oxidaciones de combustibles fósiles.	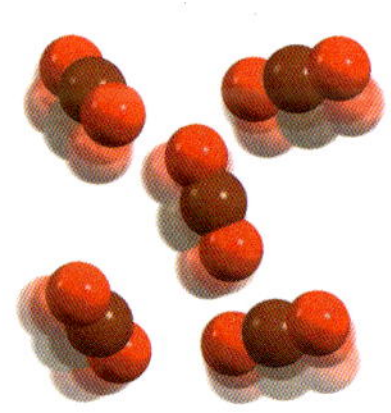	Modelo molecular del dióxido de carbono 	Fórmula de la molécula de dióxido de carbono ●●●
Agua (l) Líquido incoloro e insípido que se congela a 0 °C.	Diagrama multimolecular del agua líquida ●●●	Modelo molecular del agua 	Fórmula de la molécula de agua ●●●

Determina la relación matemática entre dos variables

Para estudiar la aceleración de un nuevo modelo de automóvil, se mide la distancia, x, recorrida desde el origen en cierto tiempo, t:

Tiempo, t (s)	0	1	2	3	4	5
Distancia, x (m)	0	5	20	45	80	125

1. Representa los datos de esta tabla en una gráfica. ¿Qué tipo de movimiento crees que sigue el automóvil?

2. Determina la ecuación que relaciona la posición del móvil en función del tiempo. Para ello, calcula primero el cuadrado de los tiempos, t^2, y representa gráficamente los pares de valores x y t^2. Si obtienes una línea recta, es que la función es $x = kt^2$, siendo k la pendiente de la recta. Determina el valor de k y di qué información proporciona.

Explica y predice a partir de un modelo

En el epígrafe 7 de esta unidad descubrimos una ley experimental: que la presión y el volumen de un gas son inversamente proporcionales: $p \cdot V$ = constante. Para explicar el comportamiento de los gases precisamos disponer de un modelo sobre su estructura interna. El modelo cinético-molecular supone que los gases están formados por partículas muy pequeñas (moléculas) que se encuentran en constante movimiento y que chocan entre sí y contra las paredes del recipiente que las contiene.

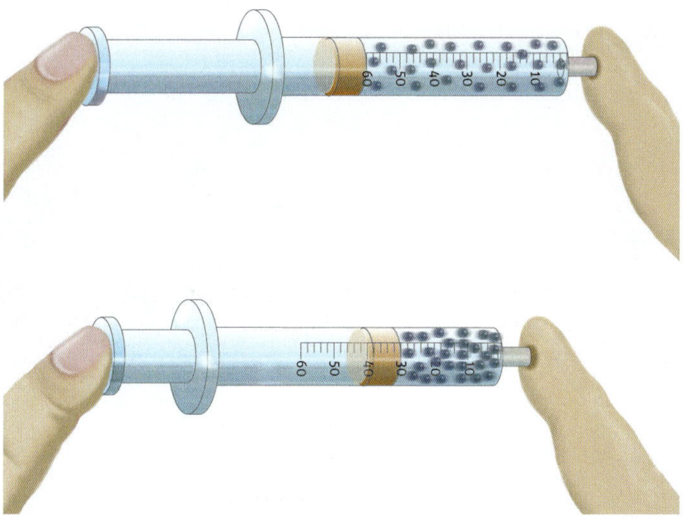

1. **Explica mediante el modelo cinético-molecular los siguientes hechos.**

a) Un gas ejerce presión sobre las paredes del recipiente en el que está encerrado.

b) La presión del gas se duplica cuando reducimos a la mitad su volumen.

2. **El modelo cinético-molecular también supone que la velocidad con que se mueven las moléculas de un gas aumenta con la temperatura. De acuerdo con esta hipótesis, predice cómo variará la presión de un gas, contenido en un recipiente de paredes rígidas, si aumentamos su temperatura. Justifica tu respuesta.**

En la Web

Interactivo sobre la ley de Boyle y el modelo cinético-molecular de los gases.

www.e-sm.net/svfq4eso01_05

AUTOEVALUACIÓN

1. **Razona si estas afirmaciones son verdaderas o falsas.**

a) Existe un método científico que es válido para todas las ciencias.

b) Un modelo es una representación mental o material de la estructura o el funcionamiento de un objeto o fenómeno.

c) Una hipótesis es una suposición sobre la relación entre dos variables o la explicación tentativa de un fenómeno.

d) Las pruebas experimentales permiten la validación de las hipótesis.

2. **De entre las siguientes expresiones, justifica cuáles son correctas y cuáles son incorrectas.**

a) $m = 20$ **c)** m = 40 Kg **e)** t = 1 h 30' 20"

b) 30 mts **d)** T = 30 °K **f)** $F = ma$

3. **Razona si estas afirmaciones son verdaderas o falsas.**

a) Exactitud y precisión son lo mismo.

b) La exactitud de una medida tiene que ver con su proximidad al valor real.

c) La precisión de una medida tiene que ver con la reproducibilidad de las medidas.

d) Cuanto mayor es la sensibilidad de un instrumento, mayor es su exactitud.

4. **Indica cuántas cifras significativas tienen los siguientes datos experimentales.**

a) 0,0056 g **c)** 3,00 N **e)** 3200 kg

b) 2,45 s **d)** $5{,}4 \cdot 10^2$ kg **f)** 2,72548 K

5. **Clasifica las siguientes magnitudes según sean escalares o vectoriales.**

a) fuerza

b) presión

c) concentración

d) momento de una fuerza

e) intensidad de corriente

6. **Razona si las siguientes afirmaciones relativas a una investigación experimental son verdaderas o falsas.**

a) La variable independiente es aquella que variamos.

b) La variable dependiente es aquella que varía en función de la independiente.

c) Las variables de control son aquellas que también influyen en la variable dependiente y deben mantenerse constantes durante las mediciones.

d) Las variables dependientes e independientes siempre son variables cuantitativas.

smSaviadigital.com VALORA LO APRENDIDO > Autoevaluación con sus soluciones

2 El átomo

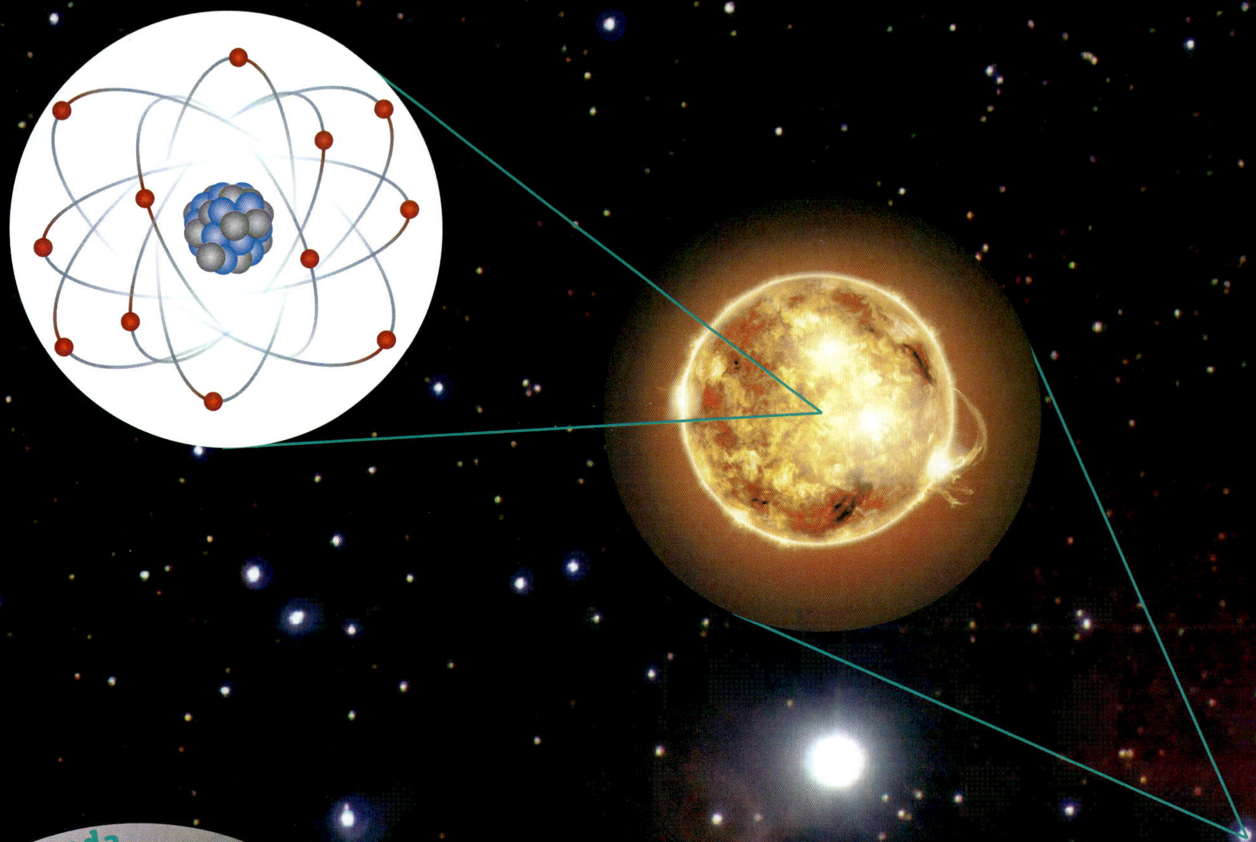

Abre tu mirada

Desde la Antigüedad, grandes pensadores y científicos han sentido curiosidad por conocer de qué está hecho el cosmos, cuál es la estructura íntima de la materia.

Numerosas investigaciones han intentado dar respuesta a esta cuestión, y se han desarrollado diferentes teorías y modelos sobre el interior del átomo.

Ello ha posibilitado un mayor conocimiento acerca del origen y evolución del universo y, también, de nuestra historia.

- ¿En qué consiste la teoría atómica de Dalton?
- ¿Qué proponen los modelos atómicos de Thomson y de Rutherford?
- ¿Qué aporta el modelo atómico de Bohr? ¿Cómo es el átomo según la teoría cuántica?

a ¿Cuántos años tiene una momia si su contenido en C-14 se ha reducido a la cuarta parte?

b ¿Qué proporción quedará de C-14 en un cuerpo después de 4 · 5730 años?

c ¿En qué se diferencia el isótopo C-14 del isótopo C-12?

Piensa y reflexiona

Tutankamón vivió hace 3350 años, pero ¿cómo podemos saberlo?

smSaviadigital.com PRACTICA

Descúbrelo en este interactivo.

Al morir, un ser vivo deja de absorber átomos del isótopo de carbono-14 del CO_2 atmosférico, y estos se van desintegrando a un ritmo conocido sin ser remplazados: tras 5730 años, solo quedará la mitad. Si se compara el porcentaje de ellos que le quedan con el que tiene una persona viva, se puede estimar la antigüedad de los restos.

Observa y decide

Los científicos saben que nuestro Sol y otras estrellas contienen ciertos elementos (H, He, O, C, N, Ne, Fe, Si, Mg, S,...). ¿Cómo se ha obtenido esta información?

El análisis de la luz procedente del Sol revela determinadas líneas en su espectro de emisión, propias de dichos elementos.

Así, al compararlas con las de estos elementos conocidos, es posible deducir cuáles se hallan presentes en el Sol.

¿Sabrías identificar el elemento desconocido?

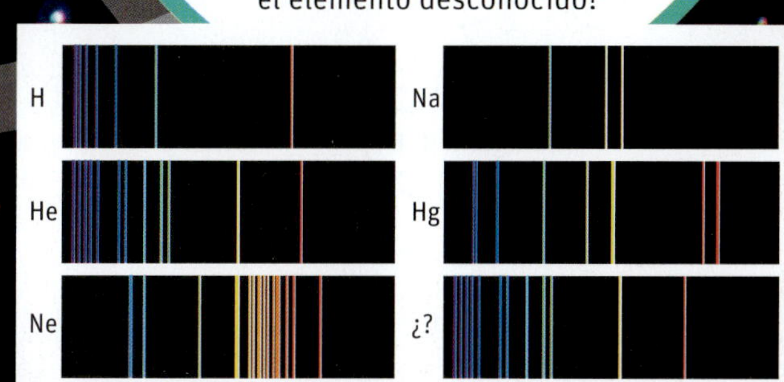

Y tú, ¿qué opinas?

Entre los numerosos logros realizados por la ciencia durante el siglo XX se encuentra el hallazgo de los átomos radiactivos, de la radiactividad artificial y de las reacciones nucleares.

a) ¿Qué aplicaciones de estos avances han resultado beneficiosas para la humanidad? ¿Cuáles no lo han sido?

b) ¿Es el progreso científico peligroso en sí, o el peligro radica en su uso inadecuado?

- ¿A qué se denomina configuración electrónica?
- ¿Cómo están ordenados los elementos en el sistema periódico?
- ¿Qué son las propiedades periódicas?

1 La teoría atómica

Ya desde el siglo V a. C., los filósofos griegos especulaban sobre la constitución de la materia, planteándose algunas cuestiones de interés.

REFLEXIONA

Un bloque de hierro puede partirse un gran número de veces y seguir siendo hierro, pero ¿podría el bloque ser dividido, una y otra vez, sin límite?

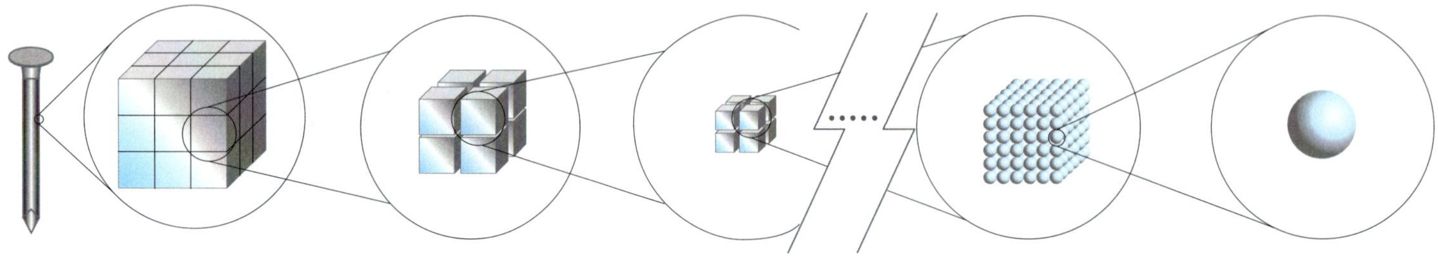

Los filósofos de la escuela atomista, **Leucipo** y **Demócrito**, conjeturaban que, tras múltiples divisiones, llegaríamos a la última partícula de hierro. Así pues, la materia debía ser discontinua y admitir tan solo un número finito de divisiones.

Leucipo y Demócrito postularon entonces que la materia debía estar formada por partículas muy pequeñas e indivisibles, a las que llamaron **átomos**, que en griego significa “sin partes” o “indivisible”.

Otros filósofos griegos, como Platón y Aristóteles, pensaban, en cambio, que la materia era continua; es decir, que se podía dividir de manera indefinida y que, por tanto, no existía ninguna partícula indivisible.

La discusión sobre la existencia de los átomos se mantuvo más de dos mil años, hasta que, a principios del siglo XIX, el científico inglés **John Dalton** estableció una teoría atómica de la materia sustentada en ciertas evidencias experimentales acerca de las reacciones químicas.

La teoría atómica de Dalton			
La materia está constituida por partículas diminutas, esféricas, compactas e indivisibles, los átomos.	Todos los átomos de un mismo elemento son iguales entre sí y diferentes de los de otros elementos.	Los átomos se combinan según relaciones numéricas constantes y sencillas para formar compuestos.	En los procesos químicos, los átomos no se pueden crear, destruir ni transformar en otros átomos.

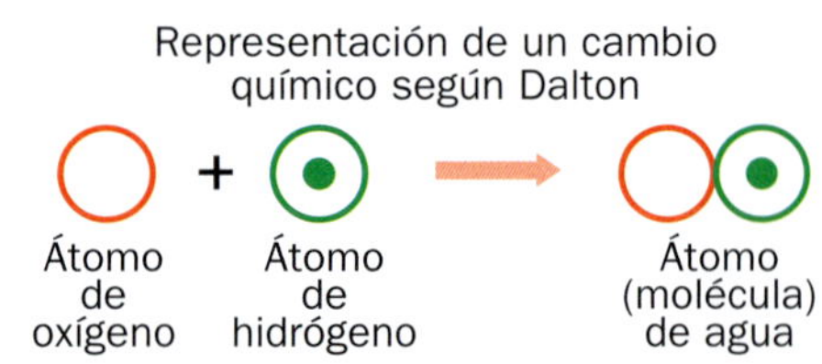

En su teoría, Dalton no describe el interior de los átomos, pues estos, al postularse indivisibles, carecerían de estructura o composición interna.

Investigaciones posteriores demostraron que los átomos no eran indivisibles, sino que estaban constituidos por varios tipos de partículas con diferentes propiedades físicas. Estos descubrimientos acerca de la estructura interna de los átomos propiciaron la formulación de los primeros modelos atómicos.

2 La naturaleza eléctrica del átomo

A finales del siglo XIX, el físico inglés **J. J. Thomson** experimentaba con un tubo de descarga. Este consistía en un tubo de vidrio cerrado con dos placas metálicas insertadas y un gas a muy baja presión en su interior. Cuando las placas eran conectadas a una fuente de alimentación de alto voltaje, la placa negativa, o cátodo, emitía hacia la placa positiva, o ánodo, unos rayos invisibles que producían un punto brillante en una sustancia fosforescente situada en el extremo del tubo.

Experimento

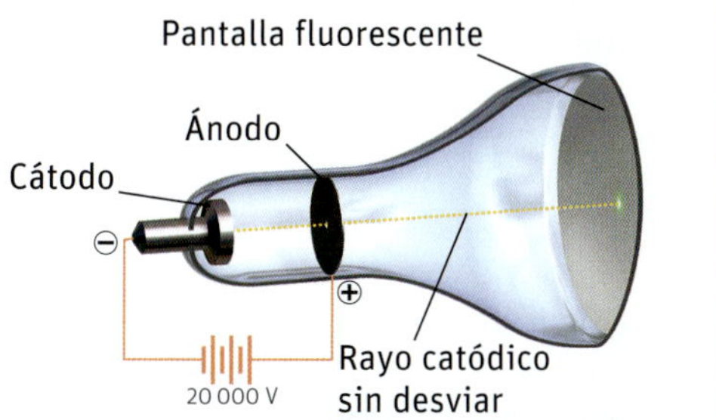

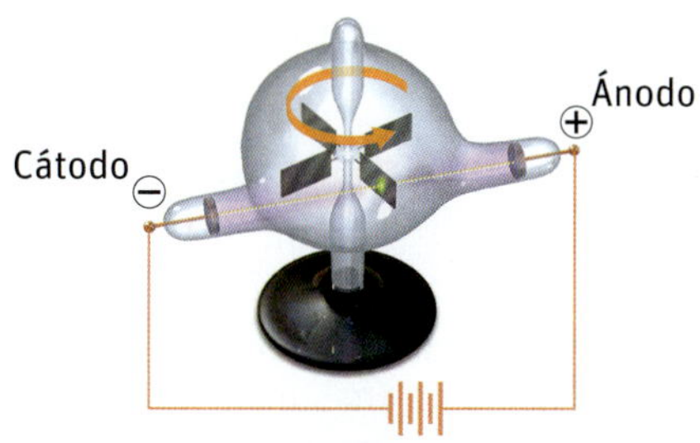

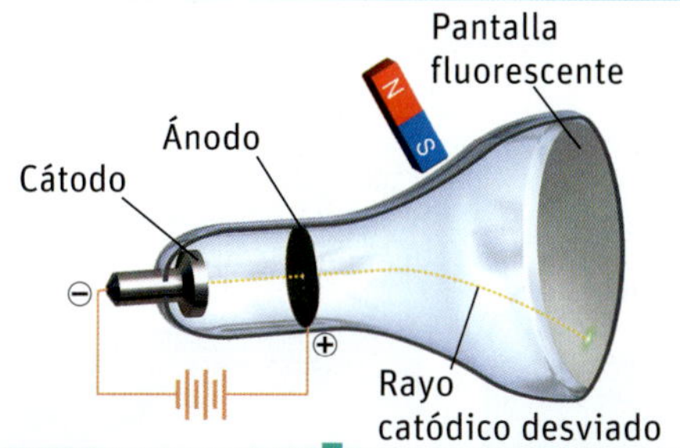

Observaciones		
Los rayos salen del cátodo, viajan hacia el ánodo y prosiguen su camino hasta el otro extremo del tubo.	Los rayos catódicos hacen girar las palas de un molinillo interpuesto en su trayectoria.	Un imán o un campo eléctrico desvían con facilidad la trayectoria de los rayos catódicos.
Conclusiones		
Los rayos catódicos portan carga eléctrica negativa.	Los rayos catódicos poseen una masa...	... muy pequeña en comparación con su carga.

Así pues, Thomson concluyó que los rayos catódicos eran partículas muy ligeras con carga eléctrica negativa que provenían del interior de los átomos del cátodo. Se había descubierto la primera partícula subatómica: el **electrón**. Los átomos, por tanto, eran divisibles.

En 1904, Thomson propone que el átomo es una esfera uniforme y difusa, con carga eléctrica positiva, donde están los electrones, con carga eléctrica negativa, en posiciones fijas, como las pasas en un pastel. Dado que la materia es neutra, la carga positiva de la esfera ha de ser igual a la carga negativa de los electrones.

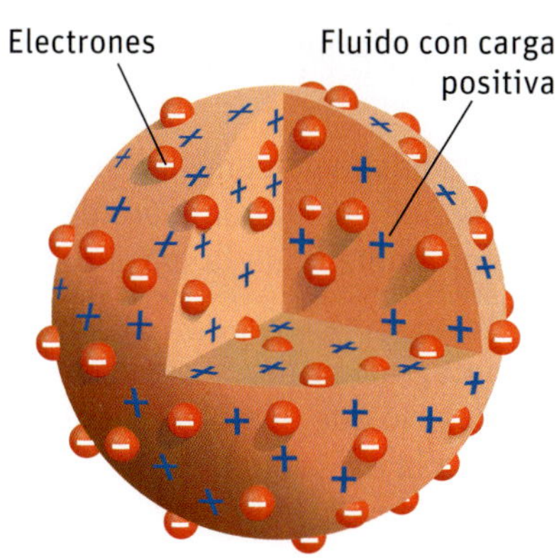

Joseph John Thomson (1856-1940)

ACTIVIDADES

1. En sus experiencias, Thomson dedujo que la relación entre la carga y la masa de un electrón es de $1{,}76 \cdot 10^{11}$ C/kg. Más tarde, el físico estadounidense R. A. Millikan determinó que el electrón tiene una carga de $-1{,}6 \cdot 10^{-19}$ C, lo cual le permitió deducir su masa. Calcula la masa del electrón a partir de estos datos.

El átomo de Rutherford

Para explorar el interior del átomo, al científico neozelandés **Ernest Rutherford**, ayudante de Thomson, se le ocurrió bombardear una lámina muy delgada de oro con partículas positivas (rayos o partículas alfa, es decir, átomos de helio sin electrones) procedentes de una fuente radiactiva, como el polonio o el radio.

La lámina estaba rodeada de una pantalla fosforescente para saber dónde llegaban las partículas alfa después de atravesarla. Rutherford esperaba que las partículas alfa atravesaran la lámina sin desviarse, o con una desviación mínima, pues, según el modelo de Thomson, la carga positiva del átomo estaba distribuida por igual.

En la Web

En esta simulación puedes recrear el experimento de Rutherford.

www.e-sm.net/svfq4eso02_01

Experimento	Observaciones	Conclusiones
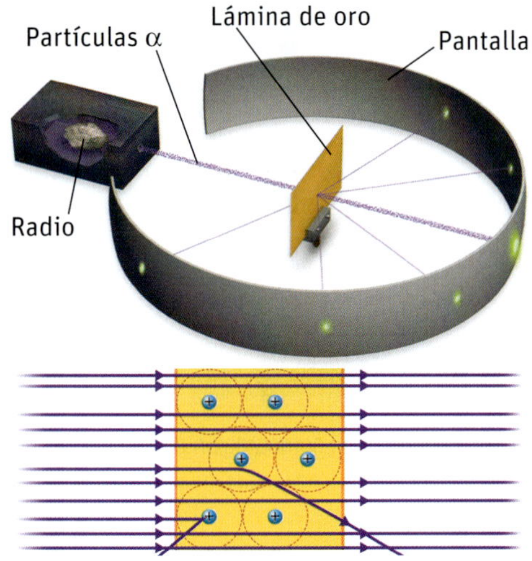	• La mayoría de las partículas alfa atraviesan la lámina de oro sin alterar su trayectoria, o bien se desvían un ángulo muy pequeño (1° o 2°). • De vez en cuando, algunas partículas alfa (cerca del 1 %) son desviadas bastante de su trayectoria, con un ángulo considerable. • En algunos casos (aproximadamente, 1 de cada 20 000), las partículas alfa se desvían 180°; es decir, rebotan hacia atrás contra la lámina de oro.	• El átomo debe estar en su mayor parte vacío, pues casi todas las partículas alfa no encuentran obstáculo alguno y lo atraviesan sin apenas desviarse. • El átomo tiene concentrada toda la carga positiva en un pequeño punto muy denso cerca del cual las partículas alfa se desvían mucho. • Cuando las partículas alfa impactan contra ese punto de carga positiva, la repulsión entre cargas del mismo signo hace que reboten hacia atrás.

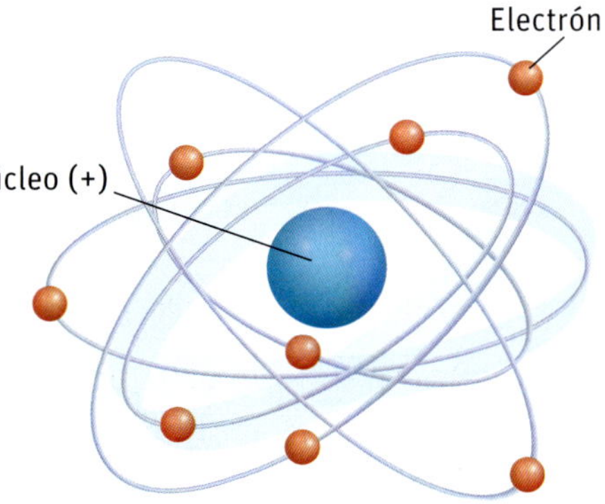

Figura 2.1. El modelo atómico de Rutherford, o modelo planetario del átomo.

Para Rutherford, el resultado del experimento fue tan sorprendente como si al disparar una bala contra una hoja de papel, aquella rebotase. Como consecuencia de sus experimentos, presentó en 1911 un nuevo modelo para el átomo (figura 2.1), que perfeccionaba el anterior de Thomson.

> En el modelo atómico de Rutherford, la carga positiva del átomo y casi toda su masa están concentradas en un pequeño volumen central, el **núcleo**, y los electrones, a una gran distancia de este, orbitan muy rápido a su alrededor.

Rutherford descubrió que la carga positiva del núcleo se debía a una nueva partícula, el **protón**, que tiene la misma carga que el electrón, pero de signo opuesto, siendo neutra la carga total del átomo; dedujo también que la masa del protón es unas 1840 veces mayor que la masa del electrón.

Por último, para evitar la desintegración del núcleo por la fuerte repulsión eléctrica entre los protones, Rutherford sugirió que debía existir otra partícula en su interior, sin carga eléctrica y de masa similar a la del protón, a la que llamó **neutrón**, descubierto en 1932 por el físico inglés **James Chadwick**.

ACTIVIDADES

2. Explica por qué Rutherford esperaba realizar las siguientes observaciones:

a) Todas las partículas alfa atravesarán la lámina de oro.

b) La mayor parte de ellas pasarán sin desviarse.

Las partículas subatómicas y el átomo

Electrones, protones y neutrones son, por tanto, las partículas que constituyen el átomo. Como el átomo es neutro, el número de protones del núcleo ha de ser igual al número de electrones de la corteza.

Los neutrones contribuyen a reducir la repulsión entre los protones y a estabilizar el núcleo atómico; ambos tipos de partículas se denominan **nucleones** y, al contrario que los electrones, no son indivisibles.

Partícula	Carga eléctrica relativa al protón	Carga eléctrica (C)	Masa (u)	Masa (kg)
Protón (p^+)	+1	$+1{,}6 \cdot 10^{-19}$	1,0073	$1{,}6726 \cdot 10^{-27}$
Neutrón (n)	0	0	1,0087	$1{,}6749 \cdot 10^{-27}$
Electrón (e^-)	–1	$-1{,}6 \cdot 10^{-19}$	$5{,}49 \cdot 10^{-4}$	$9{,}1 \cdot 10^{-31}$

El número de protones del núcleo atómico determina la identidad química de un átomo; se llama **número atómico**, y es característico de cada elemento:

> El número atómico, *Z*, es el número de protones e identifica el elemento químico.

Para caracterizar la masa de un átomo se utiliza el **número másico**, que es el número total de protones, *Z*, y de neutrones, *N*, contenidos en su núcleo.

> El número másico, *A*, es la suma de protones y neutrones: $A = Z + N$.
>
> Un átomo de cierto elemento, X, se identifica según la expresión $^{A}_{Z}X$.

Conoce la representación de los átomos

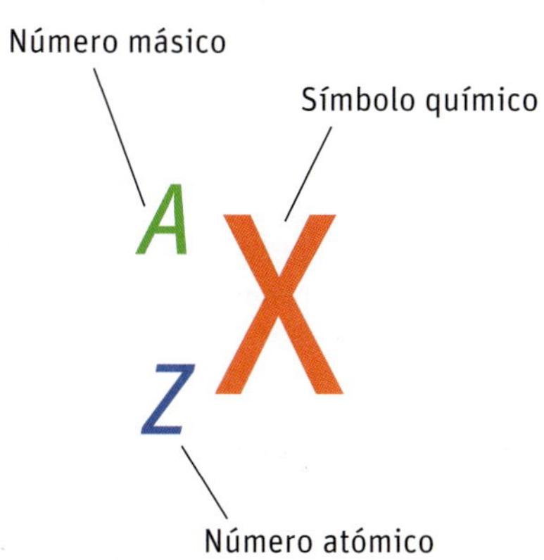

1. **Indica el número másico y el número atómico del átomo de litio $^{7}_{3}Li$. ¿Cuántas partículas subatómicas de cada tipo lo componen?**

SOLUCIÓN

El superíndice y el subíndice de la izquierda nos dicen, respectivamente, el número másico, $A = 7$, y el número atómico, $Z = 3$. Por tanto, este átomo tiene tres protones, tres electrones (por ser neutro) y $N = A - Z = 7 - 3 = 4$ neutrones.

ACTIVIDADES

3. ¿Por qué al caracterizar la masa de un átomo mediante el número másico solo se consideran los nucleones (protones y neutrones) y no los electrones?

4. Indica el número másico y el número atómico de los siguientes átomos. ¿Cuántos protones, neutrones y electrones tiene cada uno de ellos?

a) $^{23}_{11}Na^{1+}$	c) $^{236}_{92}U$	e) $^{56}_{26}Fe^{2+}$	g) $^{196}_{79}Au^{3+}$
b) $^{5}_{2}He$	d) $^{31}_{15}P^{3-}$	f) $^{2}_{1}H^{1+}$	h) $^{14}_{6}C$

TEN EN CUENTA

En la naturaleza, la mayoría de elementos presentan **isótopos**: átomos que pertenecen al mismo elemento, es decir, que tienen el mismo número de protones, *Z*, pero que difieren en el número de neutrones, *N*, y, por tanto, en su número másico, *A*.

ISÓTOPOS DEL CARBONO

Carbono-12 — Carbono-14

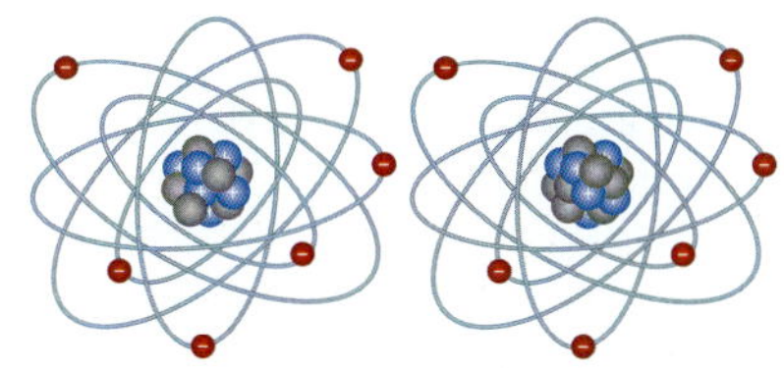

Carbono-12	Carbono-14
6 electrones	6 electrones
6 protones	6 protones
6 neutrones	8 neutrones

Recuerda

Hay átomos que tienden a captar electrones y convertirse en **iones negativos** o **aniones**:

$$X + 1\ e^- \rightarrow X^{1-}$$

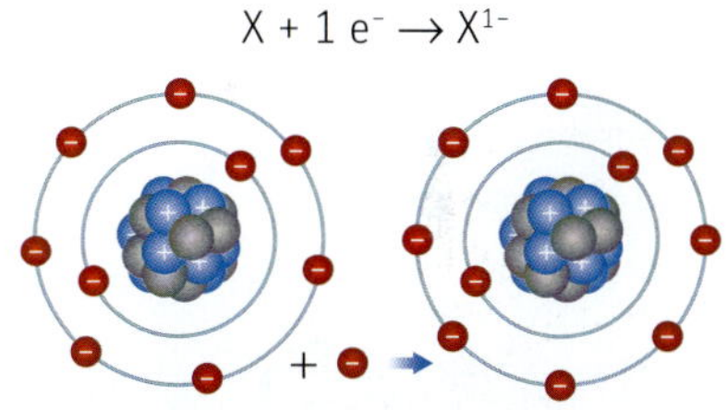

Átomo neutro + electrón = ion negativo

Otros átomos tienden a ceder electrones y transformarse en **iones positivos** o **cationes**:

$$Y \rightarrow Y^{1+} + 1\ e^-$$

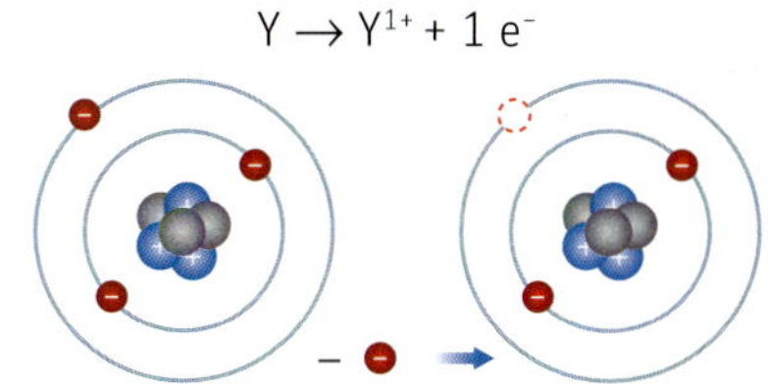

Átomo neutro – electrón = ion positivo

En la Web

¿Sabes deducir cuántos protones, neutrones y electrones tiene cierto átomo o ion?

www.e-sm.net/svfq4eso02_02

3 El modelo atómico actual

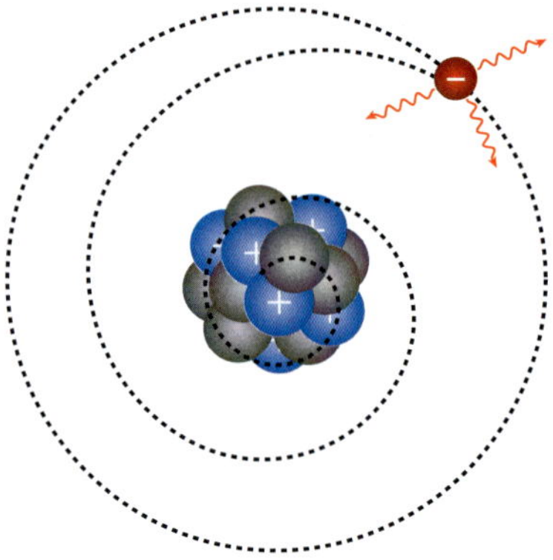

Figura 2.2. Inestabilidad del átomo de Rutherford.

El modelo atómico de Rutherford era inestable: toda partícula cargada que gira debe emitir energía en forma de ondas electromagnéticas, así que un electrón en órbita alrededor del núcleo perdería energía, caería rápidamente en espiral hacia este y el átomo colapsaría (figura 2.2).

Para resolver tal situación, el físico danés **Niels Bohr**, discípulo de Rutherford, propuso en 1913 un nuevo modelo atómico que revolucionó el conocimiento sobre la estructura del átomo.

Modelo atómico de Bohr

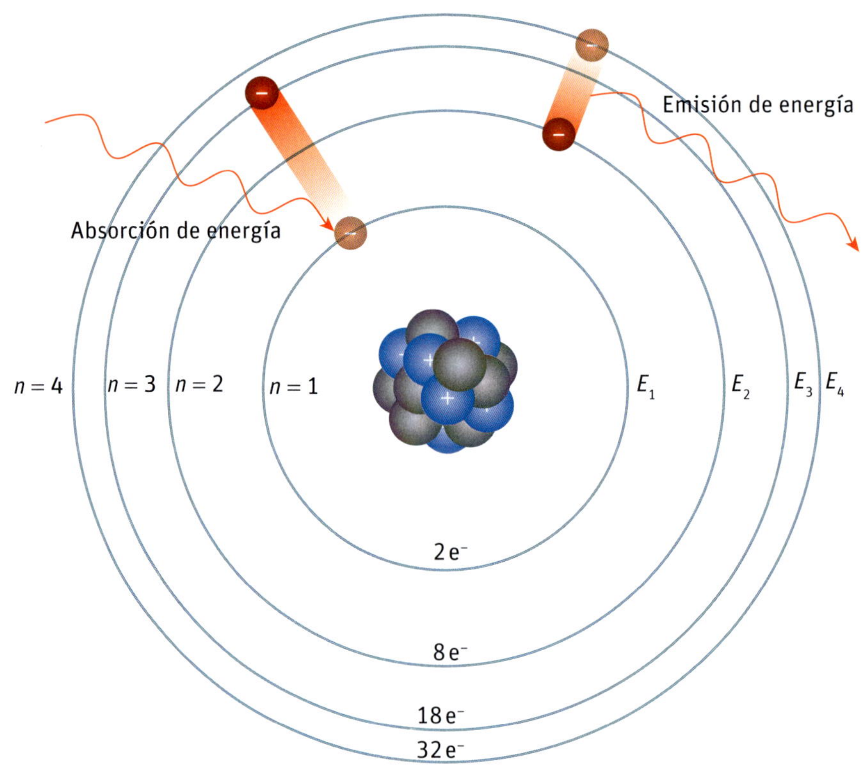

- **Niveles de energía:** un electrón solo puede girar a determinadas distancias del núcleo, en ciertas órbitas permitidas, estados estacionarios, capas o niveles de energía, caracterizados por un número entero $n = 1, 2, 3,...$, en los cuales el electrón mantiene su energía constante e igual a E_1, E_2, E_3,..., respectivamente.
- **Transición entre niveles:** un electrón puede pasar desde un nivel n de energía E_n hasta otro nivel m de energía E_m mediante la emisión o absorción de una cantidad de energía $\Delta E_{n \to m}$ igual a la diferencia de energía entre dichos niveles:

$$\Delta E_{n \to m} = E_m - E_n$$

- **Ocupación de niveles:** el número máximo de electrones que puede haber en cada nivel es igual a $2n^2$.

Ten en cuenta

La transición cuantizada de un electrón al pasar de un nivel a otro es análoga al tránsito de una pelota hacia arriba o hacia abajo en una escalera.

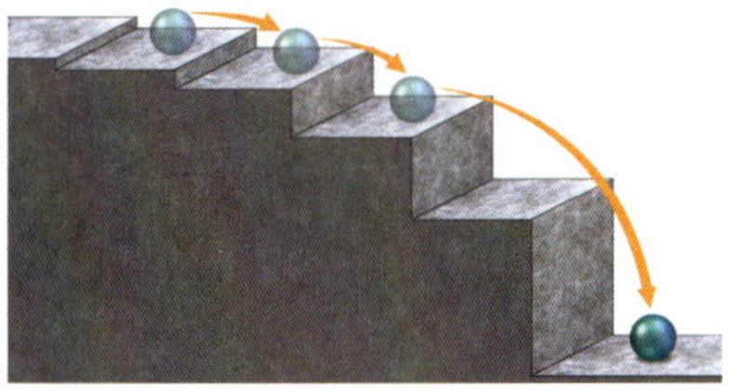

La pelota puede ir desde un peldaño hacia cualquier otro al absorber o ceder cierta energía, en función del escalón al cual vaya, pero no puede permanecer entre dos peldaños.

ACTIVIDADES

5. Si el Sol ejerce una atracción sobre la Tierra, de forma análoga a lo que sucede entre el núcleo y los electrones, ¿por qué no cae la Tierra sobre el Sol? ¿Qué sucedería si los cuerpos que giran alrededor de otro, como los electrones en un átomo o los planetas del sistema solar, se detuvieran un instante?

6. Distribuye por capas los electrones de un átomo neutro de litio ($Z = 3$), flúor ($Z = 9$), magnesio ($Z = 12$) y azufre ($Z = 16$).

smSaviadigital.com OBSERVA

En este vídeo puedes ver la evolución de los modelos atómicos.

Subniveles de energía y orbitales

El físico alemán Arnold Sommerfeld perfeccionó en 1915 el modelo de Bohr y propuso que en una misma capa podían existir diferentes órbitas (la circular de Bohr y otras elípticas de distinta excentricidad y energía), subcapas o subniveles de energía, que se representaron por las letras *s*, *p*, *d*, *f*, *g*,...

De esta forma, los electrones podían ahora hallarse en *n* diferentes subniveles de energía dentro de una misma capa *n*, según el siguiente esquema:

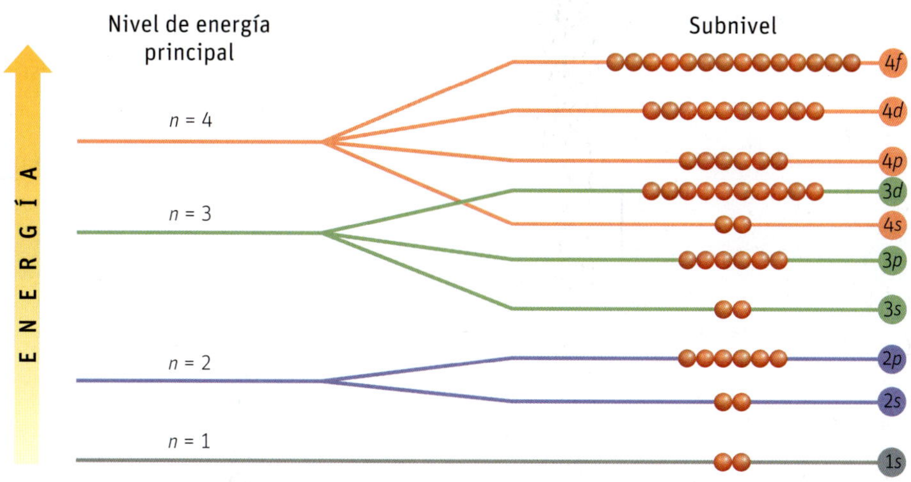

La teoría cuántica desarrollada poco después alumbró el modelo atómico actual y remplazó las órbitas de los subniveles *s*, *p*, *d*,..., por distintos tipos de **orbitales**: regiones del espacio en torno al núcleo atómico en las cuales existe mayor probabilidad de encontrar un electrón con cierta energía.

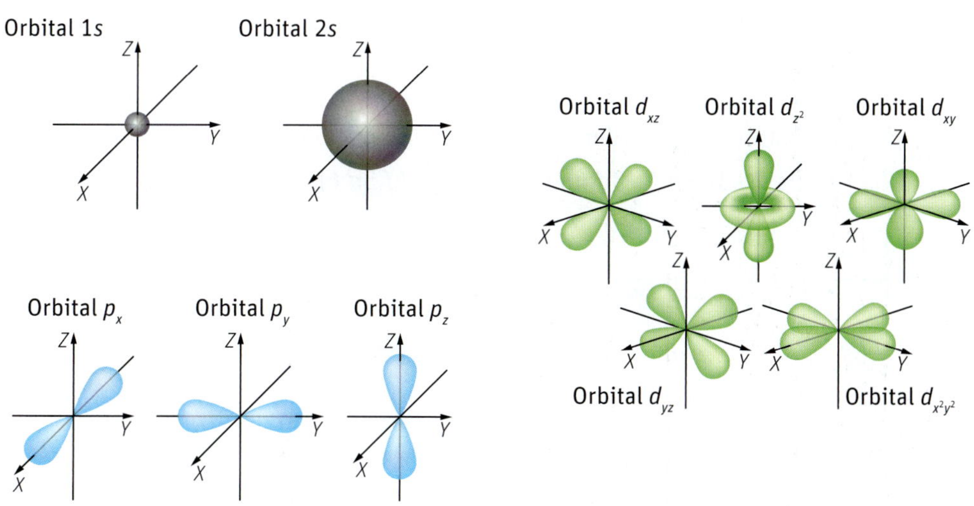

Te interesa saber

El **estado fundamental** del electrón en el átomo de hidrógeno (su estado de menor energía y, por tanto, más estable) es el correspondiente a la primera órbita, donde siente mayor atracción por el núcleo al hallarse más cerca de este.

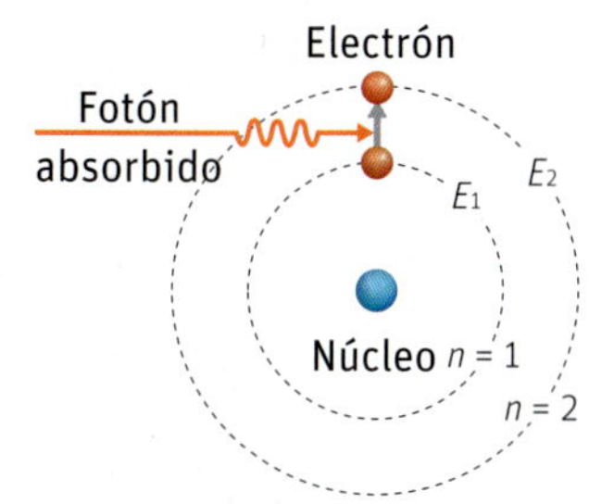

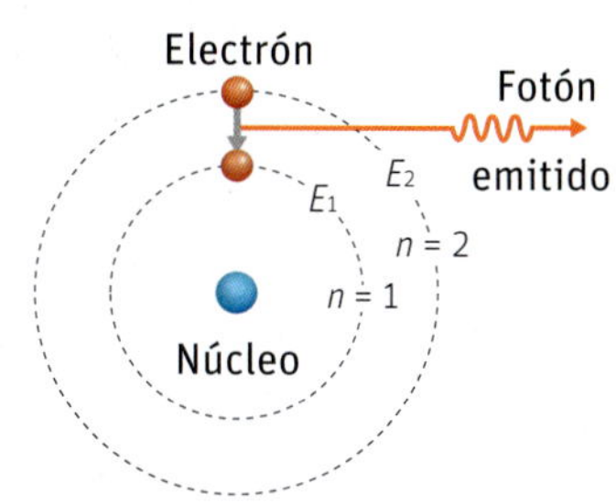

Acceder a cualquier nivel superior requiere aportar energía, y el electrón se hallará entonces en un **estado excitado** (inestable, por estar más lejos del núcleo y ser más energético) que abandonará de manera espontánea emitiendo el exceso de energía.

En la Web

Animaciones tridimensionales de los orbitales de tipo *s*, *p* y *d*.

www.e-sm.net/svfq4eso02_03

ACTIVIDADES

7. Busca información acerca de las siguientes cuestiones y realiza una presentación ante la clase basada en las causas y las evidencias de los fenómenos observados.

a) ¿Por qué se introdujeron los subniveles de energía?

b) ¿Por qué se sustituyó el concepto de órbita por el de orbital?

4 Configuración electrónica

Conocer la manera en la que se distribuyen los electrones alrededor del núcleo, es decir, su configuración electrónica, permite predecir las propiedades de los elementos.

El número atómico nos dice la cantidad de electrones del átomo neutro, y a partir de aquí podemos construir su configuración electrónica teniendo en cuenta que:

- El número de electrones que puede haber en las capas o niveles está limitado, y es igual a $2n^2$: **2** para $n = 1$, **8** para $n = 2$, **18** para $n = 3$, **32** para $n = 4$,...

Número máximo de electrones en una capa o nivel			
$n = 1$	$n = 2$	$n = 3$	$n = 4$
2	8	18	32

- El número de electrones que puede haber en las subcapas o subniveles también está limitado: **2** en la subcapa *s*, **6** en la *p*, **10** en la *d* y **14** en la *f*.

Número máximo de electrones en una subcapa o subnivel			
s	*p*	*d*	*f*
2	6	10	14

- Como resultado, el reparto de electrones por capas y subcapas es:

Capa o nivel	Subcapa o subnivel	Número total de electrones
$n = 1$	$1s^2$	2
$n = 2$	$2s^2\ 2p^6$	8
$n = 3$	$3s^2\ 3p^6\ 3d^{10}$	18
$n = 4$	$4s^2\ 4p^6\ 4d^{10}\ 4f^{14}$	32

- Los electrones de un átomo en el estado fundamental se van colocando de acuerdo a un principio de construcción en orden creciente de energía, que es:

1*s* 2*s* 2*p* 3*s* 3*p* 4*s* 3*d* 4*p* 5*s* 4*d* 5*p* 6*s* 4*f* 5*d* 6*p* 7*s* 5*f* 6*d* 7*p*...

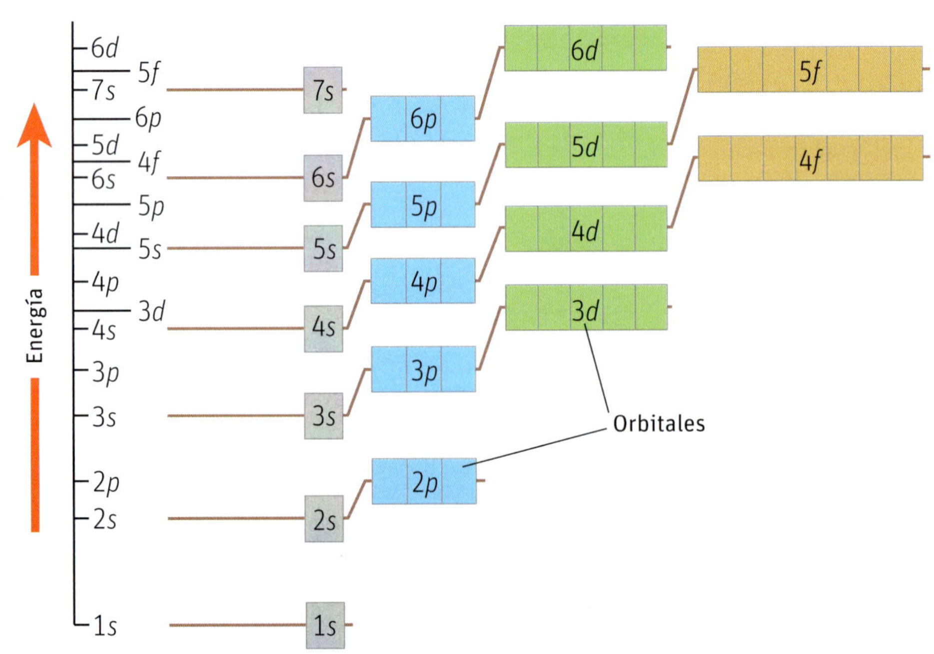

Te interesa saber

Toda regla tiene sus excepciones; las configuraciones electrónicas, también.

Por ejemplo, cuando el subnivel *d* se encuentra semilleno (d^5) o lleno (d^{10}) adquiere mayor estabilidad y tal configuración es favorecida.

Así, se ha comprobado de forma experimental que la configuración electrónica de un elemento de transición que termina en $ns^2\ (n-1)d^4$, como el cromo ($4s^2\ 3d^4$), es, en realidad, $4s^1\ 3d^5$; y la terminada en $ns^2\ (n-1)d^9$, como el cobre ($4s^2\ 3d^9$), resulta ser $4s^1\ 3d^{10}$.

Regla de las diagonales

Para recordar el orden energético al que responde el llenado de las subcapas se recurre al **diagrama de Möller**, o **regla de las diagonales**: los electrones se han de colocar desde arriba hacia abajo siguiendo la dirección marcada por las flechas diagonales.

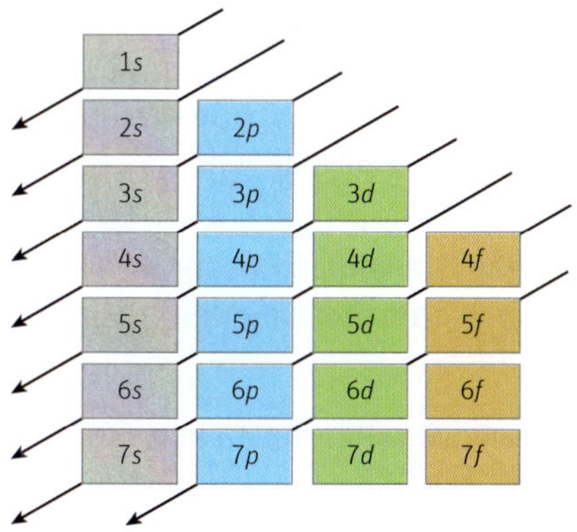

- Cada subcapa está formada por un número concreto de orbitales. En cada orbital solo caben **2** electrones con su giro o **espín** opuesto; pero siempre que sea posible, los electrones ocuparán orbitales distintos dentro del subnivel.

Subcapa	*s*	*p*	*d*	*f*
Número de orbitales	1	3	5	7
Colocación de los electrones	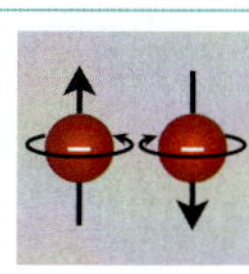	↑↓ ↑↓ ↑↓	↑↓ ↑↓ ↑↓ ↑↓ ↑↓	↑↓ ↑↓ ↑↓ ↑↓ ↑↓ ↑↓ ↑↓

Ten en cuenta

Si has de realizar la configuración electrónica de un ion (para el cual no coincide el número de protones con el número de electrones), debes deducir antes el número de electrones del átomo neutro del que procede.

Realiza configuraciones electrónicas

2. Halla las configuraciones electrónicas de estos átomos:

a) Li ($Z = 3$) **b)** B ($Z = 5$) **c)** N ($Z = 7$) **d)** F ($Z = 9$) **e)** Mg ($Z = 12$) **f)** S ($Z = 16$) **g)** Ar ($Z = 18$) **h)** Ca ($Z = 20$) **i)** Ti ($Z = 22$) **j)** Se ($Z = 34$)

SOLUCIÓN

Solo hemos de tener en cuenta la capacidad de cada nivel y subnivel e ir llenándolos según su orden creciente de energía, de acuerdo a la regla de las diagonales:

a) $1s^2\ 2s^1$

b) $1s^2\ 2s^2\ 2p^1$

c) $1s^2\ 2s^2\ 2p^3$

d) $1s^2\ 2s^2\ 2p^5$

e) $1s^2\ 2s^2\ 2p^6\ 3s^2$

f) $1s^2\ 2s^2\ 2p^6\ 3s^2\ 3p^4$

g) $1s^2\ 2s^2\ 2p^6\ 3s^2\ 3p^6$

h) $1s^2\ 2s^2\ 2p^6\ 3s^2\ 3p^6\ 4s^2$

i) $1s^2\ 2s^2\ 2p^6\ 3s^2\ 3p^6\ 4s^2\ 3d^2$

j) $1s^2\ 2s^2\ 2p^6\ 3s^2\ 3p^6\ 4s^2\ 3d^{10}\ 4p^4$

En la Web

Comprueba la configuración electrónica de cualquier átomo, con sus capas, subcapas y orbitales.

• www.e-sm.net/svfq4eso02_04

ACTIVIDADES

8. Realiza la configuración electrónica de los siguientes átomos neutros e iones.

a) C **b)** Fe^{3+} **c)** Na^{1+} **d)** P **e)** Al **f)** Br^{1-} **g)** Ag **h)** Ca

9. Corrige las configuraciones electrónicas incorrectas.

a) $1s^2\ 1p^2$ **b)** $1s^2\ 2s^2\ 2p^6\ 2d^5$ **c)** $1s^2\ 2s^3\ 2p^5$ **d)** $1s^2\ 2s^2\ 2p^8$

En la Web

Juega a construir átomos pieza a pieza: añade capas, orbitales y electrones.

• www.e-sm.net/svfq4eso02_05

5 El sistema periódico

Dimitri Ivanovich Mendeleiev (1834-1907)

El sistema periódico actual tiene su origen en el propuesto por **Dimitri Mendeleiev** en 1870, quien colocó los elementos en orden creciente de **masa atómica**, además de formar grupos de ellos con propiedades comunes.

Como el sistema presentaba algunas irregularidades, en 1914 **Henry Moseley** reordenó los elementos en función del **número atómico**: ahora quedaba claro que sus propiedades químicas dependían de este y no de la masa atómica.

> El **sistema periódico** consiste en la organización de los elementos químicos por orden creciente de su número atómico (número de protones en el núcleo).

En él se hallan presentes, hasta hoy, **118 elementos** dispuestos en **18 grupos** (columnas) y **7 períodos** (filas):

Número atómico: 1 — Masa atómica (u)*: 1,01 — Símbolo: H — Nombre: Hidrógeno

Negro - sólido; **Azul** - líquido; **Rojo** - gas; **Violeta** - artificial

Metales; Semimetales; No metales; Gases nobles

*Entre paréntesis se indica la masa atómica del isótopo conocido de vida media más larga.

Periodo \ Grupo	1	2	3	4	5	6	7	8	9	10	11	12	13	14	15	16	17	18
1																		2 He 4,00 Helio
2	3 Li 6,94 Litio	4 Be 9,01 Berilio											5 B 10,81 Boro	6 C 12,01 Carbono	7 N 14,01 Nitrógeno	8 O 16,00 Oxígeno	9 F 19,00 Flúor	10 Ne 20,18 Neón
3	11 Na 22,99 Sodio	12 Mg 24,31 Magnesio											13 Al 26,98 Aluminio	14 Si 28,09 Silicio	15 P 30,97 Fósforo	16 S 32,07 Azufre	17 Cl 35,45 Cloro	18 Ar 39,95 Argón
4	19 K 39,10 Potasio	20 Ca 40,08 Calcio	21 Sc 44,96 Escandio	22 Ti 47,87 Titanio	23 V 50,94 Vanadio	24 Cr 52,00 Cromo	25 Mn 54,94 Manganeso	26 Fe 55,85 Hierro	27 Co 58,93 Cobalto	28 Ni 58,69 Níquel	29 Cu 63,55 Cobre	30 Zn 65,41 Cinc	31 Ga 69,72 Galio	32 Ge 72,64 Germanio	33 As 74,92 Arsénico	34 Se 78,96 Selenio	35 Br 79,90 Bromo	36 Kr 83,80 Kriptón
5	37 Rb 85,47 Rubidio	38 Sr 87,62 Estroncio	39 Y 88,91 Itrio	40 Zr 91,22 Circonio	41 Nb 92,91 Niobio	42 Mo 95,94 Molibdeno	43 Tc (98) Tecnecio	44 Ru 101,07 Rutenio	45 Rh 102,91 Rodio	46 Pd 106,42 Paladio	47 Ag 107,87 Plata	48 Cd 112,41 Cadmio	49 In 114,82 Indio	50 Sn 118,71 Estaño	51 Sb 121,76 Antimonio	52 Te 127,60 Teluro	53 I 126,90 Yodo	54 Xe 131,29 Xenón
6	55 Cs 132,91 Cesio	56 Ba 137,33 Bario	57-71 *	72 Hf 178,49 Hafnio	73 Ta 180,95 Tantalio	74 W 183,84 Wolframio	75 Re 186,21 Renio	76 Os 190,23 Osmio	77 Ir 192,22 Iridio	78 Pt 195,08 Platino	79 Au 196,97 Oro	80 Hg 200,59 Mercurio	81 Tl 204,38 Talio	82 Pb 207,19 Plomo	83 Bi 208,98 Bismuto	84 Po (209) Polonio	85 At (210) Astato	86 Rn (222) Radón
7	87 Fr (223) Francio	88 Ra (226) Radio	89-103 **	104 Rf (261) Rutherfordio	105 Db (262) Dubnio	106 Sg (266) Seaborgio	107 Bh (264) Bohrio	108 Hs (277) Hassio	109 Mt (268) Meitnerio	110 Ds (271) Darmstadtio	111 Rg (272) Roentgenio	112 Cn (285) Copernicio	113 Uut (286) Ununtrio	114 Fl (289) Flerovio	115 Uup (288) Ununpentio	116 Lv (293) Livermorio	117 Uus (294) Ununseptio	118 Uuo (294) Ununoctio

* Lantánidos 6	57 La 138,91 Lantano	58 Ce 140,12 Cerio	59 Pr 140,91 Praseodimio	60 Nd 144,24 Neodimio	61 Pm (145) Prometio	62 Sm 150,36 Samario	63 Eu 151,96 Europio	64 Gd 157,25 Gadolinio	65 Tb 158,93 Terbio	66 Dy 162,50 Disprosio	67 Ho 164,93 Holmio	68 Er 167,26 Erbio	69 Tm 168,93 Tulio	70 Yb 173,04 Iterbio	71 Lu 174,97 Lutecio
** Actínidos 7	89 Ac (227) Actinio	90 Th 232,04 Torio	91 Pa 231,04 Protactinio	92 U 238,03 Uranio	93 Np (237) Neptunio	94 Pu (242) Plutonio	95 Am (243) Americio	96 Cm (247) Curio	97 Bk (247) Berkelio	98 Cf (251) Californio	99 Es (252) Einstenio	100 Fm (257) Fermio	101 Md (258) Mendelevio	102 No (259) Nobelio	103 Lr (262) Lawrencio

El nombre de los elementos de números atómicos 113, 115, 117 y 118 es el sistemático adoptado por la IUPAC hasta que se asignen sus nombres propios.

- Los elementos pertenecientes a un mismo grupo poseen propiedades físico-químicas semejantes; por ello, estos grupos reciben una denominación específica: alcalinos (grupo 1), alcalino-térreos (grupo 2), metales de transición (grupos 3 al 12), térreos (grupo 13), carbonoideos (grupo 14), nitrogenoideos (grupo 15), anfígenos (grupo 16), halógenos (grupo 17) y gases nobles (grupo 18).
- A lo largo de un mismo **período**, las propiedades físico-químicas de los elementos varían de forma gradual.
- Los elementos pueden ser clasificados en cuatro categorías principales: **metales** (zona izquierda y central de la tabla), **no metales** (zona derecha), **semimetales** (entre los metales y los no metales) y **gases nobles** (última columna de la derecha, es decir, el grupo 18).

ACTIVIDADES

10. Localiza en el sistema periódico:

a) Los no metales gaseosos.

b) El gas noble empleado para elevar globos.

c) El metal alcalino-térreo necesario para los huesos.

d) Algunos metales nobles, que apenas se oxidan.

Sistema periódico y configuración electrónica

Dentro de un determinado grupo, se observa que la configuración electrónica externa es semejante.

Por ejemplo, los metales alcalinos (grupo 1) tienen un solo electrón externo (s^1) y todos reaccionan de manera muy activa. En cambio, los gases nobles (grupo 18) cuentan con ocho electrones en su última capa ($s^2\ p^6$), salvo el helio ($1s^2$); todos ellos son muy estables y apenas reaccionan con ningún otro elemento.

Grupos 1 y 2. Elementos con su electrón de valencia situado en un subnivel *s*.
Configuración electrónica:
ns^x, donde x = 1 o 2.

Grupos 3 al 12. Elementos con su electrón de valencia situado en un subnivel *d*.
Configuración electrónica:
$ns^2\ (n-1)d^x$, donde x = 1, 2,..., 10.

Grupos 13 al 18. Elementos con su electrón de valencia situado en un subnivel *p*.
Configuración electrónica:
$ns^2\ np^x$, donde x = 1, 2,..., 6.

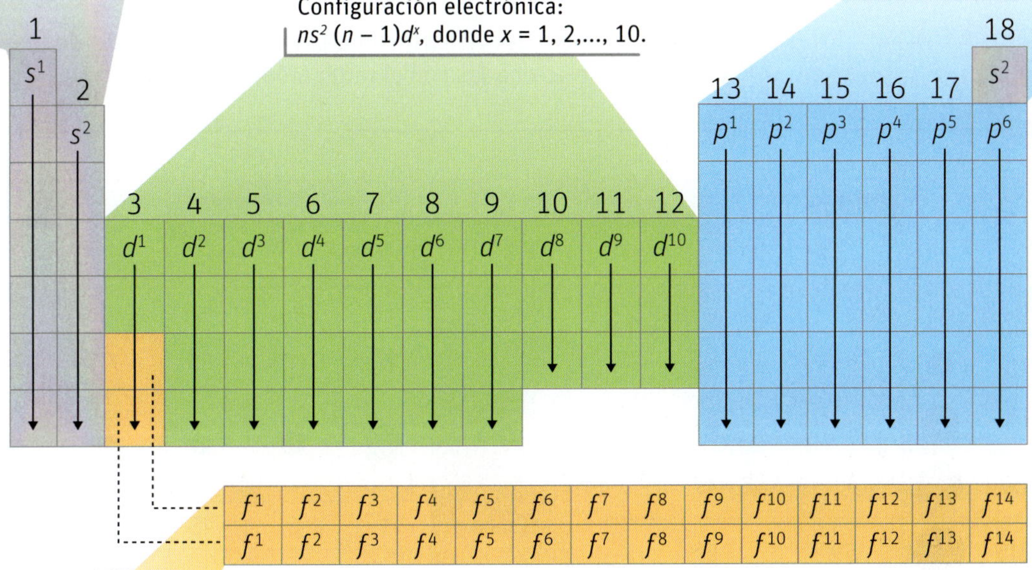

Elementos de transición. Elementos con su electrón de valencia situado en un subnivel *f*.
Configuración electrónica:
$ns^2\ (n-2)f^x$, donde x = 1, 2,..., 14.

Esto explica que, en general, los elementos de un mismo grupo posean propiedades químicas análogas.

Así, dada la configuración electrónica de la última capa, o **capa de valencia**, de un elemento, es posible deducir el grupo al que pertenece y sus propiedades químicas.

> Los electrones situados en la capa de valencia determinan las propiedades químicas de los elementos.

ACTIVIDADES

11. Identifica el grupo y el período en los cuales se halla cada uno de los elementos cuya configuración se muestra a continuación. ¿Qué elementos pertenecen al mismo grupo? ¿Y al mismo período?

a) $1s^2$
b) $1s^2\ 2s^2\ 2p^6\ 3s^2\ 3p^3$
c) $1s^2\ 2s^1$
d) $1s^2\ 2s^2\ 2p^6\ 3s^2\ 3p^5$
e) $1s^2\ 2s^2\ 2p^3$
f) $1s^2\ 2s^2\ 2p^6\ 3s^2\ 3p^6\ 4s^2$

En la Web

Observa la elevada actividad química del cesio con el agua.

• www.e-sm.net/svfq4eso02_06

Te interesa saber

El elemento más abundante del universo es el hidrógeno, seguido por el helio (74 % y 24 % en masa, respectivamente).

Los átomos del resto de elementos que hay en tu organismo, como el carbono, el oxígeno, el hierro, etc., fueron creados en los núcleos de las estrellas mediante reacciones de fusión nuclear a partir del hidrógeno.

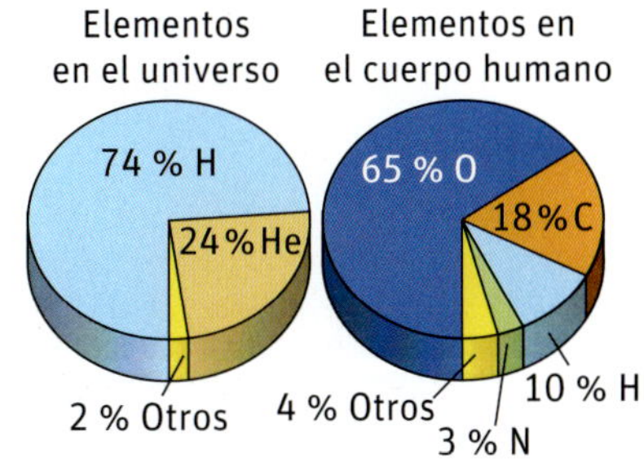

6 Propiedades periódicas de los elementos

Ten en cuenta

Radio atómico

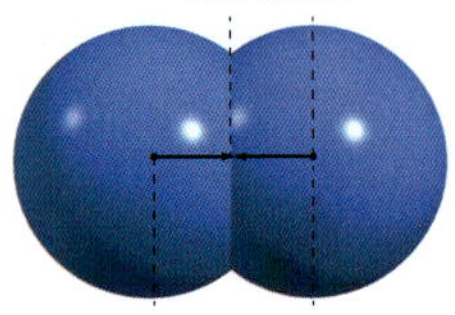

Distancia internuclear

El radio atómico se suele medir en ángstroms (1 Å = 10^{-10} m) o en picómetros (1 pm = 10^{-12} m).

Dado que la configuración electrónica de los elementos muestra una variación periódica al aumentar el número atómico, las propiedades físicas y químicas de los elementos presentan también variaciones periódicas.

Radio atómico

Los átomos de los distintos elementos químicos tienen diferente tamaño. Aunque la nube de electrones que rodea a un núcleo no tiene un contorno preciso, se establece un radio atómico para cuantificar el tamaño de un átomo.

El **radio atómico** se define como la mitad de la distancia que hay entre los centros de dos átomos iguales que forman una molécula.

Algunas propiedades físicas, como la densidad, el punto de fusión y el punto de ebullición, están relacionadas con el radio atómico.

OBSERVA

Variación del radio atómico

En un grupo

Elemento	Radio (pm)	Período	Capa de valencia
Be	112	2	$2s^2$
Mg	160	3	$3s^2$
Ca	197	4	$4s^2$
Sr	215	5	$5s^2$
Ba	222	6	$6s^2$

En un período

Elemento	Li	Be	B	C	N	O	F
Radio (pm)	152	112	88	77	70	66	64
Grupo	1	2	13	14	15	16	17
Capa de valencia	$2s^1$	$2s^2$	$2s^22p^1$	$2s^22p^2$	$2s^22p^3$	$2s^22p^4$	$2s^22p^5$

El radio atómico aumenta a medida que se desciende en el grupo y crece el número atómico.

Ello se debe a que los electrones de valencia se sitúan en niveles cada vez más alejados del núcleo, lo que hace aumentar el tamaño del átomo, es decir, su radio.

El radio atómico disminuye al avanzar a lo largo de un período y crecer el número atómico.

Esto es así porque aumenta la carga positiva del núcleo y, por tanto, la fuerza con que este atrae a los electrones de la capa más externa, que es la misma en todos ellos, reduciéndose así el tamaño del átomo.

Tendencias del radio atómico

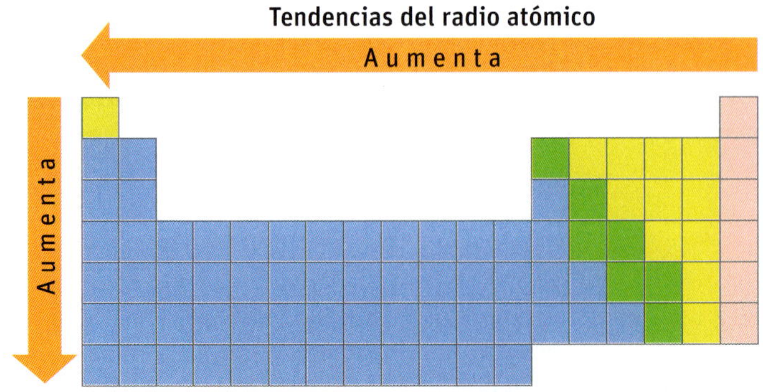

Por lo general, el radio atómico aumenta al descender en un mismo grupo y disminuye al avanzar a lo largo de un período.

Reactividad química

Un elemento químico es tanto más activo cuanto más fácilmente intercambia electrones para formar compuestos en las reacciones químicas.

> La **reactividad química** es una propiedad que mide la mayor o menor actividad con la que un elemento participa en una reacción.

Para comparar la reactividad entre los elementos representativos (bloques *s* y *p*) se utiliza la **regla del octeto**, basada en la gran estabilidad de los gases nobles:

> Los átomos tienden a formar enlaces que les proporcionen ocho electrones en su capa de valencia y adquirir así la configuración del gas noble más cercano ($s^2 p^6$), salvo los elementos próximos al helio, que tienden a alcanzar la configuración $1s^2$.

Recuerda

Los elementos metálicos tienden a ceder electrones.

Los elementos no metálicos tienden a captar electrones.

Los gases nobles no suelen intercambiar electrones.

Variación de la reactividad en un período	
Metales	**No metales**
Cuantos menos electrones excedan de ocho, con mayor facilidad se cederán y más activo será el elemento. Así, los metales más activos son aquellos que tienen un único electrón en su capa de valencia, como los metales alcalinos (s^1). La reactividad de los metales disminuye al avanzar en un período, siendo máxima en los alcalinos.	Cuantos menos electrones falten para completar ocho, con mayor facilidad se aceptarán y más activo será el elemento. Así, no metales más activos son los que necesitan un solo electrón para completar su capa de valencia, como los halógenos ($s^2 p^7$). La reactividad de los no metales aumenta al avanzar en un período y es máxima en los halógenos.

Variación de la reactividad en un grupo	
Metales	**No metales**
Cuantas más capas electrónicas internas tenga el átomo, más débil será la atracción del núcleo sobre los electrones más externos y estos se cederán con mayor facilidad. Por ejemplo, el cesio es el más activo del grupo de los alcalinos. La reactividad de los metales aumenta al descender en un grupo.	Cuantas menos capas electrónicas internas tenga el átomo, más fuerte será la atracción del núcleo sobre los electrones más externos y estos se captarán con mayor facilidad. Por ejemplo, el flúor es el más activo del grupo de los halógenos. La reactividad de los no metales disminuye al descender en un grupo.

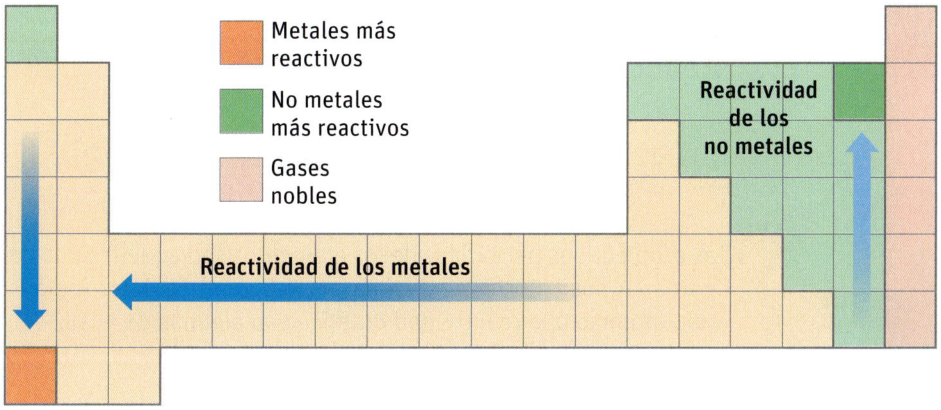

ACTIVIDADES

12. En cada caso, razona qué elemento tendrá mayor radio y cuál será más activo.

a) Al, Mg, Na

b) Cl, P, S

c) Ca, Sr, Mg

d) S, Se, O

Repasa lo aprendido

1 ¿En qué consiste la teoría atómica de Dalton?

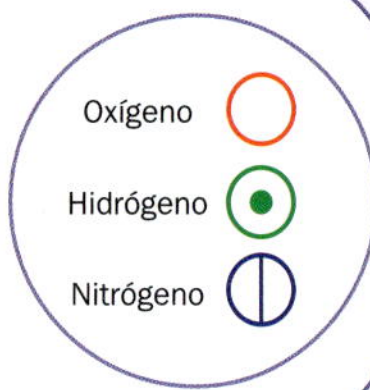

Para Dalton, la materia está constituida por átomos: partículas diminutas, esféricas, compactas e indivisibles. Cada elemento tiene un átomo característico.

En los procesos químicos, los átomos no se crean ni se destruyen, tan solo se combinan entre sí según relaciones numéricas constantes y sencillas para formar compuestos.

2 ¿Qué proponen los modelos atómicos de Thomson y de Rutherford?

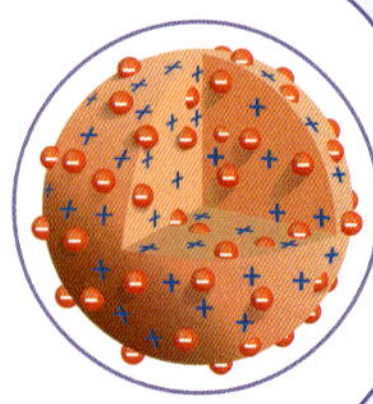

Según Thomson, el átomo es una esfera uniforme y difusa, con carga eléctrica positiva, con electrones de carga eléctrica negativa repartidos por su interior en posiciones fijas.

Rutherford sitúa la carga positiva del átomo y casi toda su masa en un pequeño núcleo de protones y neutrones, en torno al cual orbitan los electrones a una gran distancia.

3 ¿Qué aporta el modelo atómico de Bohr? ¿Cómo es el átomo según la actual teoría cuántica?

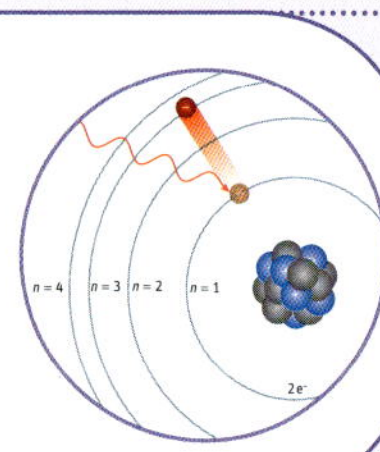

Bohr postula que los electrones solo pueden permanecer en determinadas órbitas o niveles de energía constante, pasando de un nivel a otro al absorber o emitir energía.

La teoría cuántica asigna a los electrones niveles, subniveles y orbitales, es decir, regiones en las que hay gran probabilidad de encontrar un electrón con cierta energía.

4 ¿A qué se denomina configuración electrónica?

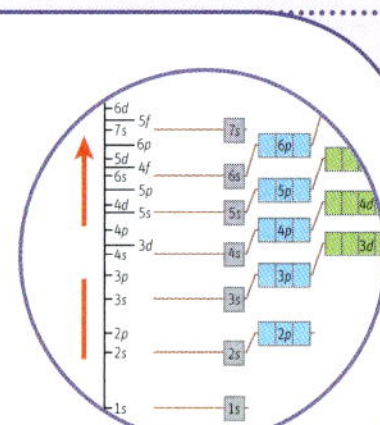

La configuración electrónica de un átomo es la distribución de sus electrones en los distintos niveles, subniveles y orbitales alrededor del núcleo, según la capacidad de cada uno de ellos y en orden creciente de energía.

5 ¿Cómo están ordenados los elementos en el sistema periódico?

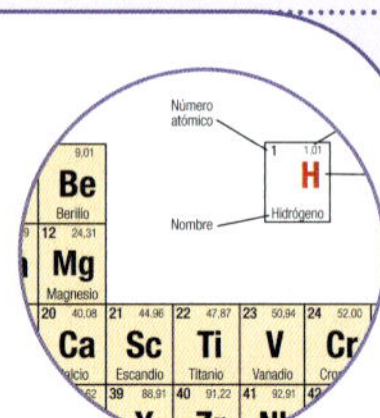

El sistema periódico coloca los elementos químicos en orden creciente de su número atómico.

Consta de 118 elementos dispuestos en 18 grupos (columnas) y 7 períodos (filas).

6 ¿Qué son las propiedades periódicas?

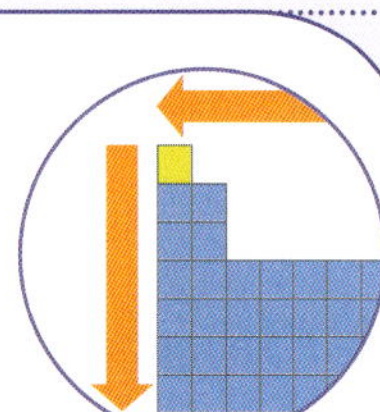

Las propiedades periódicas de los elementos son aquellas que dependen de su posición en el sistema periódico: el carácter metálico, el radio atómico o la reactividad química son algunas de ellas.

Procedimientos de la ciencia

Espectroscopía atómica

Los químicos analistas de laboratorio y los físicos astrónomos que observan el cielo a través de grandes telescopios emplean la técnica de la espectroscopía para descubrir la composición química de la materia que estudian.

Este método se basa en la absorción o emisión de energía electromagnética en forma de fotones por parte de los átomos y moléculas que componen ciertos objetos, ya sea un tubo de descarga de gases o una sustancia incandescente como, por ejemplo, los fuegos artificiales o una estrella remota.

1 FUNDAMENTO TEÓRICO

Cuando los electrones de los átomos absorben energía electromagnética, ascienden a niveles superiores más energéticos y se alejan del núcleo.

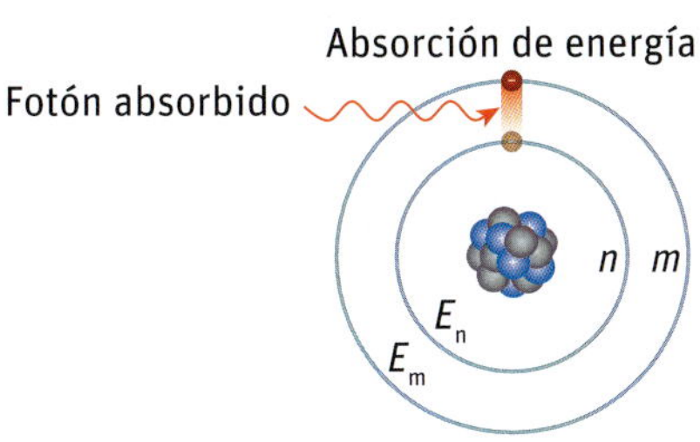

Tal estado excitado es inestable, así que los electrones promocionados regresarán al nivel energético inicial emitiendo el exceso de energía.

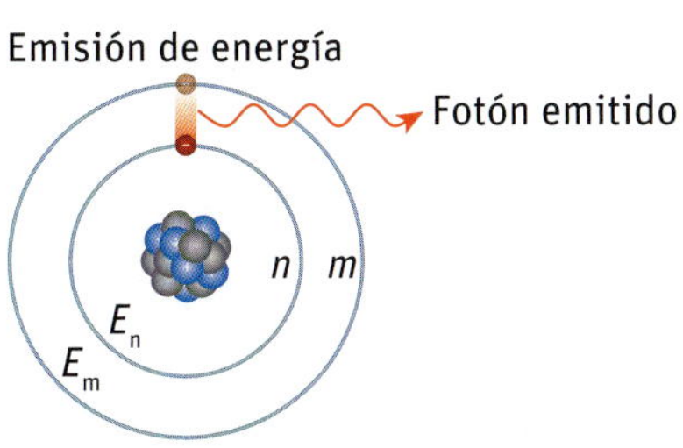

Los colores observados se deben a la presencia de ciertos elementos cuyos átomos pueden emitir energía luminosa, dentro del espectro visible, desde el rojo (poca energía) hasta el violeta (mucha energía).

Cu Sr Ca Na Ba K

2 ESPECTROS DE EMISIÓN Y DE ABSORCIÓN

Como cada átomo tiene una configuración electrónica particular con cantidades de energía concretas para cada posible transición, cada elemento químico posee un espectro de absorción y de emisión característico; algo así como su "huella dactilar".

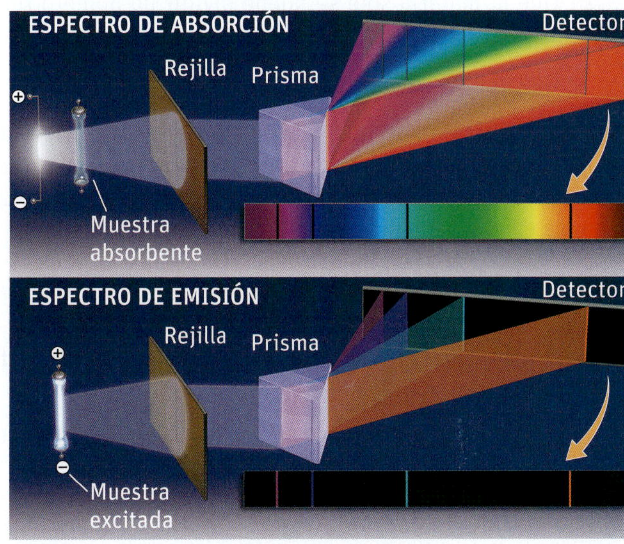

La espectroscopía permite identificar los elementos de cualquier muestra que emita o absorba luz, por lejos que se encuentre, y obtener una medida de la cantidad en la que estos se hallan presentes.

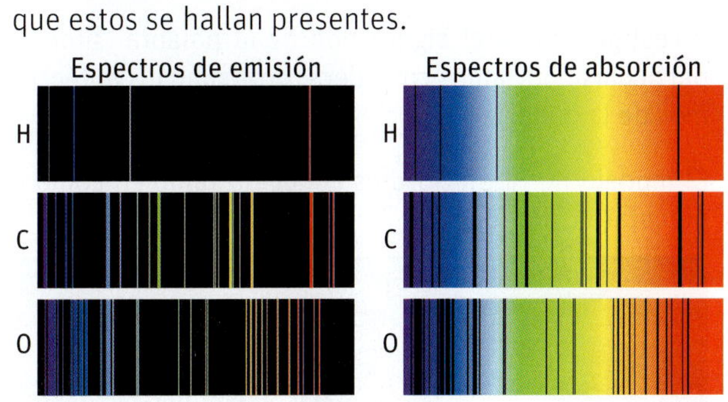

ACTIVIDADES

13. ¿Qué es un espectro de emisión? ¿En qué se diferencia de un espectro de absorción?

14. Investiga acerca de cómo influyó la información proporcionada por la espectroscopía a comienzos del siglo XX en el desarrollo de los modelos atómicos y en la formulación de la teoría cuántica. Construye un mapa mental sobre este tema.

Actividades

Modelos atómicos

15. Los antiguos atomistas griegos defendían la discontinuidad de la materia y, por tanto, que esta era indivisible. ¿Qué querían decir con tal afirmación?

a) Que la materia no se puede dividir en partes más pequeñas.

b) Que la materia solo se puede dividir un número finito de veces.

c) Que la materia es divisible de manera indefinida.

16. Según decía Demócrito, "solo existen los átomos y el vacío, el resto es opinión". ¿Qué quiere decir hoy día la física con el término "vacío"? ¿En qué se diferencia del significado que se le da en el lenguaje cotidiano?

17. Un clavo de hierro contiene seiscientos mil trillones de átomos de hierro (6×10^{23}).

a) ¿Cuántas veces se podría dividir de manera que los trozos resultantes siguieran siendo de hierro?

b) ¿Es correcto afirmar que el hierro, o cualquier otro elemento químico, es indivisible?

18. ¿Se consideran correctas en la actualidad las siguientes hipótesis de Dalton?

a) La materia está formada por átomos indivisibles.

b) Todos los átomos de un mismo elemento son iguales.

19. Investiga: según el significado de la palabra "átomo", ¿qué partículas podríamos considerar hoy como los auténticos átomos de la materia?

20. El modelo de Rutherford es conocido también como modelo planetario. ¿Por qué?

21. El radio del átomo es unas 10 000 veces mayor que el del núcleo: si aumentáramos un átomo hasta el tamaño de un campo de fútbol, el núcleo sería una pequeña canica colocada en el centro. ¿Qué tamaño tendría el núcleo de un átomo de kriptón si aumentásemos su radio atómico hasta 100 m?

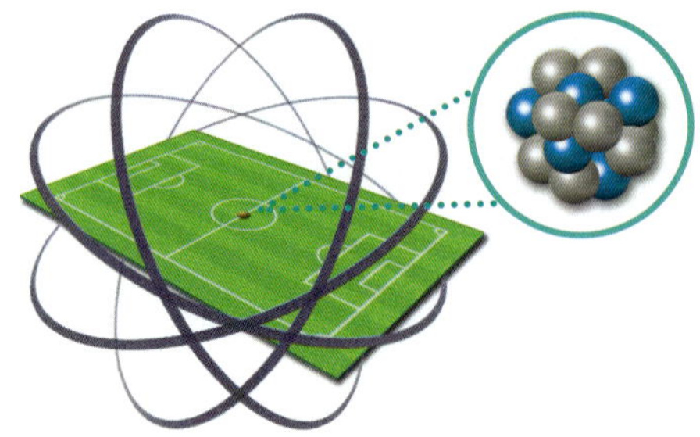

22. Deduce el número de partículas subatómicas de cada tipo que poseen los siguientes átomos e iones.

a) $^{40}_{20}Ca$ **c)** $^{75}_{33}As$

b) $^{40}_{20}Ca^{2+}$ **d)** $^{75}_{33}As^{3-}$

SOLUCIÓN

a) Las lecturas del subíndice y el superíndice de la izquierda nos informan, respectivamente, acerca del número atómico, $Z = 20$, y del número másico, $A = 40$. Por tanto, el calcio tiene 20 protones (con carga positiva) y, como el átomo es neutro, otros 20 electrones (con carga negativa). El número másico nos dice la cantidad total de nucleones (protones más neutrones), así que el número de neutrones es $N = A - Z = 40 - 20 = 20$.

b) El superíndice de la derecha indica ahora la carga del ion: +2. Es decir, el átomo de calcio ha sido doblemente ionizado al perder dos electrones. Le quedan, por tanto, 20 − 2 = 18 electrones.

c) Razonando como en el apartado a), concluimos que este átomo posee $Z = 33$ protones, 33 electrones (por ser neutro), $A = 75$ nucleones y $N = A - Z = 75 - 33 = 42$ neutrones.

d) Razonando como en el apartado b), sabemos que la carga del ion es −3. Es decir, el arsénico ha captado tres electrones. Ahora tiene, por tanto, 33 + 3 = 36 electrones.

23. Completa en tu cuaderno la siguiente tabla e indica el número de partículas subatómicas que tiene cada átomo e ion.

	Z	*A*	Protones	Electrones	Neutrones
$^{9}_{4}Be$	●●●	●●●	●●●	●●●	●●●
$^{20}_{10}Ne$	●●●	●●●	●●●	●●●	●●●
$^{32}_{16}S^{2-}$	●●●	●●●	●●●	●●●	●●●
$^{27}_{13}Al^{3+}$	●●●	●●●	●●●	●●●	●●●

24. Identifica las afirmaciones que consideres incorrectas.

a) Dos átomos del mismo elemento pueden tener el mismo número de protones.

b) Dos átomos del mismo elemento pueden tener diferente número de neutrones.

c) Dos átomos de diferentes elementos pueden tener el mismo número de electrones.

d) Cuando un átomo cede electrones, adquiere carga negativa y se transforma en un anión.

25. Completa en tu cuaderno la siguiente tabla acerca del número de partículas de los átomos en su estado fundamental.

	Z	*A*	N.° de protones	N.° de electrones	N.° de neutrones
${}^{4}_{2}He$	●●●	●●●	●●●	●●●	●●●
${}^{...}_{...}Si$	14	28	●●●	●●●	●●●
${}^{...}_{...}Fe$	●●●	●●●	26	28	●●●
${}^{...}_{...}Au$	●●●	●●●	●●●	79	118

26. Los isótopos son átomos de un mismo elemento con diferente número másico. Completa en tu cuaderno esta tabla e indica los átomos que son isótopos.

	Z	*A*	N.° de protones	N.° de neutrones
Átomo 1	8	16	●●●	●●●
Átomo 2	●●●	●●●	8	9
Átomo 3	●●●	●●●	9	9
Átomo 4	●●●	18	8	●●●

27. Identifica las representaciones atómicas de los isótopos que no son posibles.

a) ${}^{12}_{6}C$, ${}^{6}_{13}C$ y ${}^{14}_{6}C$

b) ${}^{1}_{1}H$, ${}^{2}_{1}H$ y ${}^{3}_{1}He$

c) ${}^{35}_{17}Cl$, ${}^{37}_{17}Cl$ y ${}^{36}_{18}Cl$

d) ${}^{238}_{92}U$, ${}^{235}_{90}U$ y ${}^{235}_{92}U$

28. ¿En qué se transformará el átomo de calcio, ${}^{40}_{20}Ca$, en cada uno de los siguientes casos?

a) Cede 2 electrones.

b) Se le añaden 2 neutrones.

c) Aumenta 1 protón y 4 neutrones.

d) Pierde 2 protones y 2 neutrones.

29. Investiga en internet cuáles son las masas y abundancias relativas de los isótopos naturales más estables del plomo y calcula a partir de estas la masa atómica media de dicho elemento.

30. El agua que bebemos del grifo ha sido tratada con cloro para desinfectarla y purificarla. Representa el átomo de cloro ${}^{35}_{17}Cl$ según el modelo atómico propuesto por Bohr, incluyendo el número de partículas subatómicas y los niveles de energía.

SOLUCIÓN

Los índices de la izquierda representan el número atómico, $Z = 17$, y el número másico, $A = 35$. En consecuencia, el cloro posee 17 protones (carga positiva) y, como el átomo es neutro, otros 17 electrones (carga negativa). El número másico es la cantidad de nucleones (protones más neutrones), por lo que habrá $N = A - Z = 35 - 17 = 18$ neutrones.

Según la capacidad de cada capa, alrededor del núcleo se encuentran distribuidos los 17 electrones de la siguiente forma: 2 en el primer nivel, 8 en el segundo y 7 en el tercero.

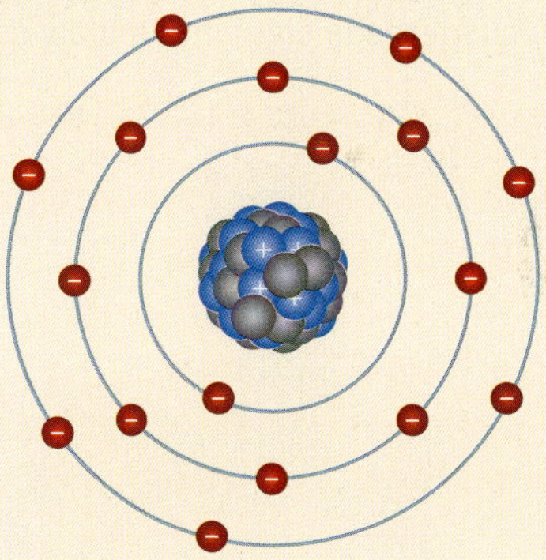

31. Representa los átomos de los siguientes elementos según el modelo de Bohr.

a) ${}^{11}_{5}B$

b) ${}^{14}_{7}N$

c) ${}^{24}_{12}Mg$

d) ${}^{31}_{15}P$

32. Razona si las siguientes afirmaciones sobre el modelo de Bohr son verdaderas o falsas.

a) Los electrones pueden girar a cualquier distancia alrededor del núcleo.

b) Mientras un electrón gira alrededor del núcleo, no emite energía.

c) Los electrones se sitúan en las diversas órbitas por orden decreciente de energía.

d) En cada órbita solo puede haber un número limitado de electrones.

Actividades

Configuración electrónica

33. Escribe en orden creciente de energía los niveles y subniveles de cada apartado.

a) 3*s*, 1*s*, 2*s*

b) 3*s*, 3*p*, 3*d*

c) 4*p*, 3*d*, 3*p*

d) 4*p*, 4*d*, 5*s*

34. De acuerdo con las reglas establecidas, escribe el número máximo de electrones que caben en cada uno de los cuatro primeros niveles: $n = 1$, $n = 2$, $n = 3$ y $n = 4$.

35. La configuración electrónica de un átomo neutro que tiene 24 neutrones en el núcleo es: $1s^2\ 2s^2\ 2p^6\ 3s^2\ 3p^6\ 4s^2\ 3d^1$. Indica cuántos electrones y protones tiene, así como su número atómico y su número másico.

36. Copia en tu cuaderno la siguiente tabla y complétala.

	Z	*A*	N.º de electrones	Configuración electrónica
$^{35}_{17}Cl$	●●●	●●●	●●●	●●●
$^{39}_{19}K$	●●●	●●●	●●●	●●●
$^{48}_{22}Ti$	●●●	●●●	●●●	●●●
$^{108}_{47}Ag$	●●●	●●●	●●●	●●●

37. Escribe las configuraciones electrónicas de los átomos e iones.

a) $^{27}_{13}Al$ y $^{27}_{13}Al^{3+}$

b) $^{88}_{38}Sr$ y $^{88}_{38}Sr^{2+}$

c) $^{75}_{33}As$ y $^{75}_{33}As^{3-}$

d) $^{80}_{35}Br$ y $^{80}_{35}Br^{1-}$

38. Las configuraciones electrónicas del estado fundamental de los elementos que se muestran a continuación son incorrectas. Explica qué errores se han cometido en cada una y subsánalos:

a) $^{9}_{4}Be$: $1s^2\ 1p^2$

b) $^{25}_{12}Mg$: $1s^2\ 2s^2\ 2p^8$

c) $^{59}_{28}Ni$: $1s^2\ 2s^2\ 2p^6\ 3s^2\ 3p^6\ 3d^{10}$

d) $^{55}_{25}Mn$: $1s^2\ 2s^2\ 2p^6\ 2d^{10}\ 3s^2\ 3p^3$

Sistema periódico y configuración electrónica

39. Para cada una de las siguientes representaciones atómicas, $^{19}_{9}X$ y $^{39}_{19}Y$, indica:

a) El número atómico y el número de electrones.

b) Su configuración electrónica.

c) El grupo, período, familia, nombre y símbolo.

SOLUCIÓN

a) El átomo X ($Z = 9$) tiene 9 protones y, por ser neutro, 9 electrones. El átomo Y ($Z = 19$) tiene 19 protones y 19 electrones, pues también es neutro.

b) La configuración electrónica se realiza a partir del número de electrones, según la regla de las diagonales:

X: $1s^2\ 2s^2\ 2p^5$

Y: $1s^2\ 2s^2\ 2p^6\ 3s^2\ 3p^6\ 4s^1$

c) Como la capa de valencia del átomo X es $2p^5$, se deduce que el elemento pertenece al período 2 (coincide con el nivel), al grupo 16 (termina en p^5), familia de los anfígenos (no metal). Se trata del flúor y su símbolo es F.

Como la capa de valencia del átomo Y es $4s^1$, se deduce que corresponde al cuarto período (nivel 4), grupo 1 (por terminar en s^1), familia de los metales alcalinos. Es el potasio y su símbolo es K.

40. Para cada uno de los átomos $^{20}_{10}X$, $^{7}_{3}Y$ y $^{14}_{7}Z$:

a) Deduce el número de partículas subatómicas.

b) Realiza su configuración electrónica.

c) Localiza el grupo y período a los que pertenece.

d) Identifica su nombre y símbolo.

e) Clasifícalo como metal, no metal o gas noble.

Sistema periódico y propiedades químicas

41. Agrupa las siguientes configuraciones electrónicas por parejas que puedan representar átomos con propiedades químicas semejantes. ¿A qué familia pertenece cada una de las parejas formadas?

a) $1s^2\ 2s^2\ 2p^6\ 3s^2$

b) $1s^2\ 2s^2\ 2p^3$

c) $1s^2\ 2s^2\ 2p^6\ 3s^2\ 3p^6\ 4s^2\ 3d^{10}\ 4p^6$

d) $1s^2\ 2s^2$

e) $1s^2\ 2s^2\ 2p^6$

f) $1s^2\ 2s^2\ 2p^6\ 3s^2\ 3p^3$

42. Justifica las siguientes afirmaciones.

a) El radio atómico disminuye al avanzar en un período.

b) La reactividad de un metal crece al descender en un grupo.

c) Los halógenos son los no metales más reactivos.

43. Razona si las siguientes afirmaciones sobre el sistema periódico son verdaderas o falsas.

a) Los elementos se encuentran ordenados de menor a mayor masa atómica.

b) Los elementos pertenecientes al mismo grupo tienen propiedades químicas semejantes.

c) La mayoría de los elementos del sistema periódico son no metales.

d) Los gases nobles y los elementos no metálicos tienen propiedades químicas semejantes.

44. La sal común es el condimento y conservante (salazón) más utilizado en alimentación; antaño tuvo tal importancia que fue usada como moneda de cambio (de ahí la palabra *salario*). Está formada por dos elementos cuyos números atómicos son 11 y 17.

a) Identifica sus nombres y símbolos.

b) Escribe sus configuraciones electrónicas.

c) Deduce el grupo, período y familia de ambos.

d) ¿Cuál tiene mayor radio atómico?

45. Indica algunas diferencias en la configuración electrónica y en las propiedades de los metales, no metales, semimetales y gases nobles.

46. A partir de la situación en el sistema periódico de los elementos X, Y, Z y J:

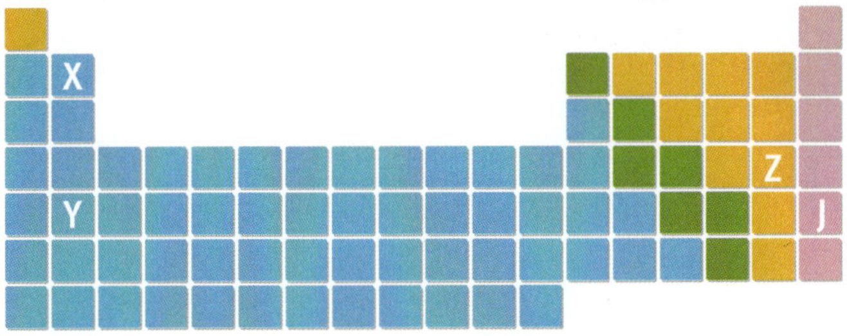

a) Identifica cada elemento, su grupo, período, familia, símbolo y nombre.

b) ¿Qué elemento tiene menor radio atómico, el X o el Y?, ¿el Y o el J?

c) Clasifícalos como metales, no metales o gases nobles.

d) ¿Qué elemento es más reactivo, el X o el Y?, ¿el Z o el J?

47. Las configuraciones electrónicas de tres átomos neutros, A, B y C, son:

A: $1s^2\ 2s^2\ 2p^6\ 3s^2\ 3p^3$

B: $1s^2\ 2s^2\ 2p^6\ 3s^2\ 3p^6\ 4s^2\ 3d^{10}\ 4p^6$

C: $1s^2\ 2s^2\ 2p^6\ 3s^2\ 3p^6\ 4s^2\ 3d^{10}\ 4p^6\ 5s^2\ 4d^{10}\ 5p^6\ 6s^1$

a) Si el núcleo del átomo A contiene 16 neutrones; el del átomo B, 48, y el del C, 78, ¿cuántos protones y electrones posee cada átomo?, ¿qué números másicos tienen?

b) A partir de la configuración electrónica, deduce sus grupos, períodos y familias.

c) Según la regla del octeto, ¿qué tendencia presenta cada uno de los átomos a captar o ceder electrones y en qué cantidad lo hará?

d) ¿A qué elementos corresponden? ¿Qué símbolos tienen?

48. La siguiente gráfica muestra la variación del radio atómico, *r* (en Å), de los elementos del sistema periódico con respecto al número atómico (*Z*).

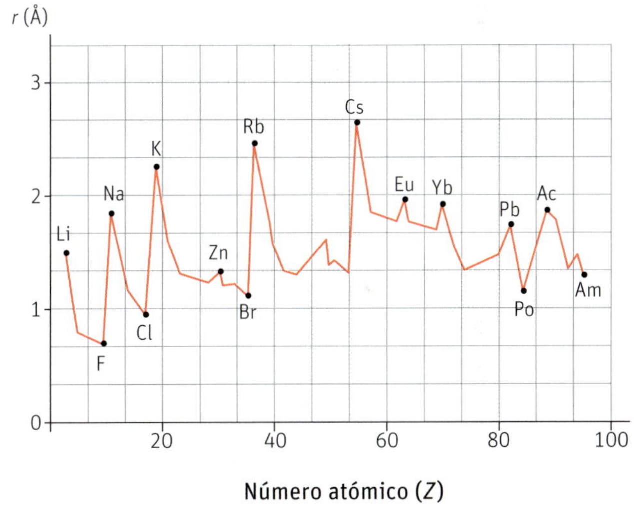

a) ¿Qué metal alcalino presenta mayor radio atómico? ¿Cómo se explica este hecho?

b) ¿Qué halógeno tiene un menor valor del radio atómico? ¿Por qué razón?

c) ¿Qué elemento tiene mayor radio atómico, el sodio o el cloro? Razona tu respuesta.

d) ¿A qué crees que se deben las variaciones bruscas del radio atómico?

49. El electrón de valencia de dos elementos, X e Y, en su estado fundamental, se encuentra en el subnivel $4s^1$ y $2p^3$, respectivamente. Indica de forma razonada:

a) El período, grupo y familia a los que pertenecen.

b) El nombre y el símbolo de cada elemento.

c) ¿Qué elemento presenta las propiedades características de los metales?

d) ¿Qué elemento posee mayor radio atómico?

Ponte a prueba

Experimenta el tamaño del átomo

Puedes hacerte una idea de lo minúsculo que es un átomo al cortar de forma reiterada un trocito de papel:

- Prepara una tira de papel de 28 cm de largo y 3 cm de ancho.
- Realiza un primer corte por la mitad de la tira.
- Corta uno de los trozos otra vez por la mitad y continúa el proceso.

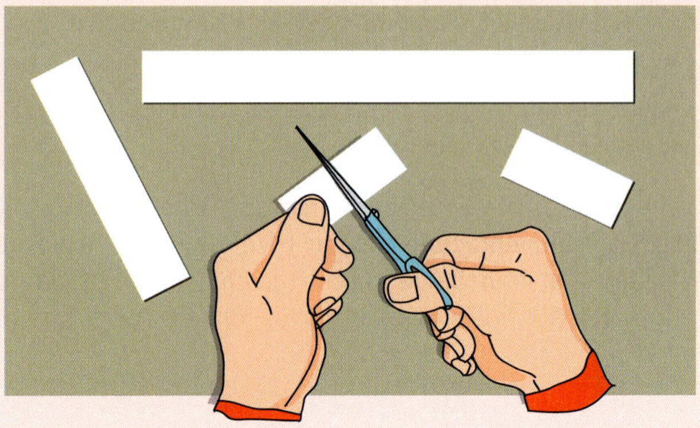

1. ¿Cuántos cortes has sido capaz de realizar?
2. Si has conseguido cortar el papel hasta alcanzar un trozo de 1 mm y quisieras seguir cortándolo hasta que este fuese tan diminuto como un átomo (10^{-10} m), ¿cuántos cortes más deberías completar?
3. Teniendo en cuenta que el tamaño de un átomo es unas diez mil veces mayor que el de su núcleo, ¿qué dimensiones tendría un átomo si su núcleo midiese un centímetro de radio?

Conviértete en detective atómico

Si conoces el número atómico de un elemento, podrás determinar su configuración electrónica y, a partir de esta, localizar dicho elemento en el sistema periódico; identificar su nombre y su símbolo; dar con su grupo, familia y período, y averiguar algunas de sus propiedades.

Observa los siguientes átomos neutros representados según el modelo atómico de Bohr.

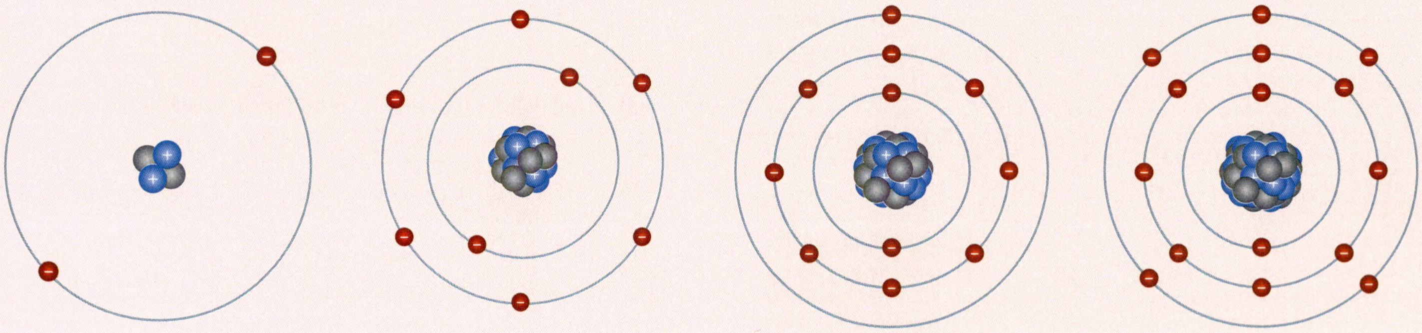

1. Para cada uno de ellos, indica:
   a) El número de partículas subatómicas de cada tipo que lo componen.
   b) Su número atómico y su número másico.
   c) La configuración electrónica.
   d) Su nombre y símbolo, así como el grupo, período y familia a los que pertenece.
2. De los cuatro elementos, ¿cuál es un metal buen conductor de electricidad?

Disecciona la materia

Según el actual modelo estándar, existen 12 partículas elementales (es decir, las que no están formadas por otras partículas):

- Seis quarks: constituyen los protones, los neutrones y otras muchas partículas llamadas, todas ellas, hadrones.
- Seis leptones: tres tienen carga eléctrica negativa (electrón, muón y tauón); los otros tres no tienen carga (neutrinos).

Solo a partir de dos tipos de quark (el up, con carga +2/3, y el down, con carga −1/3) y de electrones se puede formar toda la materia que observamos en el universo, desde nuestro propio cuerpo hasta las galaxias más alejadas.

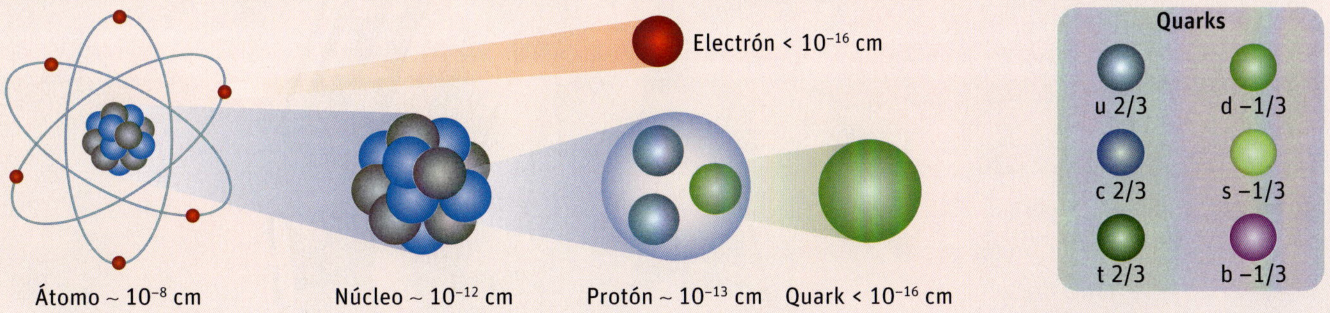

1. **¿Qué combinación de tres quarks formarán un protón? ¿Y un neutrón? Realiza un esquema de ambos nucleones con sus quarks constituyentes en el interior.**

2. **En equipo, buscad información acerca de todas las partículas elementales del modelo estándar actual. Haced una tabla que resuma sus principales propiedades (carga, masa, etc.) y el papel que desempeña cada una de ellas.**

a) ¿Cuáles forman la materia? ¿Cuáles transmiten las fuerzas? ¿Cuál es la función de la partícula de Higgs?

b) ¿Crees que este modelo es completo y definitivo, o puede verse modificado en el futuro?

AUTOEVALUACIÓN

1. **¿Quién propuso el modelo atómico con partículas de carga positiva (los protones) en el núcleo del átomo?**

a) Demócrito
b) Thomson
c) Rutherford
d) Bohr

2. **Corrige las afirmaciones que no sean correctas.**

a) El número atómico es igual al número de electrones.
b) El número de protones en un átomo neutro es igual al número de neutrones.
c) El número de protones más el número de electrones es igual al número másico.
d) Si dos átomos tienen el mismo número de protones, significa que corresponden al mismo elemento químico.

3. **Relaciona cada elemento químico con su familia.**

a) Potasio	**1.** Anfígeno
b) Helio	**2.** Halógeno
c) Oxígeno	**3.** Gas noble
d) Cloro	**4.** Alcalino

4. **Identifica las afirmaciones que consideres incorrectas y corrígelas.**

a) En el nivel 4 puede haber hasta 32 electrones.
b) En el subnivel *p* puede haber hasta 8 electrones.
c) Los electrones se distribuyen según el orden siguiente:

$$1s\ 2s\ 2p\ 3s\ 3p\ 3d$$

d) La configuración electrónica del kriptón es:

$$1s^2\ 2s^2\ 2p^6\ 3s^2\ 3p^6\ 4s^2\ 3d^{10}\ 4p^6$$

5. **Relaciona cada elemento químico con su grupo y período.**

a) Calcio (Z = 20)	**1.** Grupo 1, período 3
b) Neón (Z = 10)	**2.** Grupo 17, período 2
c) Flúor (Z = 9)	**3.** Grupo 2, período 4
d) Sodio (Z = 11)	**4.** Grupo 18, período 2

6. **Indica qué afirmaciones son correctas y justifícalo.**

a) El litio tiene mayor radio atómico que el cesio.
b) El cloro tiene menor radio atómico que el sodio.
c) El nitrógeno es más reactivo que el flúor.
d) El magnesio es más reactivo que el bario.

smSaviadigital.com VALORA LO APRENDIDO > Autoevaluación con sus soluciones

3 El enlace químico

Abre tu mirada

Andre Geim y Konstantin Novoselov, premios Nobel de Física en 2010, consiguieron aislar una capa del grafito de una mina de un lápiz arrancándola mediante papel celofán. Este nuevo material, llamado grafeno, está compuesto por hexágonos de átomos de carbono, unidos mediante enlaces covalentes, formando una capa bidimensional de un átomo de espesor, con asombrosas propiedades que han revolucionado el mundo de la tecnología.

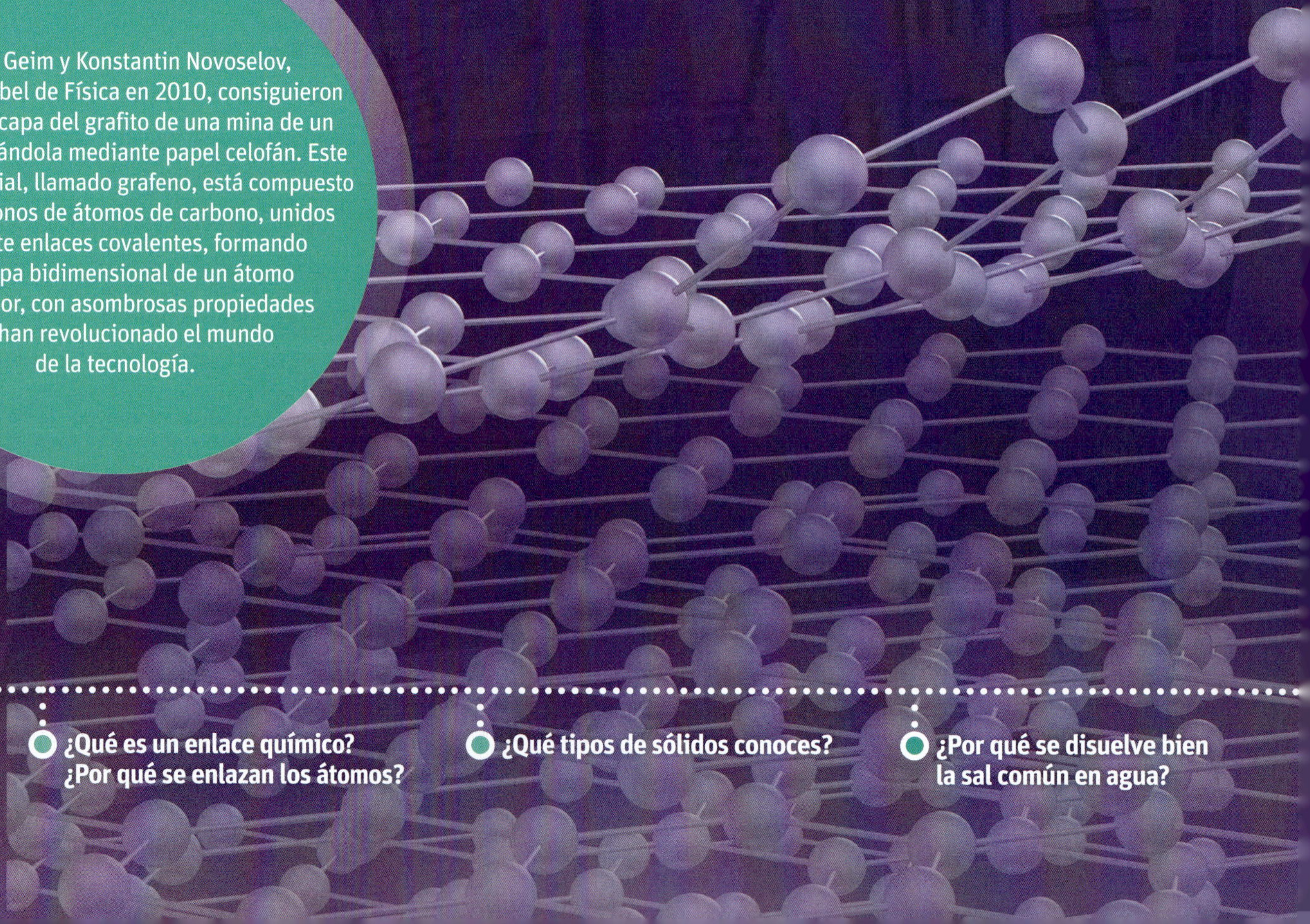

- ¿Qué es un enlace químico? ¿Por qué se enlazan los átomos?
- ¿Qué tipos de sólidos conoces?
- ¿Por qué se disuelve bien la sal común en agua?

Analiza y determina

Observa la estructura del grafito y del grafeno de las imágenes. Ambas son sustancias elementales formadas por átomos de carbono unidos entre sí de distintas formas, por lo que tienen propiedades muy diferentes.

a ¿Con cuántos átomos de carbono está enlazado cada carbono en el grafito y en el grafeno?

b El diamante también es una estructura cristalina formada por átomos de carbono. ¿Qué diferencias muestra con el grafito y el grafeno?

c ¿Qué otras estructuras cristalinas conoces?

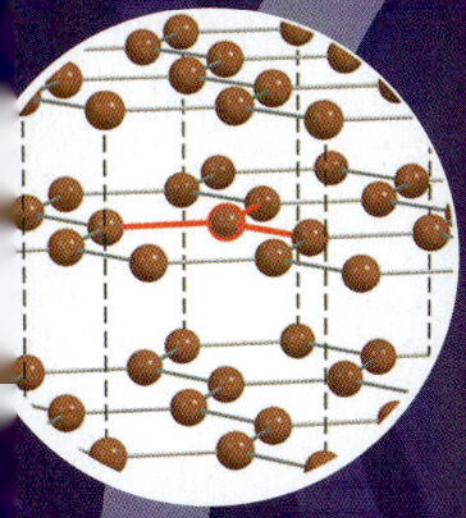
Grafito

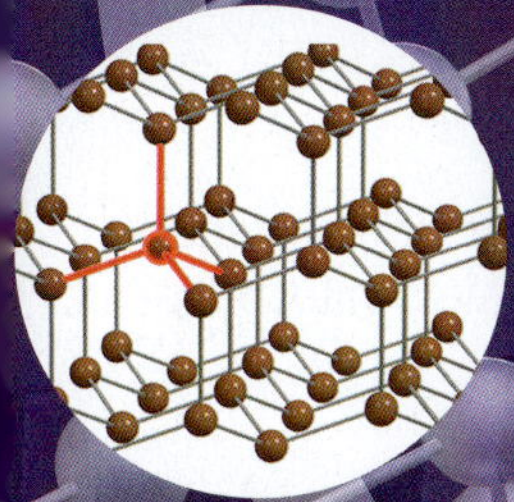
Diamante

Piensa y reflexiona

El comportamiento de las sustancias es diferente en función del tipo de enlace que presentan.

a) ¿Por qué se puede doblar un alambre de cobre mientras que una tiza se quiebra o un cristal se rompe?

b) ¿Por qué la sal se disuelve bien en agua mientras que otras sustancias, como el diamante, son insolubles en agua?

c) ¿Por qué unas sustancias conducen la corriente eléctrica y otras no?

Y tú, ¿qué opinas?

El grafeno abre un amplio abanico de sorprendentes y revolucionarias utilidades. Algunas de las posibles aplicaciones de este material están relacionadas con telemetría corporal, estudio de señales eléctricas neuronales, aprovechamiento de energía solar, toma de imágenes atómicas y transporte de fármacos con usos médicos, transmisión de datos a velocidades vertiginosas,... Escoge una de las posibles aplicaciones del grafeno, estúdiala y expón tus conclusiones en clase.

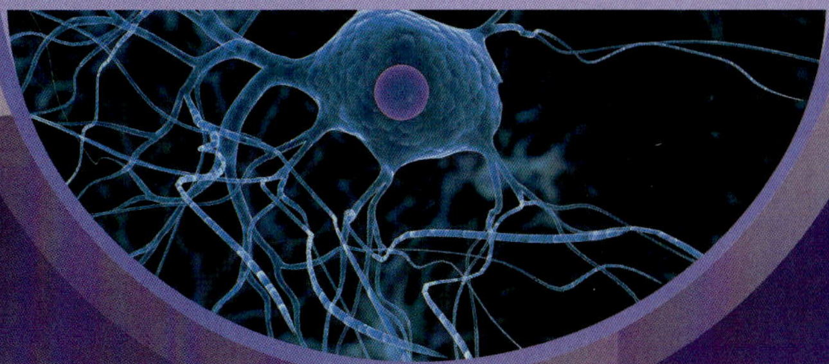

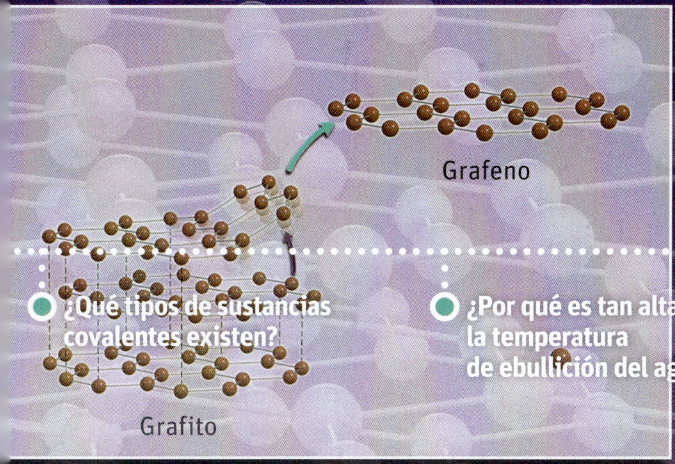

- **¿Qué tipos de sustancias covalentes existen?**
- **¿Por qué es tan alta la temperatura de ebullición del agua?**
- **¿Por qué son conductores de la electricidad los metales?**

1 Concepto de enlace químico

El comportamiento de las sustancias es muy diferente en función del tipo de enlace químico que presentan. A la hora de investigar cómo se enlazan los átomos, los gases nobles dieron la pista. El químico **Gilbert N. Lewis** (1875-1946) atribuyó el carácter poco reactivo de los gases nobles a su gran estabilidad energética por tener la última capa llena de electrones: ${}_{2}$He: $1s^2$; ${}_{10}$Ne: $1s^2\ 2s^2\ 2p^6$; ${}_{18}$Ar: $1s^2\ 2s^2\ 2p^6\ 3s^2\ 3p^6$.

Cuando los átomos se unen, tienden a ganar o perder electrones de su capa más externa, **electrones de valencia**, para adquirir estructura de gas noble. Esta regla se conoce como **regla del octeto** y se puede conseguir por transferencia o por compartición de electrones.

Transferencia de electrones	Compartición de electrones
Se produce una **transferencia de electrones** entre átomos, con formación de iones. Por ejemplo, para formar el NaCl: Na: $1s^2\ 2s^2\ 2p^6\ 3s^1$ Cl: $1s^2\ 2s^2\ 2p^6\ 3s^2\ 3p^5$ 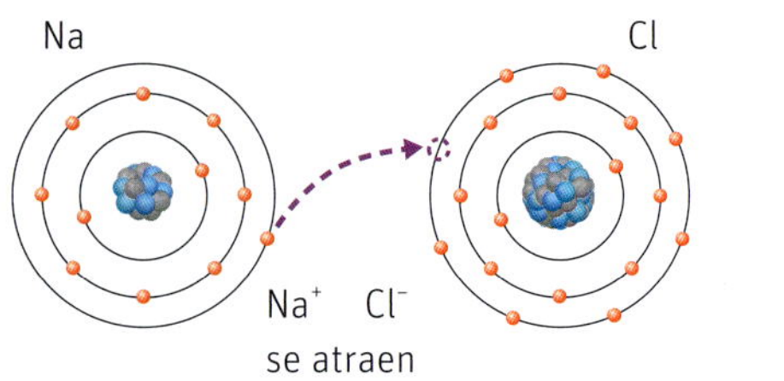 Na^+: $1s^2\ 2s^2\ 2p^6\ 3s^2$ Cl^-: $1s^2\ 2s^2\ 2p^6\ 3s^2\ 3p^6$	Los átomos comparten electrones para conseguir la estabilidad de gas noble. Así, por ejemplo, dos átomos de hidrógeno se enlazarían formando una molécula de H_2: 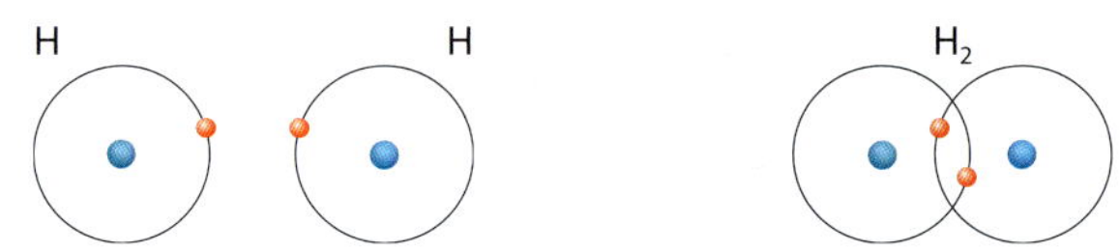 En el caso del H_2, al compartir electrones, ambos átomos obtienen la configuración del gas noble He: $1s^2$.

Enlace químico y energía

El **enlace químico** es la unión de átomos para formar un sistema estable. La energía desprendida en el proceso se llama **energía de enlace** y es igual en valor absoluto a la energía necesaria para separar los átomos unidos.

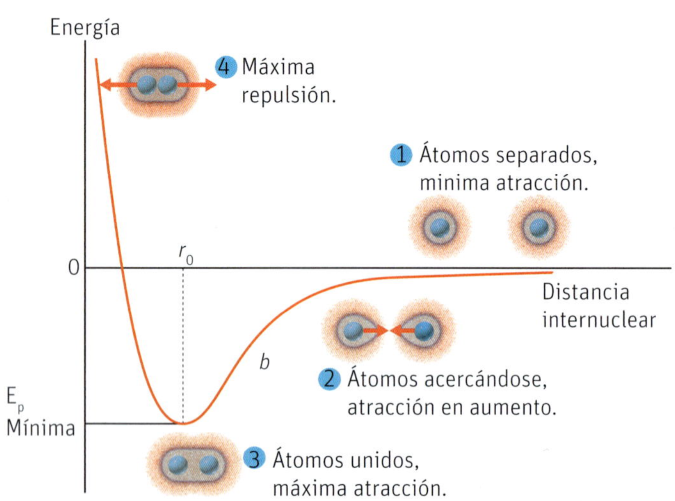

Figura 3.1. A la distancia de enlace r_0, la energía potencial es mínima y el sistema alcanza la estabilidad.

Al aproximarse dos átomos, se producen varios tipos de interacciones: atracción entre cada núcleo y los electrones del otro átomo, repulsión entre núcleos y repulsión entre nubes electrónicas (Fig. 3.1):

1. Cuando los átomos están muy alejados, apenas hay interacciones entre ellos y la energía potencial es cero.
2. Al aproximarse los átomos, la energía potencial disminuye por las atracciones entre los electrones de uno y el núcleo del otro.
3. A la distancia r_0 se produce el enlace, una situación de equilibrio (entre las fuerzas repulsivas y de atracción), con energía potencial mínima.
4. A distancias inferiores a la distancia de enlace, las fuerzas repulsivas entre las nubes de electrones de ambos átomos son muy altas, por lo que la energía aumenta hasta hacerse positiva.

Interpretación de la gráfica de energía potencial

1. **La gráfica de la figura 3.1 representa la energía potencial de dos átomos de hidrógeno en función de la distancia entre los núcleos. ¿Qué energía sería necesaria para separar los dos átomos enlazados?**

SOLUCIÓN

Para separar dos átomos necesitamos aportar energía hasta que la energía potencial del sistema sea cero o positiva. Por tanto, una energía igual o superior a la E_p mínima.

Enlace químico en los sólidos

OBSERVA

Los sólidos tienen propiedades muy diferentes. Por ejemplo, el cloruro de sodio es duro, quebradizo y soluble en agua; el diamante es duro y brillante; el cobre es maleable y conductor de la electricidad, y el azufre es blando, insoluble en agua y tiene temperatura de fusión baja. Sin embargo, tanto el diamante como el cloruro de sodio y el cobre tienen puntos de fusión altos. ¿A qué crees que se deben estas propiedades tan dispares?

Cloruro de sodio

Diamante

Cobre

Azufre

Estos materiales tienen distintas formas de unir sus partículas, mediante diferentes tipos de enlaces e interacciones:

Enlace iónico

Iones sodio (Na^+) e **iones cloruro** (Cl^-) están unidos entre sí mediante fuerzas electrostáticas. Forman una **estructura gigante iónica**.

La *T* de fusión es alta por las intensas fuerzas de atracción entre iones.

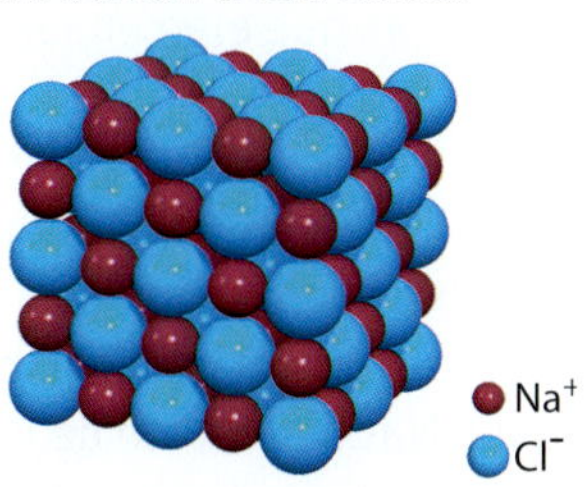

Cloruro de sodio

Enlace covalente

Átomos de carbono (C) unidos entre sí por enlaces covalentes. Cada átomo está unido a otros cuatro. Forman una **estructura gigante covalente**.

La elevada *T* de fusión es consecuencia de la gran fortaleza de los enlaces.

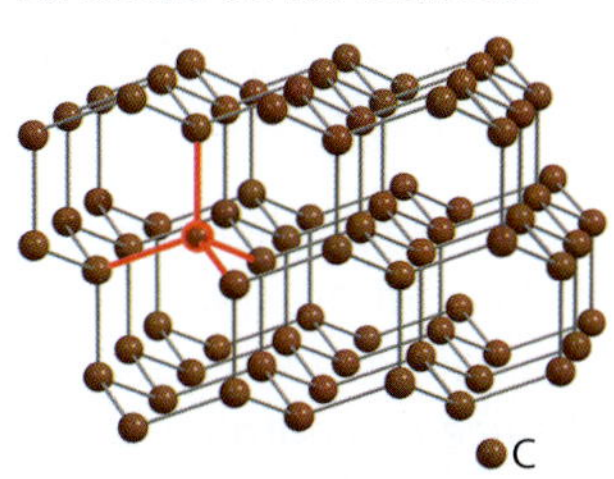

Diamante

Enlace metálico

Iones cobre (Cu^{2+}) rodeados de una nube de electrones de valencia, unidos por fuerzas electrostáticas. Forman una **estructura gigante metálica**.

Es un excelente conductor eléctrico por la gran movilidad de la nube electrónica.

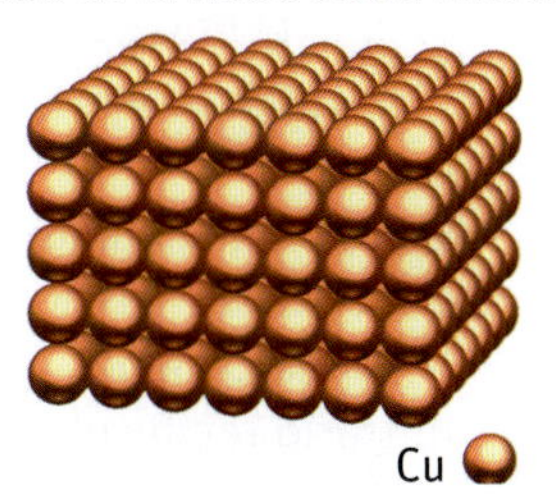

Cobre

Fuerzas intermoleculares

Moléculas de ocho átomos de azufre, S_8, cada una unida a las otras moléculas por fuerzas intermoleculares. Forman una **estructura multimolecular**.

Su *T* de fusión es baja debido a que las fuerzas entre moléculas son débiles.

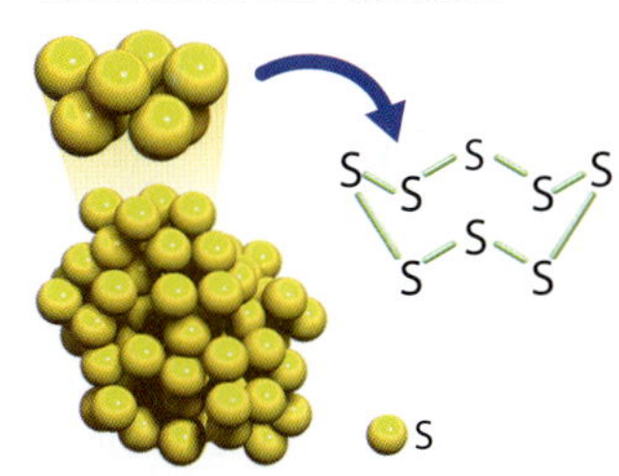

Azufre

ACTIVIDADES

1. Un cristal de azufre está formado por moléculas octoatómicas de azufre (S_8).
   a) ¿Cuáles son más intensas, las fuerzas intramoleculares (entre los átomos que forman la molécula) o las intermoleculares (entre moléculas)?
   b) ¿Por qué crees que no podemos denominar estructura gigante a la estructura multimolecular del azufre?
2. Analiza los modelos que sirven para representar las estructuras microscópicas del cloruro de sodio, el diamante, el cobre y el azufre. ¿En qué casos los enlaces están representados por rayas y en cuáles no? ¿A qué crees que se debe?
3. El azufre tiene una baja temperatura de fusión, mientras que el diamante, el cloruro de sodio y el cobre tienen temperaturas de fusión altas. ¿Qué podemos deducir sobre la intensidad de las fuerzas o los enlaces que unen las partículas que los constituyen?
4. El cobre, como otros metales, conduce la corriente eléctrica.
   a) ¿Qué nos dice este hecho sobre la movilidad de los electrones de valencia según el modelo del enlace metálico?
   b) ¿Por qué crees que el cloruro de sodio no es conductor, a pesar de que está constituido por partículas cargadas eléctricamente, como son los iones?

2 Enlace iónico

Figura 3.2. Cristales de cloruro de sodio.

Muchos compuestos químicos son sales. La sal común es el **cloruro de sodio** y está compuesta por iones Na^+ e iones Cl^-, que se unen mediante enlace iónico y forman cristales (Fig 3.2).

Formación del cristal iónico

Cuando átomos de sodio y cloro se aproximan en estado gaseoso, tiene lugar una transferencia de electrones desde los átomos de sodio a los de cloro y, a continuación, la formación del cristal iónico, el cloruro de sodio:

OBSERVA

1. Formación del ion cloruro.

El cloro (Cl), con una configuración de $1s^2\ 2s^2\ 2p^6\ 3s^2\ 3p^5$, al ganar 1 e^- se transforma en Cl^-, con la configuración electrónica del Ar: $1s^2\ 2s^2\ 2p^6\ 3s^2\ 3p^6$.

2. Formación del ion sodio.

El sodio (Na), con una configuración de $1s^2\ 2s^2\ 2p^6\ 3s^1$, al perder 1 e^- se transforma en Na^+, con la configuración electrónica del Ne: $1s^2\ 2s^2\ 2p^6$.

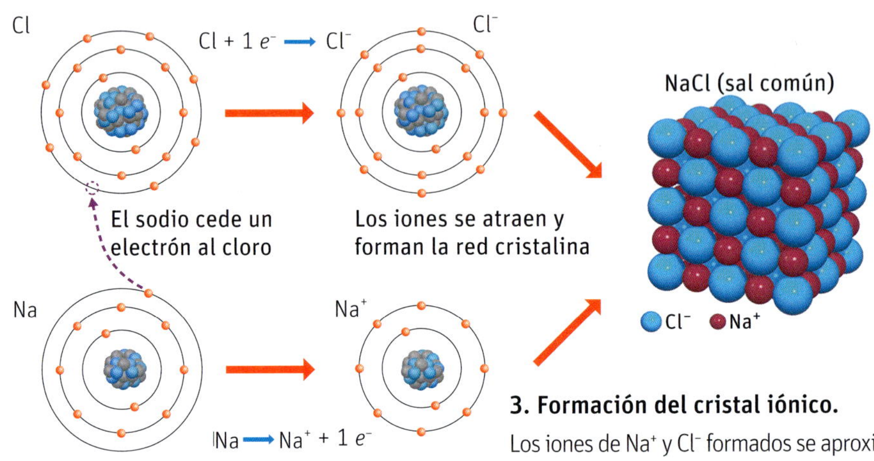

3. Formación del cristal iónico.

Los iones de Na^+ y Cl^- formados se aproximan creando una estructura de muchos iones Na^+ y Cl^- alternados.

$Na^+(g) + Cl^-(g) \rightarrow Na^+\ Cl^-(s)$

> El **enlace iónico** es consecuencia de **las fuerzas electrostáticas** que ejercen iones de carga opuesta en el cristal iónico.

Cuando los iones se unen para formar el cristal iónico, se libera la denominada **energía reticular**. Los iones se colocan tan próximos como les es posible e interaccionan con todos los iones vecinos. El número de iones de un signo que rodea a un ion de signo contrario recibe el nombre de índice de coordinación. En el caso del NaCl, el índice de coordinación del Na^+ es 6 y el del Cl^- también es 6.

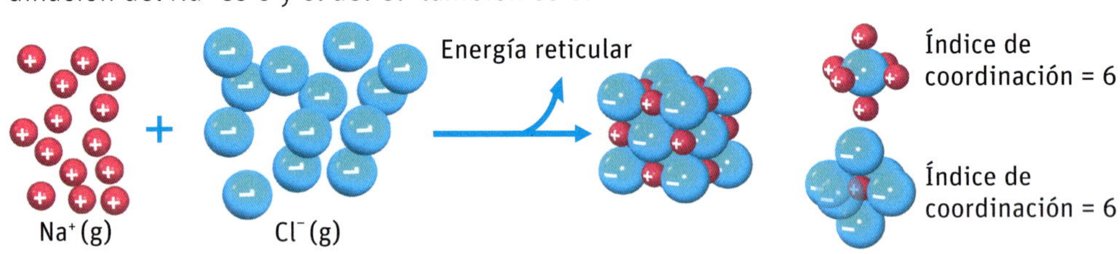

El proceso de formación del ion Na^+ requiere aportar energía para extraer el electrón; el proceso de formación del ion Cl^- desprende energía, aunque menos que la absorbida por el átomo de sodio. Por tanto, el proceso de transferencia solo puede producirse gracias a la energía liberada cuando se aproximan los iones formados y se forma el cristal iónico.

Ten en cuenta

La fuerza que mantiene intensamente unidos los iones se determina por la **ley de Coulomb**:

$$F = k\frac{qq'}{r^2}$$

Esta fuerza, llamada electrostática, depende de la carga de los iones y de la distancia entre los mismos.

ACTIVIDADES

5. Representa las etapas de formación del óxido de aluminio a partir de los átomos de O (Z = 8) y de Al (Z = 13).

a) Formación de los iones Al^{3+} y de los iones O^{2-}.

b) Formación del cristal iónico $Al_2O_3(s)$, $(2\,Al^{3+}, 3\,O^{2-})(s)$.

Propiedades de los cristales iónicos

Las propiedades de los **compuestos iónicos** se explican en función de su estructura y de las intensas fuerzas eléctricas existentes entre iones positivos y negativos.

Propiedades	Justificación
Temperatura de fusión y ebullición	A temperatura ambiente, los compuestos iónicos son sólidos. Sus temperaturas de fusión y ebullición son **altas** o **muy altas**, debido a la gran intensidad de las fuerzas electrostáticas entre iones de carga opuesta.
Dureza	Los cristales iónicos suelen ser **duros** (cuesta rayarlos) debido a la gran intensidad de las fuerzas electrostáticas de atracción.
Fragilidad 	Los sólidos iónicos son **frágiles**. Si se aplica una fuerza sobre el material, las capas de los iones se deslizan y los de igual signo quedan enfrentados y se repelen, de modo que el cristal se rompe (no puede deformarse). 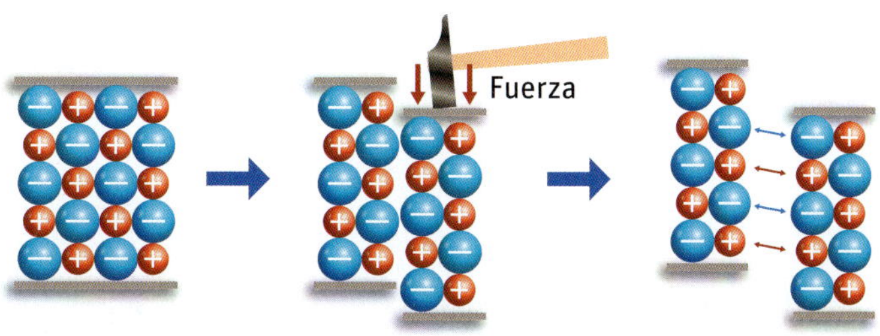
Solubilidad 	Muchos compuestos iónicos son **solubles en disolventes polares** como el agua. Las moléculas polares presentan separación de cargas, de forma que una parte de ellas es positiva y otra negativa. De este modo, en presencia de una sal, las moléculas polares del agua se disponen alrededor de los iones de esta (proceso de solvatación) y ayudan a su dispersión. 
Conductividad eléctrica 	Los compuestos iónicos no conducen la electricidad en estado sólido debido a que los iones no pueden desplazarse, al ocupar posiciones fijas en la red. Por el contrario, sí conducen la electricidad en estado líquido o en disolución, porque en esos casos, los iones tienen libertad para desplazarse. 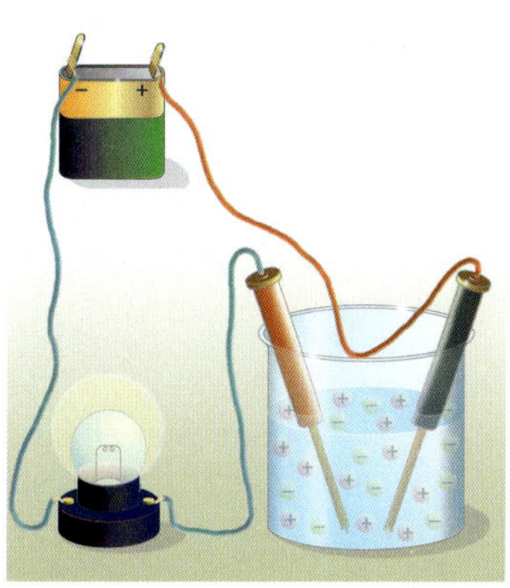

smSaviadigital.com PRACTICA > Propiedades de los compuestos iónicos

Te interesa saber

La **temperatura de fusión** del MgO (2852 °C) es muy superior a la del NaCl (801 °C), a pesar de que tienen la misma estructura cristalina y la distancia entre iones es similar en ambos.

Esto se debe a que por la **ley de Coulomb**, cada ion del MgO (Mg^{2+} O^{2-}) tiene el doble de carga que los del NaCl (Na^+ Cl^-). Entonces:

$$F\,(\text{MgO}) = k\,\frac{qq'}{r^2} = k\,\frac{2e \cdot 2e}{r^2} = k\,\frac{4ee}{r^2}$$

$$F\,(\text{NaCl}) = k\,\frac{qq'}{r^2} = k\,\frac{ee}{r^2}$$

La fuerza de atracción será aproximadamente el cuádruple en el óxido de magnesio. En consecuencia, su temperatura de fusión será mayor.

ACTIVIDADES

6. Discute la veracidad o falsedad de las siguientes afirmaciones.

a) Los cristales iónicos conducen la electricidad.

b) Los compuestos iónicos forman moléculas.

c) Las temperaturas de fusión de los compuestos iónicos generalmente son elevadas.

7. ¿Qué expresa la fórmula del cristal iónico NaCl?

8. Indica cuál de las siguientes sustancias es previsible que tenga una temperatura de fusión mayor: CaO o K_2O. Justifica la respuesta en función del modelo electrostático de enlace iónico.

Nota: el ion calcio es más pequeño (r = 100 pm) que el ion potasio (r = 138 pm).

3 Enlace covalente

Figura 3.3. El hidrógeno es el combustible del futuro.

Hay moléculas, como la de H_2 (H: $1s^1$), en las que no sirve la explicación del modelo iónico para la formación de la molécula. Al combinarse dos átomos de hidrógeno, la cesión de un electrón de un átomo al otro no sería favorable energéticamente.

3.1. Modelo de Lewis

En 1916, Lewis sugirió que la molécula de H_2 podría formarse gracias a la compartición de un electrón de valencia de cada átomo (**modelo de Lewis**), completando así ambos su capa de valencia. Este es el modelo del **enlace covalente**.

H: $1s^1$ F: $1s^2\ 2s^2\ 2p^5$

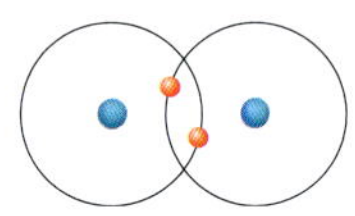

H_2

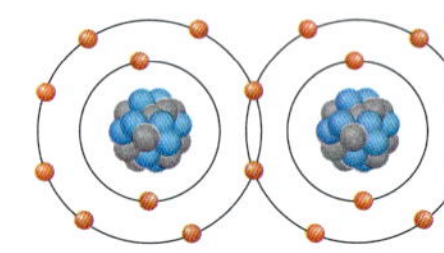

F_2

Para simplificar la representación, Lewis propuso esta notación (**diagrama de Lewis**), en la que se representa el símbolo del elemento y alrededor de este se dibujan sus electrones de valencia, en pareja o aislados, mediante puntos:

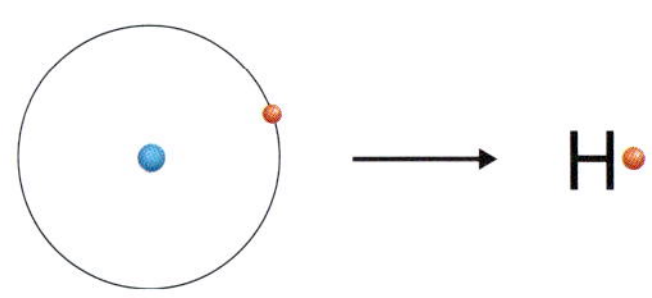

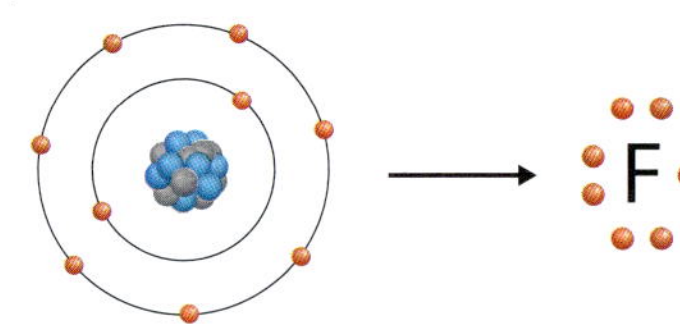

H• + •H ⟶ H:H o H—H :F̤̈• + •F̤̈: ⟶ :F̤̈:F̤̈: o :F̤̈—F̤̈:

> El **enlace covalente** entre dos átomos se origina cuando estos comparten electrones, completando su capa de valencia a 2 o a 8 e^- (**regla del octeto**). Cada par de electrones compartido se considera un **enlace** y se representa con un guión largo.

Para saber más

Los pares de e^- que forman un enlace se denominan **pares compartidos** o **enlazantes**, y los que no forman enlace, pares solitarios o no **enlazantes**.

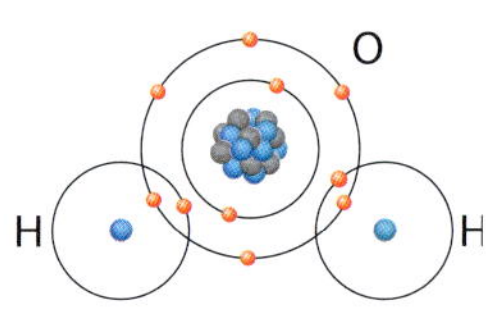

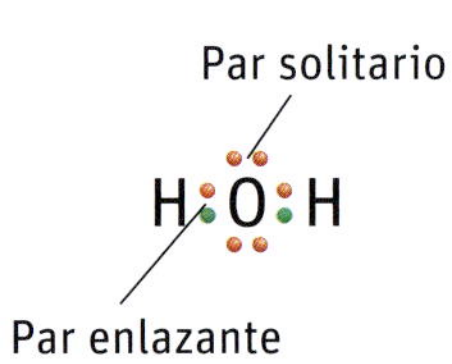

Dibuja los diagramas de Lewis

2. Dibuja los diagramas de Lewis de las siguientes moléculas.

a) Cl_2 b) H_2O c) NH_3

SOLUCIÓN

a) El Cl tiene 7 e^- en su última capa. Cada átomo de Cl comparte 1 e^- con el otro, alcanzando así ambos un octeto.

:C̤̈l• + •C̤̈l: ⟶ :C̤̈l:C̤̈l: o :C̤̈l—C̤̈l:

b) El O tiene 8 e^- en su última capa, mientras que el H tiene 1 e^-. El O comparte 1 e^- con cada átomo de H y así queda rodeado de 8 e^- y cada H de 2 e^-.

•Ö̤• + 2 •H ⟶ H:Ö̤:H o H—Ö̤—H

c) El N tiene 5 e^- en su última capa, de modo que compartiendo 1 e^- con cada átomo de H, consigue completar su octeto y cada H se rodea de 2 e^-.

•N̈• + 3 •H ⟶ H:N̈:H (con H debajo) o H—N̈—H (con —H debajo)

ACTIVIDADES

9. La siguiente estructura corresponde a un halógeno: $1s^2\ 2s^2\ 2p^5$.

a) ¿De qué elemento se trata?

b) ¿Cuántos electrones ha de ganar o perder para cumplir la regla del octeto? ¿A qué ion dará lugar?

c) ¿Cuál es la configuración electrónica del elemento que lo precede en la tabla periódica? ¿Cuál es la configuración del elemento que tiene debajo?

Enlaces sencillos, dobles y triples

En algunos casos, para conseguir un octeto, es preciso que los átomos compartan más de un par de electrones, originando enlaces dobles o triples.

Tipo de enlace	N.° de pares de e^- compartidos	Ejemplo
Sencillo	1	:Cl· + ·Cl: ⟶ :Cl:Cl: o :Cl–Cl:
Doble	2	:O: + :O: ⟶ O::O o O=O
Triple	3	:N· + ·N: ⟶ :N⋮N: o :N≡N:

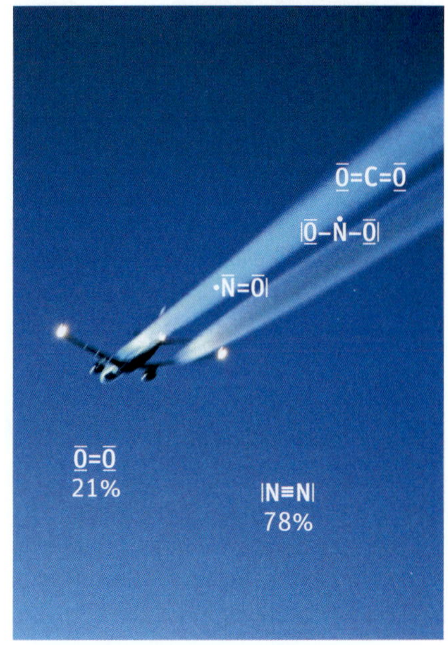

Figura 3.4. Estamos rodeados de moléculas con dobles y triples enlaces en el aire.

Excepciones a la regla del octeto

No todos los átomos que establecen enlaces covalentes entre ellos, formando moléculas, cumplen la regla del octeto.

Ejemplos de moléculas que no cumplen la regla		
Átomos de los elementos del segundo período, como el Be y el B, no completan sus octetos y forman moléculas deficitarias en electrones, como el $BeCl_2$ o el BF_3. 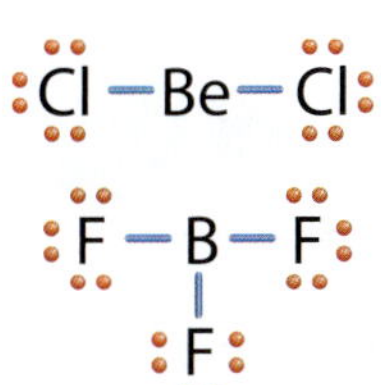	Átomos de los elementos del tercer período y posteriores se pueden rodear de más de 8 electrones (octetos expandidos). Así, en el PF_5, el P queda rodeado de 10 electrones. 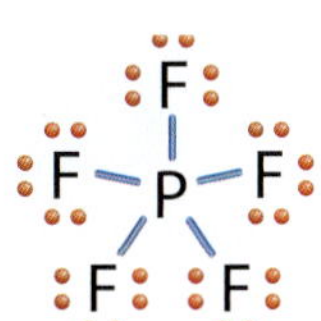	No se completan algunos octetos en moléculas con un número impar de electrones. Se trata de **radicales**, como las moléculas de NO y NO_2. Suelen ser especies muy reactivas. 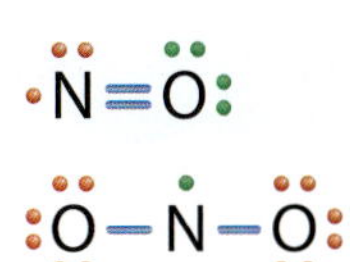

En la Web

Construye una molécula.
www.e-sm.net/svfq4eso03_01

Dibuja los diagramas de Lewis de moléculas con enlaces dobles y triples

3. Dibuja los diagramas de Lewis de las siguientes moléculas.

a) CO_2 b) HCN

SOLUCIÓN

a) El C tiene 4 e^- en su última capa y el O tiene 6. Por tanto, el C puede establecer dos enlaces dobles, uno con cada átomo de O. El C ocupará la posición central:

|O=C=O|

Observa este otro modo de representar los pares de electrones no enlazantes.

b) Se escoge el C como átomo central porque es el que más cantidad de enlaces covalentes puede formar. Por tanto, una estructura que satisface la regla del octeto es:

H–C≡N|

ACTIVIDADES

10. Dibuja y explica el diagrama de Lewis para las moléculas H_2S y CH_4. Indica qué pares de electrones son enlazantes y cuáles solitarios.

11. Representa el diagrama de Lewis del SF_6 y justifica si se cumple la regla del octeto en esta molécula.

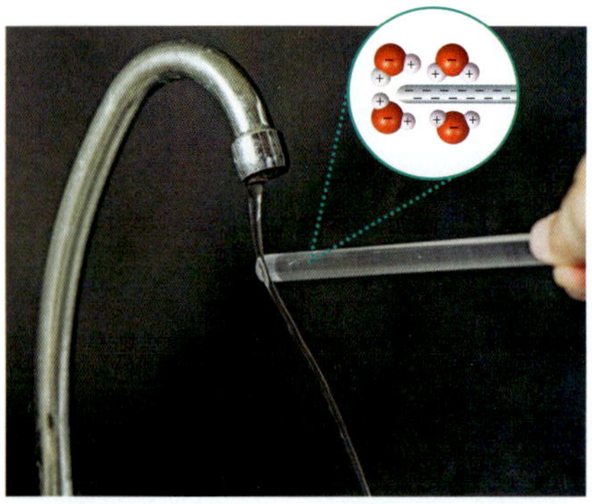

Figura 3.5. Moléculas del agua atraídas por la varilla.

Polaridad del enlace covalente

EXPERIMENTA

Si acercamos a un chorro de agua una barra de vidrio cargada eléctricamente (Fig. 3.5), observamos cómo el chorro se acerca a la barra, es decir, las moléculas de agua son atraídas por la varilla. ¿A qué crees que es debido?

Las moléculas de agua son polares (tienen exceso de carga + en un extremo, y de carga – en el otro, a pesar de ser globalmente neutras). Así, las moléculas de agua se orientan de tal forma que su parte positiva es atraída por la varilla, cargada negativamente.

Enlace covalente polar	Enlace covalente apolar
Si en un enlace uno de los átomos es más electronegativo que el otro, desplaza hacia sí los e^- compartidos y adquiere un exceso de carga negativa, $\delta-$, mientras que el otro adquiere un exceso de carga positiva, $\delta+$. Se genera así un dipolo. El par de $e-$ compartido es atraído por el átomo más electronegativo, en este caso, el cloro.	Al formarse un enlace entre átomos iguales, como el Cl–Cl, el par de e^- es compartido de forma equivalente, ya que ambos átomos presentan la misma electronegatividad. La distribución de e^- es simétrica y no hay polaridad.
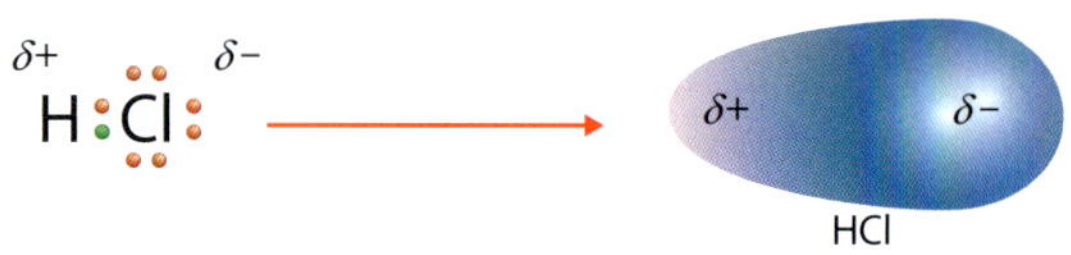 **Figura 3.6.** Enlace covalente polar de una molécula de HCl.	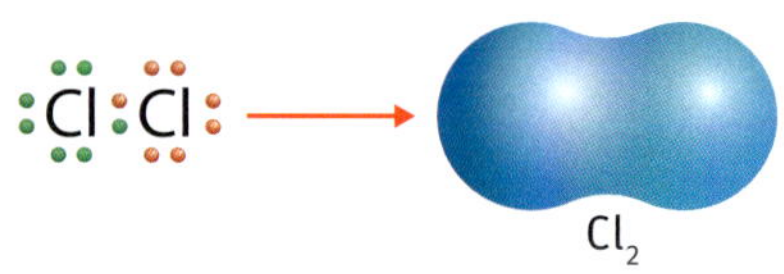 **Figura 3.7.** Enlace covalente apolar de una molécula de Cl_2.

A medida que se incrementa la diferencia de electronegatividad de los átomos enlazados, aumenta la **polaridad del enlace**. El caso extremo sucede cuando la transferencia del electrón es total y se produce el enlace iónico.

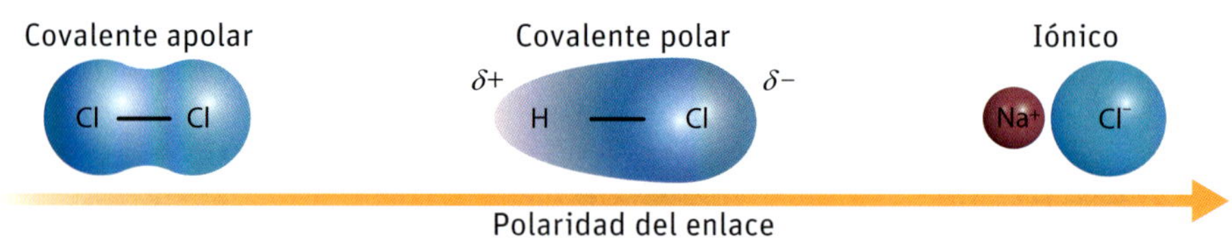

Figura 3.8. En el enlace iónico, los e^- del enlace pertenecen al átomo más electronegativo.

Ten en cuenta

La **electronegatividad** es la tendencia que tiene un átomo a atraer hacia sí los electrones del enlace que está formando con otro. Si los átomos fueran dos chicos que tiran de una cuerda, esta representaría los electrones de enlace.

Generalmente, la electronegatividad crece al avanzar hacia la derecha en un período de la tabla periódica y decrece al bajar en un grupo. Así, el cloro es más electronegativo que el hidrógeno y "tiraría más de la cuerda".

Predice la geometría de las moléculas

4. **Predice la geometría de las siguientes moléculas atendiendo a la polaridad.**

a) H_2O (polar) b) CO_2 (apolar)

SOLUCIÓN

a) La molécula de H_2O es polar. Al oxígeno le quedan dos pares de e^- solitarios. La repulsión entre ellos y con los pares enlazantes provoca que su geometría sea angular.

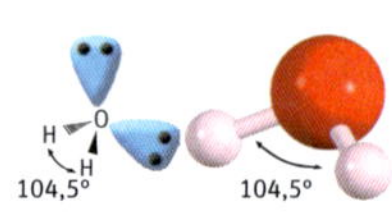

b) La composición de la molécula de CO_2 es parecida a la del H_2O. Sin embargo, al átomo de carbono no le quedan pares de e^- solitarios, por lo que la molécula es lineal y, debido a su simetría, apolar.

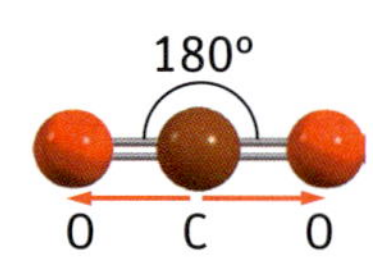

Propiedades de las sustancias moleculares y covalentes reticulares

Las sustancias que presentan enlaces covalentes pueden tener estructura molecular o reticular. La mayoría de los compuestos con enlaces covalentes son moleculares, es decir, los átomos se combinan formando moléculas. Sin embargo, los sólidos covalentes atómicos, también denominados sólidos covalentes reticulares, forman estructuras gigantes.

Sustancias moleculares	Sólidos covalentes reticulares	
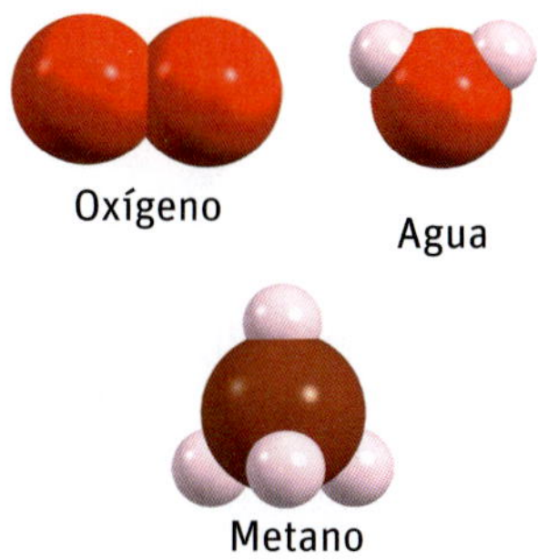	El grafito y el diamante están formados por átomos de carbono, pero tienen propiedades muy diferentes. 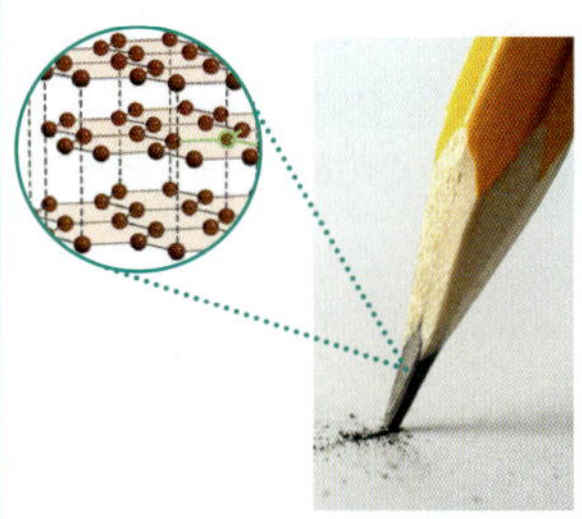 Blando y conduce	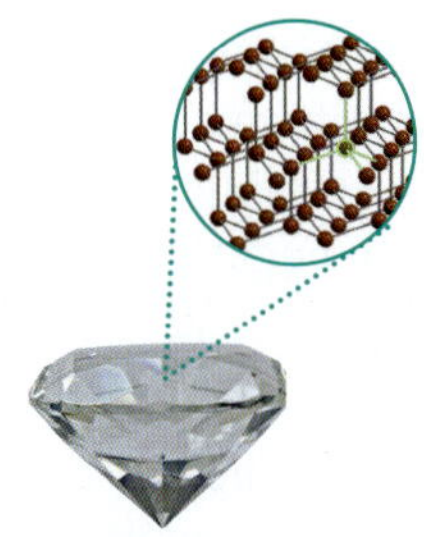 Duro y no conduce
En las sustancias moleculares, los enlaces intramoleculares son muy fuertes, ya que son covalentes, mientras que las interacciones entre moléculas (fuerzas intermoleculares) son menos intensas. Ejemplos: O_2, H_2O, CH_4.	En el **grafito**, cada carbono establece tres enlaces covalentes, formando capas bidimensionales. El cuarto e^- es el responsable de la unión entre capas y de la conductividad eléctrica. Cada una de estas capas forma el **grafeno**.	En el **diamante**, cada carbono se une a otros cuatro mediante enlaces covalentes, con geometría tetraédrica, formando una estructura tridimensional. Al no tener electrones libres, no conduce la electricidad.

smSaviadigital.com PRACTICA
Propiedades de los compuestos moleculares.

Las propiedades de estos tipos de sustancias son muy diferentes.

Propiedades	Sustancias moleculares	Sólidos covalentes reticulares (excepto grafito)
Temperatura de fusión	Las temperaturas de fusión son **bajas** porque las fuerzas intermoleculares son débiles. Crecen al aumentar el número de electrones o la polaridad de las moléculas.	Son **altas** debido a que hay que romper los enlaces covalentes, que son muy fuertes.
Dureza	Son sustancias **blandas** (se pueden rayar fácilmente).	Son **muy duros**, por la gran fuerza de los enlaces covalentes, que hace muy difícil separar los átomos.
Fragilidad	Son **frágiles** (se rompen fácilmente con los golpes), puesto que las moléculas se pueden separar fácilmente.	Presentan **alta fragilidad**, por el carácter direccional del enlace covalente.
Conductividad eléctrica	**No son conductores** al no tener cargas que puedan desplazarse, pues los electrones están fuertemente unidos a los núcleos.	La conductividad es **baja**, debido a la nula movilidad de los electrones de valencia localizados en los enlaces covalentes.

ACTIVIDADES

12. En 1985 se descubrió una nueva estructura de carbono similar a un balón de fútbol, el C_{60}. A esta estructura y sus derivadas se le dio el nombre de fullerenos, en honor del arquitecto Richard B. Fuller.

Busca información sobre los fullerenos y los nanotubos.

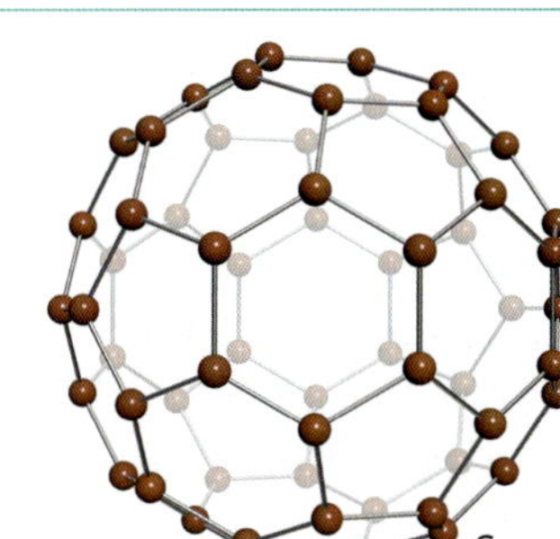

C_{60}

4 Fuerzas intermoleculares y enlaces de hidrógeno

Figura 3.9. La condensación y la congelación de las sustancias muestran que existen fuerzas entre las moléculas.

Ten en cuenta

Las fuerzas intermoleculares dan lugar a gases, a líquidos o a sólidos de bajos puntos de fusión. Así, en condiciones ambientales, el F_2 y el Cl_2 se presentan en estado gaseoso, mientras que el Br_2 es líquido y el I_2 es sólido. Esto se debe a que las fuerzas intermoleculares crecen al aumentar el número de electrones de las moléculas de las sustancias.

Figura 3.11. Muestras de cloro, bromo y yodo.

En muchas ocasiones, los cristales se empañan cuando baja la temperatura (Fig. 3.9). Este efecto está provocado porque el vapor de agua, al enfriarse, se condensa (pasa a estado líquido) sobre la superficie fría del cristal, lo que pone de manifiesto la existencia de fuerzas atractivas entre sus moléculas, llamadas **fuerzas intermoleculares**.

Existen dos tipos fundamentales de fuerzas intermoleculares: las **fuerzas dipolo-dipolo** y las **fuerzas de dispersión**. Además, determinadas moléculas pueden establecer entre ellas **enlaces de hidrógeno**.

Fuerzas dipolo-dipolo

Se producen entre moléculas polares y se deben a la atracción entre los dipolos eléctricos que constituyen estas moléculas. La parte positiva (δ+) de una de ellas debe estar próxima a la parte negativa (δ–) de otra.

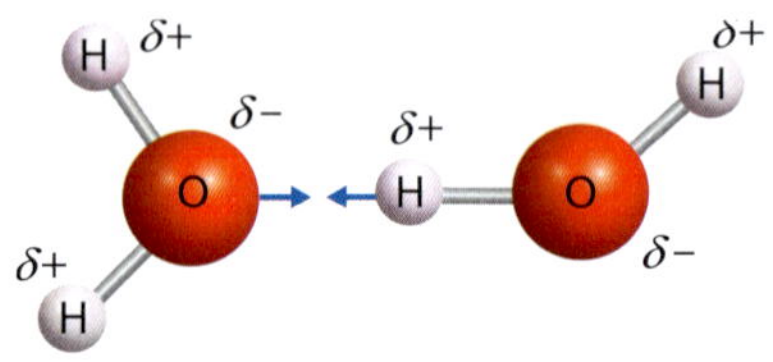

Figura 3.10. Fuerzas dipolo-dipolo entre moléculas de agua.

> Las **fuerzas dipolo-dipolo** son fuerzas intermoleculares que se establecen entre la parte positiva del dipolo de una molécula y la parte negativa del dipolo de otra.

Fuerzas de dispersión

Hay moléculas que, a pesar de no ser polares, presentan un desplazamiento instantáneo de la carga eléctrica que rodea los núcleos positivos de la molécula, convirtiendo esta momentáneamente en polar y formando un dipolo instantáneo (Fig. 3.12). Este es el caso de moléculas apolares como el F_2(g), H_2(g), O_2(g),...

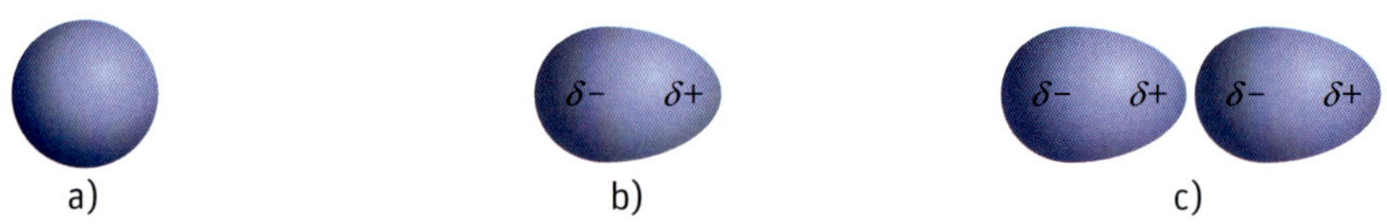

Figura 3.12. a) Una molécula no polar que tiene distribución de carga simétrica. **b)** Como consecuencia del movimiento incesante de la carga electrónica se produce un dipolo instantáneo. **c)** El dipolo instantáneo de la izquierda induce una separación de carga en la otra molécula produciendo una atracción dipolo-dipolo instantáneo.

Las fuerzas de dispersión se dan tanto en moléculas apolares como en polares; en cambio, las fuerzas dipolo-dipolo se dan solo en las polares.

> Las **fuerzas de dispersión** se deben al desplazamiento que sufren los electrones. Su intensidad depende del tamaño de la nube electrónica (número de e^-), ya que cuanto mayor sea esta, mayor será la separación de cargas y, en consecuencia, mayor será la *T* de ebullición de la sustancia.

ACTIVIDADES

13. Clasifica las siguientes sustancias en orden creciente de temperatura de ebullición. Justifica en cada caso tu respuesta.

a) N_2(g), NO(g), O_2(g)

b) CCl_4(l), Cl_2(g), HCl(g), N_2(g)

14. ¿Por qué la temperatura de ebullición del oxígeno líquido (–183 °C) es más alta que la del nitrógeno líquido (–196 °C)?

Comparación de puntos de ebullición

5. Predice qué sustancia tendrá la temperatura de ebullición más alta, el Kr (*Z* = 36) o el Ne (*Z* = 10).

SOLUCIÓN

Estos elementos son gases nobles y, por tanto, apolares. Por eso no presentan fuerzas dipolo-dipolo. Como las fuerzas de dispersión son más intensas al aumentar el número de e^-, el Kr (*Z* = 36) tendrá una *T* de ebullición mayor que el Ne (*Z* = 10).

Enlaces de hidrógeno

> Los **enlaces de hidrógeno** se forman cuando un átomo de H está unido a un átomo muy electronegativo y de pequeño tamaño como F, O o N.

Un átomo de H que está polarizado positivamente (δ+) por un átomo de F, O o N (con el que forma enlace covalente en una molécula) y es atraído simultáneamente por un átomo de F (δ−), O (δ−) o N (δ−) de una molécula vecina, establece con este último una interacción más fuerte que las del tipo dipolo-dipolo, el enlace de hidrógeno. Esto explica el elevado punto de ebullición de estos compuestos en comparación con los de compuestos análogos.

En la Web
Enlaces de hidrógeno.
www.e-sm.net/svfq4eso03_02

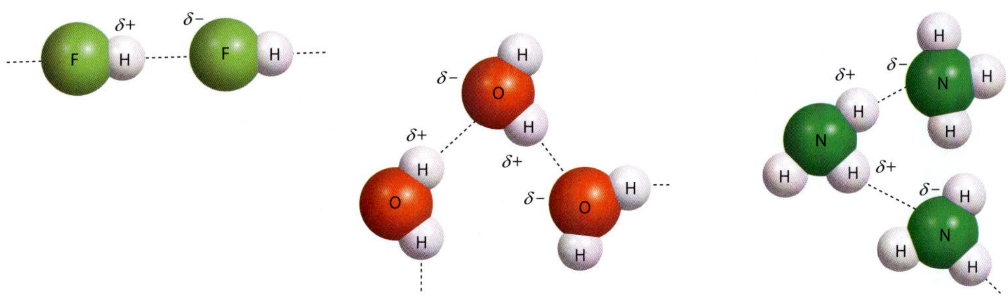

Figura 3.13. Enlaces de hidrógeno en el HF, H_2O y NH_3, representados por una línea de puntos.

OBSERVA

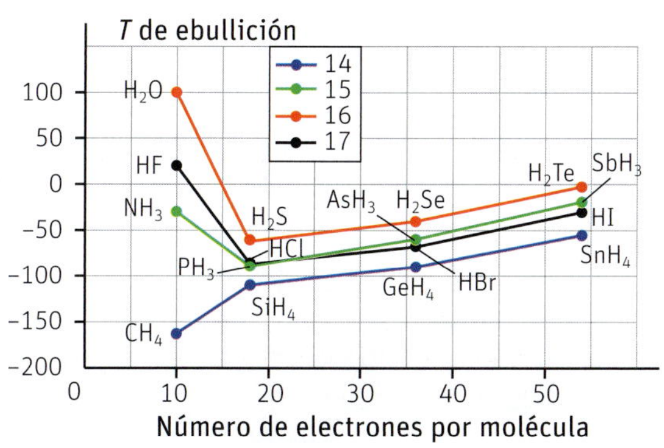

En la gráfica se representan los puntos de ebullición de los compuestos formados por el H y los elementos de los grupos 14, 15, 16 y 17 de la tabla periódica. En la serie del grupo 14, el punto de ebullición aumenta con el número de e^- de la molécula, tal y como cabría esperar.

En las otras series, el H_2O, el HF y el NH_3 presentan una *T* de ebullición muy superior a la que les correspondería. Esto se debe a que en estas tres moléculas interviene un tipo especial de interacción intermolecular, el enlace de hidrógeno.

El hielo es un sólido molecular muy especial. Cuando una sustancia pasa de estado líquido a sólido, las moléculas se agrupan más, por lo que la densidad aumenta. Sin embargo, en el agua no ocurre lo mismo. Por eso, el hielo flota por encima del agua líquida.

ACTIVIDADES

15. ¿Por qué el etanol (CH_3CH_2OH) es soluble en agua?

16. La temperatura de ebullición del etano (CH_3CH_3) es de −89 ºC, mientras que la del etanol (CH_3CH_2OH) es de 78,4 ºC. ¿Cuál de los dos presenta enlaces de hidrógeno?

17. Clasifica por orden creciente de temperatura de ebullición las sustancias: NH_3, H_2O, HF, CH_4. Justifica tu respuesta.

5 Enlace metálico

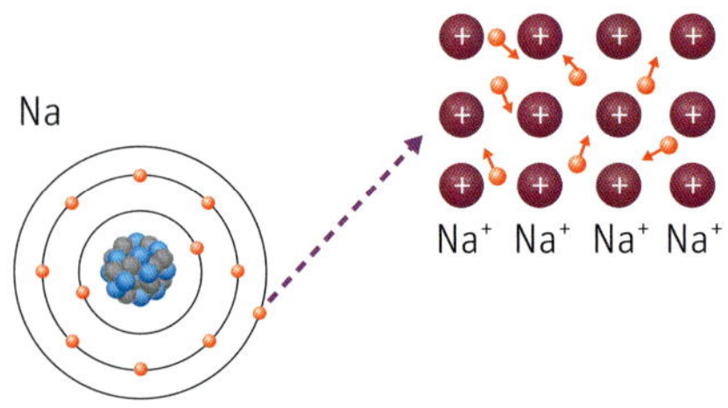

Figura 3.14. Los **electrones de valencia** del metal son los electrones libres que se sitúan alrededor de los iones de forma deslocalizada.

Los metales se caracterizan por estar formados por átomos con pocos electrones de valencia (Fig. 3.14). ¿Cómo puede explicarse entonces que puedan formar un enlace tan fuerte con tan pocos electrones? ¿Cómo pueden ser tan buenos conductores?

El modelo de la nube electrónica

El **modelo de la nube electrónica** del enlace metálico describe el metal sólido como una red cristalina de iones positivos inmersos en un "mar" de electrones de valencia.

Los electrones están deslocalizados por el cristal formando una nube (Fig. 3. 14). La intensa **atracción electrostática** entre los iones positivos y los electrones genera un enlace fuerte. Además, la **movilidad** de los electrones de valencia hace de los metales excelentes conductores del calor y la electricidad.

Ten en cuenta

Los metales sólidos se encuentran formando cristales metálicos, es decir, redes en las que cada punto reticular está ocupado por un átomo del mismo metal.

Estructura cristalina de los metales.

Propiedades de los metales

Propiedades	Justificación
Densidad	Excepto los alcalinos, presentan **alta densidad**, debido al eficaz empaquetamiento de los átomos en su estructura.
Temperatura de fusión	Excepto los alcalinos, tienen una **temperatura de fusión alta**, debido a la fuerte atracción entre los iones positivos y los electrones de valencia deslocalizados, que mantiene unidos los iones.
Dureza	Son **muy duros**, excepto los alcalinos, por la gran fortaleza del enlace.
Ductilidad y maleabilidad	Son **muy dúctiles y maleables**, ya que no existen enlaces rígidos o direccionales, de modo que al deformar el metal, los electrones libres se recolocan con facilidad. 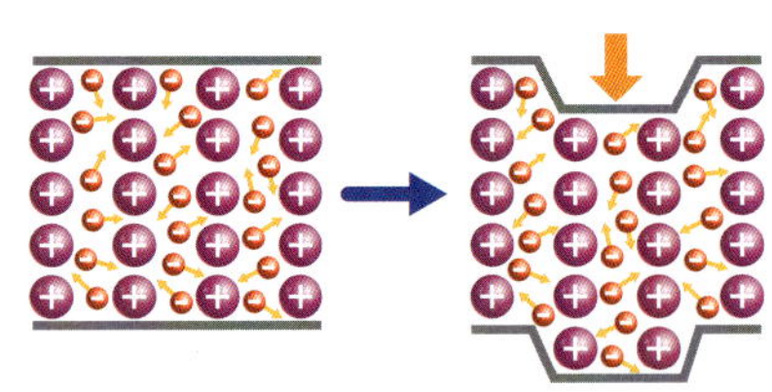
Conductividad eléctrica	Presentan **alta conductividad eléctrica**, debido a la gran movilidad de los electrones externos. 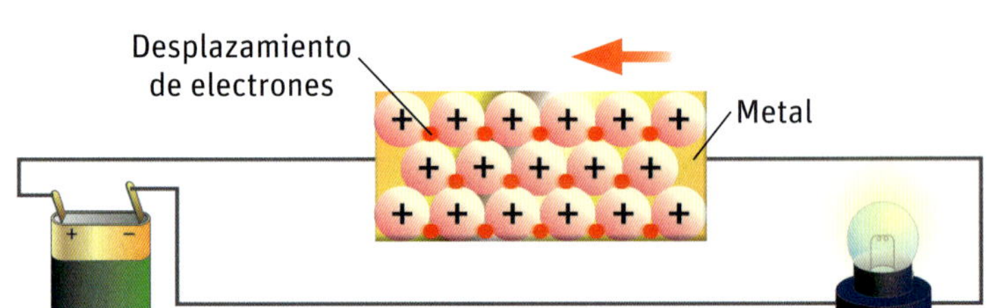
Solubilidad	Son **insolubles**, ya que la alta intensidad del enlace metálico impide la separación de los átomos en contacto con las moléculas del disolvente.
Aspecto	Presentan **brillo metálico** por su gran capacidad de reflejar la luz, debido a la deslocalización y movilidad de los electrones.

smSaviadigital.com PRACTICA > Propiedades de los metales

ACTIVIDADES

18. Justifica el hecho de que, en general, la resistencia eléctrica de un conductor metálico aumente con la temperatura.

6 Las sustancias y sus enlaces

La naturaleza del enlace puede ser iónica, covalente (en moléculas o en estructuras reticulares) o metálica. También puede ser debida a fuerzas intermoleculares o enlaces de hidrógeno.

Tipo de sustancia		Partículas estructurales	Interacción entre partículas	Propiedades de las sustancias en estado sólido	Ejemplos de sustancia
Iónica 		Cationes y aniones	Enlace iónico	• Duros, pero frágiles. • Temperaturas de fusión altas o muy altas. • No conducen la electricidad en estado sólido, pero sí en estado líquido. • Muchos son solubles en disolventes polares.	NaCl, MgO 
Covalente molecular	No polar 	Átomos o moléculas no polares	Fuerzas de dispersión	• Blandos. • Temperaturas de fusión extremadamente bajas o moderadas (dependiendo del número de electrones). En algunos casos, subliman. • Solubles en algunos disolventes no polares.	Ar, O_2, I_2, S_8, CO_2, CCl_4 
	Polar 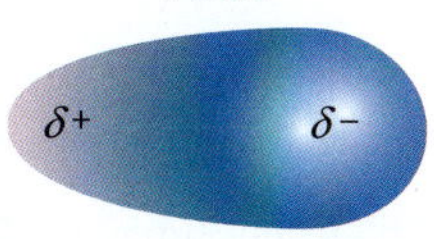	Moléculas polares	Fuerzas de dispersión y fuerzas dipolo-dipolo	• Blandos. • Temperaturas de fusión bajas o moderadas. • Solubles en algunos disolventes polares.	HCl, $CHCl_3$, H_2SO_4 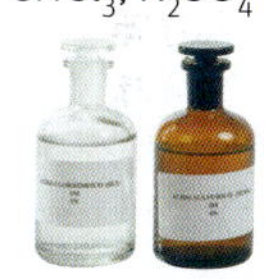
	Enlace de hidrógeno 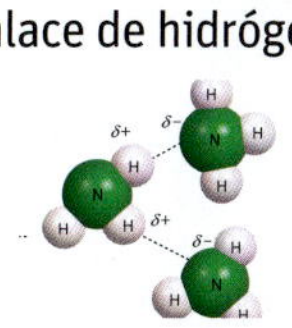	Moléculas con un átomo de H interaccionando con N, O o F de otra molécula	Fuerzas de dispersión, fuerzas dipolo-dipolo y enlaces de hidrógeno	• Blandos. • Temperaturas de fusión bajas o moderadas. • Solubles en algunos disolventes polares.	H_2O, NH_3, HF 
Covalente reticular 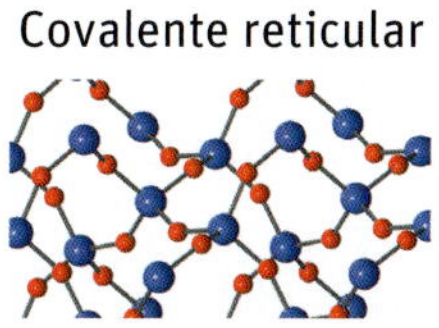		Átomos	Enlaces covalentes	• Muy duros (menos el grafito), pero frágiles. • Temperaturas de fusión muy altas. • Excepto el grafito, no conducen la electricidad. • Insolubles en todo tipo de disolventes.	diamante, grafito, SiO_2 
Metálica 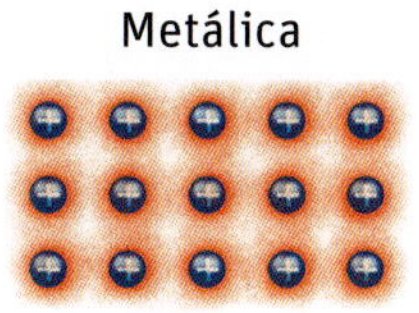		Cationes con electrones deslocalizados	Enlace metálico	• La dureza varía de baja (metales alcalinos) a alta. • Las temperaturas de fusión varían de bajas (alcalinos) a muy altas. • Dúctiles y maleables. • Conducen muy bien el calor y la electricidad. • Insolubles en todo tipo de disolventes.	Na, Mg, Al, Fe, Ag, Au 

ACTIVIDADES

19. ¿A qué tipo de sustancia pertenece cada una de las descritas a continuación?

Sustancia	Temperatura de fusión	Conductividad eléctrica	
		en estado sólido	en estado líquido
A	600 °C	Sí	Sí
B	– 800 °C	No	Sí

En la Web

La estructura de los cristales.

www.e-sm.net/svfq4eso03_03

Repasa lo aprendido

1 ¿Qué es un enlace químico? ¿Por qué se enlazan los átomos?

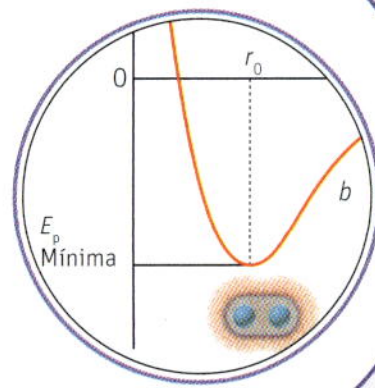

- El **enlace químico** es la unión de átomos para formar un sistema estable.
- La energía desprendida en el proceso de formación se llama **energía de enlace** y es igual en valor absoluto a la energía necesaria para separar los átomos unidos.

2 ¿Qué tipos de sólidos conoces?

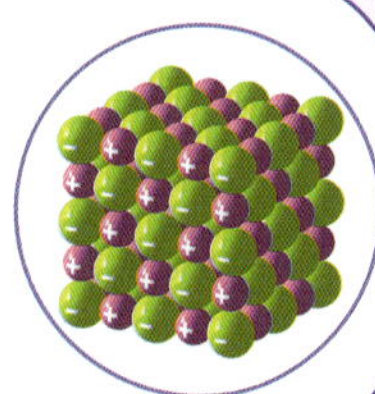

- Los **sólidos** tienen propiedades muy diferentes en función del **tipo de interacción** que presentan sus partículas.
- Así, en el cloruro de sodio, el diamante, el cobre y el azufre, los átomos o moléculas se mantienen unidos de formas muy distintas, lo que confiere propiedades muy diferentes a estos sólidos.

3 ¿Por qué se disuelve bien la sal común en agua?

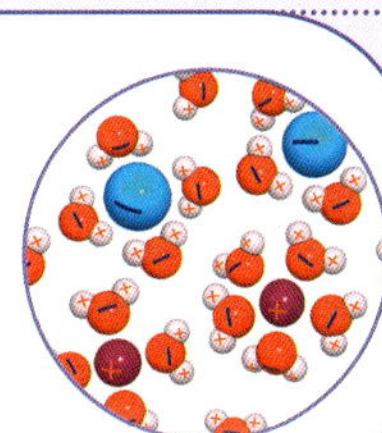

- Muchos compuestos iónicos son **solubles en disolventes polares** como el agua.
- Las moléculas polares presentan separación de cargas (tienen una parte positiva y otra negativa).
- En presencia de una sal, las moléculas polares del agua se disponen alrededor de los iones de esta (proceso de solvatación).

4 ¿Qué tipos de sustancias covalentes existen?

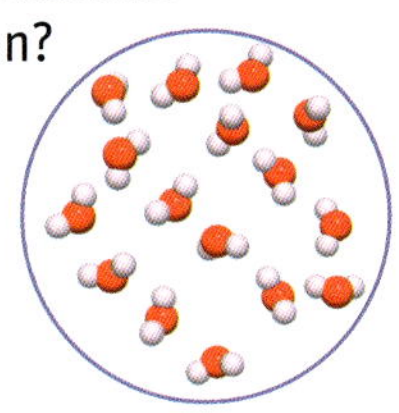

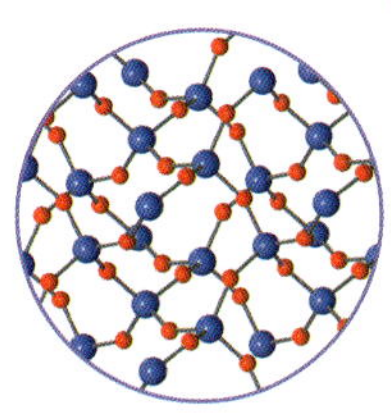

- Las **sustancias con enlaces covalentes** pueden presentar **estructura molecular** o **reticular.**
- La mayoría de las sustancias con enlaces covalentes son moleculares, es decir, los átomos se combinan formando moléculas.
- Sin embargo, los sólidos covalentes atómicos, también denominados sólidos covalentes reticulares, son estructuras gigantes.

5 ¿Por qué es tan alta la temperatura de ebullición del agua?

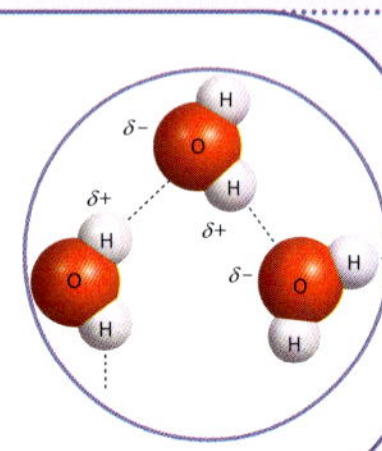

- El H_2O, el HF y el NH_3 (entre otras sustancias) tienen temperaturas de ebullición muy superiores a las que les corresponderían.
- Esto se debe a que en estas tres moléculas interviene un tipo especial de interacción intermolecular, el **enlace de hidrógeno**.

6 ¿Por qué son conductores de la electricidad los metales?

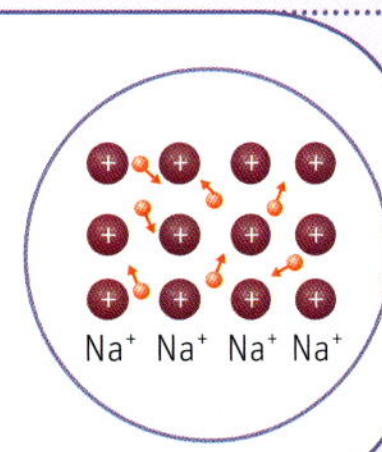

- Los metales presentan **alta conductividad eléctrica** debido a la gran movilidad de los electrones externos.

Procedimientos de la ciencia

Clasificación de las sustancias en función de su conductividad eléctrica

La clasificación de las sustancias en función de su conductividad se basa en estudiar su comportamiento frente a la corriente eléctrica. En estado sólido, solo conducen la corriente los metales; en estado líquido, los metales y las sustancias iónicas en disolución, los electrolitos, que son las sustancias iónicas que producen iones al disolverse.

Vamos a evaluar la conductividad de diferentes sólidos, así como de ciertos líquidos. Después prepararemos algunas mezclas y observaremos si son conductoras. De este modo, podremos determinar el carácter metálico, iónico o molecular de los sólidos, así como si se comportan como electrolitos en disolución.

1 TOMA DE DATOS

1. **Sólidos.** Sitúa porciones de los siguientes sólidos en vidrios de reloj y ponlos en contacto con los electrodos del conductímetro. Anota si hay paso de corriente.

Sal común	Azúcar	Azufre	Cobre	Sulfato de cobre (II)
●●●	●●●	●●●	●●●	●●●

2. **Líquidos.** Pon agua destilada y etanol en vasos de 100 mL y comprueba si conducen la corriente o no. Después añade unas gotas de HCl (aq, 1 mol/L) a los dos vasos, comprobando su conductividad. Anota en tu cuaderno los datos.

Agua destilada	Etanol	Agua + HCl (aq)	Etanol + HCl (aq)
●●●	●●●	●●●	●●●

3. **Sólidos + líquidos.** Prepara nuevamente vasos de 100 mL con las mezclas que se proponen a continuación y comprueba su conductividad. Anota tus observaciones en tu cuaderno.

Sal + agua	Azúcar + agua	Sulfato de cobre (II) + agua	Azufre + etanol
●●●	●●●	●●●	●●●

2 TRATAMIENTO DE LOS RESULTADOS

A partir de la investigación realizada, clasifica en tu cuaderno las sustancias estudiadas en los siguientes grupos (algunas pueden aparecer en varios grupos):

Metales	Sólidos iónicos	Sólidos moleculares	Electrolitos	No electrolitos
●●●	●●●	●●●	●●●	●●●

ACTIVIDADES

20. ¿Por qué conducen la corriente eléctrica los electrolitos? ¿Y los metales?

21. ¿Qué tipo de interacciones presentan las partículas de cada uno de los sólidos estudiados en esta experiencia?

22. ¿Por qué la bombilla del montaje se ilumina fuertemente en el sistema agua con HCl (aq) y débilmente en etanol con HCl (aq)? Describe qué ocurre en cada uno de los vasos de precipitados con mezclas de sólidos y líquidos cuando se introducen los electrodos cargados.

Actividades

Enlace químico

23. ¿Qué tipo de sólidos pueden formar las sustancias en función de las interacciones que presentan sus átomos o sus moléculas? Justifica tu respuesta.

24. El enlace covalente en la molécula de nitrógeno, N_2, es mucho más fuerte que en la molécula de oxígeno, O_2.

Dibuja de forma aproximada la gráfica de energía potencial frente a la distancia entre átomos para cada molécula e indica en cada gráfica la energía potencial mínima y la longitud de enlace.

25. La siguiente estructura corresponde a un elemento alcalino.

n	1	2		3		
X	$1s^2$	$2s^2$	$2p^6$	$3s^1$		

a) ¿De qué elemento se trata?

b) ¿Cumplirá la regla del octeto ganando o perdiendo electrones? ¿A qué ion dará lugar?

Enlace iónico

26. Responde a las siguientes preguntas.

a) Según la posición de los elementos en la tabla periódica, dibuja el diagrama de Lewis de cada uno de los átomos marcados en rojo.

b) Basándote en la regla del octeto, predice la carga del ion más probable de cada elemento.

c) Escribe la fórmula de cada ion y nómbralo.

d) Representa el diagrama de Lewis de cada uno de los iones anteriores.

27. ¿En cuáles de las siguientes especies químicas los elementos se encuentran en forma de iones? Justifica tu respuesta.

$KCl(s)$ $CO(g)$ $F_2(g)$ $Ne(g)$ $MgO(s)$

28. Predice razonadamente la fórmula del compuesto iónico que forma cada uno de los pares de elementos siguientes.

a) Na y F
b) Ca y O
c) Al y O
d) Na y S

29. Explica la frase: "La fórmula LiCl no representa una unidad molecular, sino que la proporción de iones cloruro a iones litio en el compuesto es 1:1".

30. Los diagramas de Lewis de cuatro átomos A, B, C y D son los siguientes:

a) Indica a qué grupo de la tabla periódica pertenece cada uno de los elementos.

b) ¿Cuáles de ellos es frecuente que formen iones? En estos casos, ¿cuál será la carga del ion correspondiente?

c) ¿Qué tipo de compuesto cabe esperar que formen los elementos A y C?

d) ¿Cuál sería la fórmula de ese compuesto?

31. ¿Cuáles de las siguientes especies químicas están presentes en un cristal de $CaCl_2$? Explica por qué.

a) Iones Ca^+

b) Moléculas $CaCl_2$

c) Iones Ca^{2+}

d) Iones Cl_2^-

e) Iones Cl^-

32. El cloruro de potasio funde a 770 °C, hierve a 1437 °C, es duro pero frágil, es soluble en agua y no conduce la corriente eléctrica en estado sólido, pero sí en estado líquido. ¿Qué tipo de sólido es?

Justifica sus propiedades en función del modelo de sólido escogido.

33. Describe mediante ecuaciones químicas la formación del fluoruro de calcio, $CaF_2(s)$, a partir de los átomos de calcio y de flúor, a través de las siguientes etapas:

I) Formación de los iones Ca^{2+}.

II) Formación de los iones cloruro.

III) Formación del cristal iónico de fluoruro de calcio, $CaF_2(s)$.

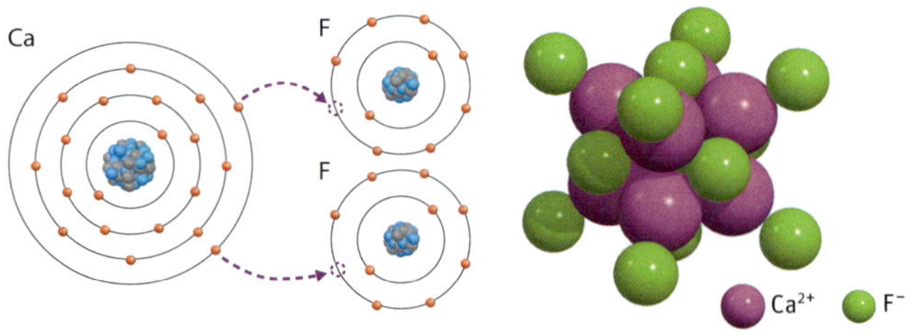

34. Escribe la configuración electrónica del segundo elemento alcalino y del tercer halógeno del sistema periódico.

a) ¿Qué iones forman ambos elementos en el compuesto?

b) ¿Qué tipo de compuesto forman? Escribe su fórmula y explica el significado de la misma.

c) ¿El compuesto que forman es duro o blando?

d) ¿Es buen conductor de la corriente eléctrica?

Enlace covalente

35. Representa los diagramas de Lewis de estas moléculas.

a) BF_3 **c)** CH_3CH_3 **e)** C_2H_2

b) H_2Se **d)** HCN **f)** CH_3CH_2OH

36. ¿En cuáles de estas moléculas no se cumple la regla del octeto?

a) SF_6 **c)** NO **e)** BCl_3

b) PCl_3 **d)** PCl_5 **f)** N_2

37. Consulta en internet la geometría de estas moléculas y justifica por qué en cada caso una de ellas es polar y la otra apolar.

a) HI y I_2 **c)** BCl_3 y NCl_3

b) CCl_4 y $CHCl_3$ **d)** H_2O y BeH_2

38. Entre los halógenos hay una única sustancia que es líquida a temperatura ambiente.

a) ¿Cuál es ese halógeno?

b) Escribe su configuración electrónica y describe la molécula X_2 mediante símbolos de Lewis.

c) ¿Qué propiedades pueden predecirse para este halógeno?

SOLUCIÓN

a) Consultando la tabla periódica, se ve que el único halógeno en estado líquido (color azul) es el bromo.

b) Su configuración electrónica es:

n	1	2		3			4			
X	$1s^2$	$2s^2$	$2p^6$	$3s^2$	$3p^6$	$3d^{10}$	$4s^2$	$4p^5$		

La molécula puede representarse como:

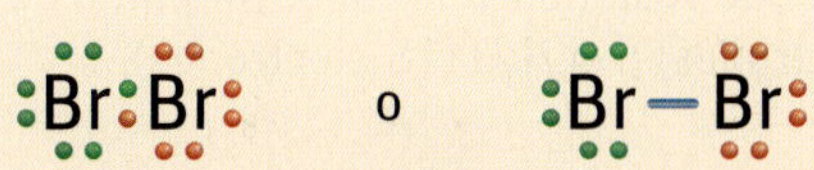

c) Las de una sustancia molecular.

39. ¿Por qué el diamante es muy duro y aislante térmico y el grafito se separa en láminas y presenta cierta conductividad eléctrica?

40. Justifica por qué el agua disuelve la sal. Haz un dibujo para explicarlo.

41. ¿Cuál o cuáles de las siguientes afirmaciones son ciertas?

a) Cuando los átomos se combinan lo hacen de modo que siempre quedan sus capas externas completas.

b) Algunos átomos se pueden rodear de más de ocho electrones en su última capa.

c) Algunos átomos pueden enlazarse y quedar con la última capa incompleta.

d) En el enlace covalente los electrones de enlace están deslocalizados.

42. La molécula de la figura está formada por los elementos de la tabla.

	1	2		3		
A (verde)	$1s^2$	$2s^2$	$2p^6$	$3s^2$	$3p^5$	
B (amarillo)	$1s^2$	$2s^2$	$2p^6$	$3s^2$	$3p^4$	

a) ¿De qué elementos se trata? Escribe sus estructuras de Lewis.

b) ¿Cuáles de las siguientes afirmaciones pueden ser verdaderas y cuáles resultan imposibles?

- **La sustancia es el sulfuro de cloro (II).**
- **Su punto de ebullición es de 59 °C.**
- **La distancia interatómica A–B es de 0,002 mm.**
- **No es conductor en estado sólido, pero sí fundido o disuelto.**

SOLUCIÓN

a) La configuración electrónica de A corresponde al cloro, ya que está en el tercer período del sistema periódico y tiene 7 electrones de valencia. El elemento amarillo es el azufre.

La estructura de Lewis es la siguiente:

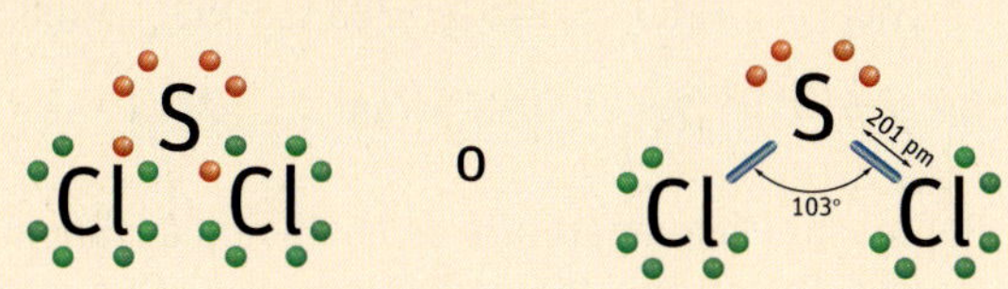

b) Es el dicloruro de azufre o cloruro de azufre (II).

Su punto de ebullición es bajo, como el de las sustancias moleculares.

La distancia interatómica no puede ser de ese orden de magnitud, ya que el radio atómico es del orden de décimas de 1 nm. En este caso, la distancia interatómica es de 0,201 nm = $2{,}01 \cdot 10^{-10}$ m.

No es conductor en ningún caso, ni sólido ni disuelto, ya que es molecular.

Actividades

43. El enlace iónico y el covalente son dos modelos extremos del enlace químico. En realidad, la mayoría de los enlaces están en un punto intermedio entre el puramente iónico y el puramente covalente. El carácter parcialmente iónico de un enlace covalente depende de la diferencia de electronegatividad entre los átomos.

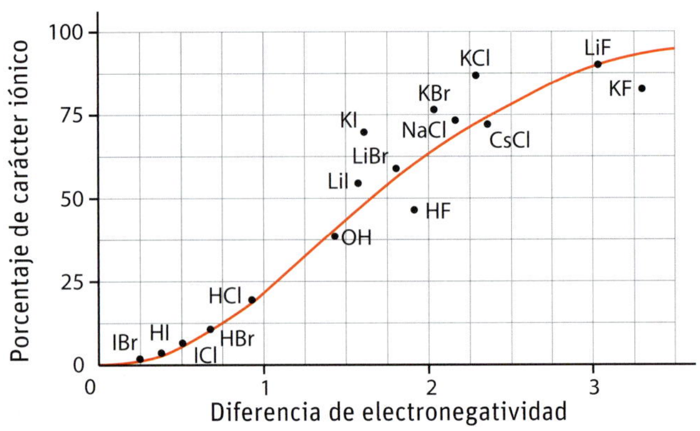

a) ¿Qué enlace es más polar, el H–Cl o el O–H?

b) ¿A partir de qué diferencia de electronegatividades se puede considerar que el enlace es fundamentalmente iónico?

c) Deduce el porcentaje de carácter iónico de los enlaces H–Cl y O–H a partir de la gráfica adjunta. ¿Cómo crees que se ha calculado el porcentaje de carácter iónico de cada enlace?

Fuerzas intermoleculares y enlaces de hidrógeno

44. El neón (Ne) y el fluoruro de hidrógeno (HF) tienen el mismo número de electrones. Explica por qué la temperatura de ebullición del HF es 19,5 ºC y la del Ne –246 ºC.

45. La tabla siguiente muestra la temperatura de ebullición de los gases nobles y el número de electrones de cada uno de los ellos.

	He	Ne	Ar	Kr	Xe	Rn
T_{eb} (°C)	–269	–246	–188	–153	–108	–62
N.° de e^-	2	10	18	36	54	86

a) Representa la temperatura de ebullición en función del número de electrones de cada elemento. ¿Qué relación encuentras?

b) Explica por qué la temperatura de ebullición aumenta con el número de electrones.

46. Predice los tipos de fuerzas intermoleculares presentes en cada una de las sustancias siguientes y justifica el estado físico de cada una de ellas.

a) CO_2(g)

b) CH_3OH(l)

c) HF(g)

d) HCl(g)

47. Considera la representación de la figura.

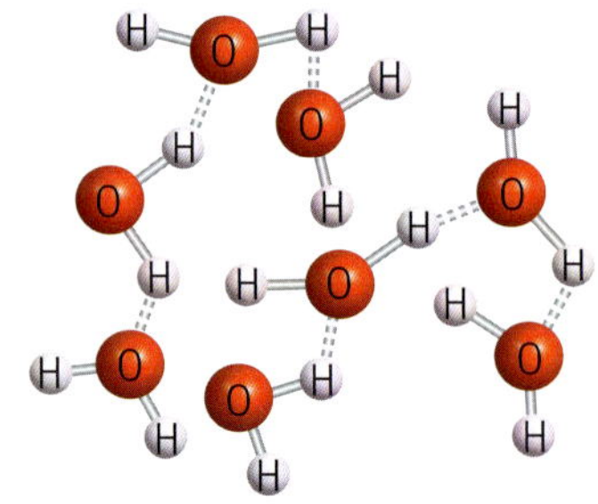

a) ¿De qué sustancia se trata?

b) ¿Qué representan las líneas de puntos?

48. La gráfica siguiente representa los puntos de fusión de los haluros de hidrógeno (HF, HCl, HBr, HI) según el período del halógeno.

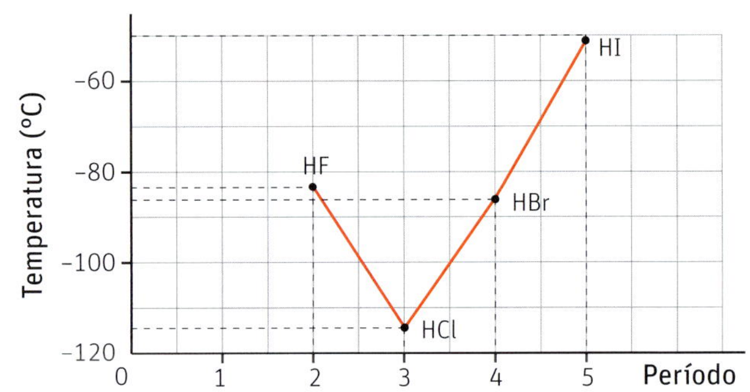

a) Explica el aumento de temperatura de fusión que se observa del HCl al HI.

b) Explica el comportamiento anómalo del HF, que tiene una temperatura de fusión más alta de la que le correspondería.

49. Justifica por qué en condiciones ambientales el CCl_4 es un líquido mientras que el CBr_4 y el CI_4 son sólidos.

50. Justifica qué sustancia tendrá mayor punto de ebullición, el Ar (18 electrones) o el H_2O (18 electrones).

Enlace metálico

51. ¿Cuáles de estas propiedades corresponden a los metales?

a) Tienen altos puntos de fusión y son muy frágiles.

b) Generalmente son duros y son buenos conductores eléctricos.

c) Tienen bajos puntos de fusión y buena conductividad térmica.

d) Tienen un brillo característico y son aislantes térmicos.

Las sustancias y sus enlaces

52. El carbono y silicio forman óxidos de fórmulas similares: CO_2 y SiO_2. El CO_2(s) sublima a –78 °C y el SiO_2(s) funde aproximadamente a 1610 °C y hierve a 2230 °C. ¿Cómo explicas la gran diferencia entre sus propiedades?

53. Un sólido funde a 98 °C, es blando, deformable y conduce la corriente eléctrica. Justifica qué tipo de sólido será.

54. Explica qué tipos de sustancias son buenas conductoras de la electricidad.

55. Clasifica en tu cuaderno como molecular, covalente atómica (reticular), iónica o metálica las sustancias *A*, *B*, *C*, *D*, *E* y *F*.

Molecular	Covalente atómica	Iónica	Metálica
●●●	●●●	●●●	●●●

a) *A*: funde a temperatura muy alta, es insoluble en agua y no conduce la electricidad.

b) *B*: funde por encima de 800 °C, se disuelve en agua y conduce la electricidad fundida y en disolución acuosa.

c) *C*: funde por debajo de 200 °C, se disuelve en agua y no conduce la electricidad ni sólida ni disuelta en agua.

d) *D*: funde por debajo de 200 °C, se disuelve en agua y no conduce la electricidad ni sólida ni fundida, pero sí en disolución acuosa.

e) *E*: tiene bajo punto de fusión, es insoluble en agua y no conduce la electricidad en estado sólido ni en estado líquido.

f) *F*: funde a 600 °C y conduce la electricidad en los estados sólido y líquido.

56. Responde a las siguientes preguntas, justificando tus respuestas.

a) ¿Qué diferencia hay entre los cristales covalentes reticulares, iónicos, metálicos y moleculares? Identifica a qué tipo pertenece cada uno de los crsitales representados.

b) ¿Qué tipo de partículas constituye cada tipo de cristal?, ¿qué tipos de interacciones mantienen unidos los átomos o las moléculas en cada tipo de sólido?

c) ¿Crees que es correcto hablar de estructura gigante en cada uno de estos casos?

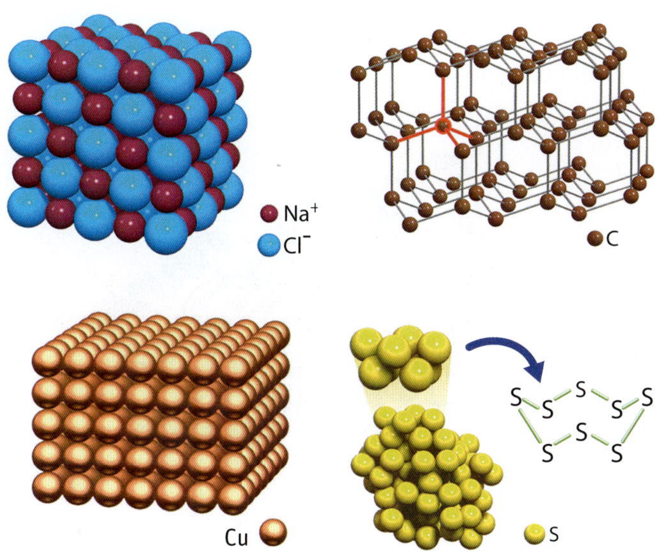

57. Considera los elementos del sistema periódico cuyas configuraciones electrónicas terminan en $2s^1$ o en $3p^5$.

a) ¿De qué elementos se trata?

b) ¿Cuál es el compuesto que se origina cuando enlazan?

c) Indica qué tipo de compuesto es y explica las propiedades generales de este tipo de compuestos.

58. La tabla recoge características de las sustancias *A*, *B* y *C*.

	T_f (°C)	Densidad (kg/m^3)	Solubilidad en agua (g/L)	Conduce electricidad	
				Sólido	Líquido
A	648	1740	Nula	Sí	Sí
B	−101	3,2	7,2	No	No
C	714	2320	469	No	Sí

a) Describe las propiedades de las sustancias *A*, *B* y *C* e identifica el tipo de enlace entre las partículas de cada una de ellas.

b) Las sustancias $MgCl_2$(s), Mg(s), Cl_2(g) cumplen las condiciones estipuladas para *A*, *B* y *C*. ¿Cuál es cada una?

c) Representa el diagrama de Lewis del Cl_2.

d) Describe las etapas de formación del compuesto $MgCl_2$.

e) ¿Qué volumen ocupará una pieza de magnesio de 12 g?

59. Discute a qué se deben las diferencias en los puntos de ebullición normales de las sustancias de la siguiente tabla. Indica cuál es el estado físico de cada sustancia a temperatura ambiente.

Sustancia	T_{eb} (°C)
$CH_3{-}CH_3$	−88
$CH_3{-}O{-}CH_3$	−25
$CH_3{-}CH_2OH$	78
$CuCl_2$	620
Cu	2567

60. Cierto elemento *X* tiene la siguiente estructura electrónica: $X \rightarrow 1s^2\ 2s^2\ 2p^6\ 3s^2\ 3p^6\ 4s^2$.

a) ¿Cuál es su número atómico? ¿Cuál es su ion más estable?

b) ¿Cuál es la estructura electrónica de $_{53}Y$? ¿Qué ion forma? ¿Qué tipo de enlace formará *X* con *Y*?

c) Describe el tipo de sustancia que formarán *X* e *Y* y predice sus propiedades.

d) Describe el tipo de sustancia que formará *X* y predice sus propiedades.

e) Describe el tipo de sustancia que formará Y_2 y predice sus propiedades.

61. Relaciona los puntos de fusión de las sustancias de la tabla con su estructura. ¿Cuáles conducen la electricidad en estado sólido?

Sustancia	Fructosa	Sal común	Grafito	Oro
T_f (°C)	120	801	3652	1063

Preparación de una bebida isotónica casera

Las bebidas isotónicas contienen azúcares y sales minerales con la misma presión osmótica que la sangre. Normalmente también tienen vitaminas, edulcorantes, aromatizantes,... Estas bebidas ayudan a reponer el agua y las sustancias perdidas por la sudoración producida por el ejercicio.

Podemos preparar nuestra propia bebida isotónica en casa para rehidratarnos después de hacer ejercicio.

A. Toma un litro de agua en una jarra. Añádele una cucharada pequeña de sal, otra de bicarbonato sódico y tres cucharadas grandes de azúcar.

B. Añádele el zumo de dos naranjas o de dos limones.

C. Puedes añadir también un poco de miel para endulzarlo.

D. Agita la mezcla y viértela en una botella.

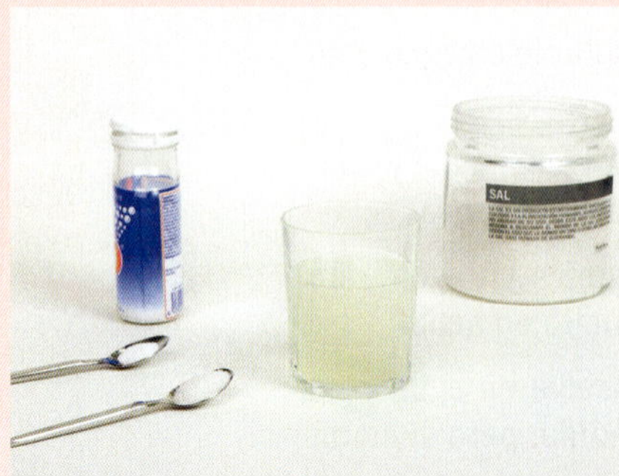

1. ¿Cuál es la fórmula química de la sal común? ¿Cuál es su significado? ¿Existen moléculas de NaCl? ¿Cuál es la estructura del cloruro de sodio?

2. Define qué es la presión osmótica de una disolución. Busca información en internet.

3. La presión osmótica de una disolución depende de la concentración de partículas que hay disueltas. Cuando se disuelve 1 mol de cloruro de sodio en 1 L de agua, ¿cuántos moles de iones se encuentran disueltos?

4. ¿Qué disolución acuosa tendrá mayor presión osmótica, una de sacarosa 1 mol/L o una de cloruro de sodio 1 mol/L? Justifica la respuesta.

Freír la clara de huevo, mezclarla con etanol y batirla

La forma de una molécula de proteína se debe en gran parte a los enlaces de hidrógeno entre átomos de distintas zonas de la molécula; cuando estos enlaces se rompen, la molécula pierde su función.

Cuando freímos un huevo, por ejemplo, la albúmina que forma la clara adquiere un color blanco lechoso porque el calor rompe los enlaces de hidrógeno de sus moléculas proteicas, que pierden su estructura, adquiriendo una al azar.

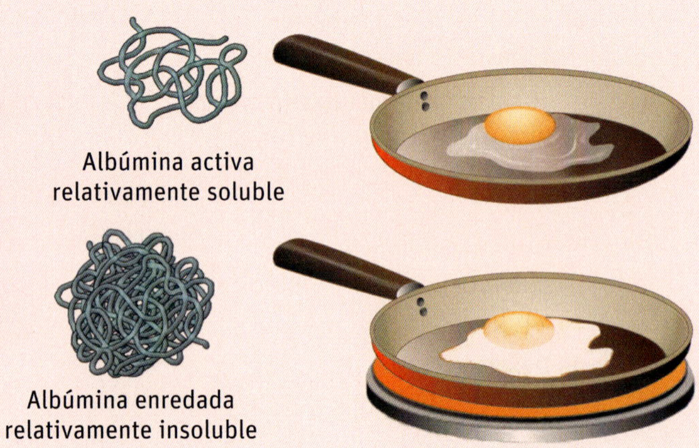

Estructura terciaria de la ovoalbúmina

1. ¿Cómo se llama el proceso que sufre la albúmina de un huevo cuando este se fríe? Explica lo que crees que ocurre a nivel microscópico.

2. Este mismo proceso en la albúmina puede también producirse vertiendo etanol sobre la clara del huevo. Explica por qué el etanol puede provocar ese efecto en la albúmina.

3. Una tercera forma de lograr ese efecto sobre la albúmina de la clara del huevo es batirla hasta convertirla en un merengue. Explica en este caso cómo tiene lugar el proceso a nivel microscópico.

Azufre, azúcar y cloruro de sodio: ¿solubles o insolubles en agua?

En la fotografía de la izquierda se puede ver que el azufre, un sólido con moléculas no polares, no se disuelve en agua (vaso de la izquierda), pero sí en disulfuro de carbono (vaso de la derecha). El azúcar y el cloruro de sodio se disuelven en agua (fotografía de la derecha).

1. Explica por qué se disuelve el azufre en disulfuro de carbono y no en agua.
2. Explica por qué se disuelve el azúcar (sacarosa) en agua.
3. Explica por qué se disuelve el cloruro de sodio en agua. Ayúdate de un dibujo para explicar el proceso de disolución. Observa la simulación que puedes encontrar en www.e-sm.net/svfq4eso03_04.

AUTOEVALUACIÓN

1. ¿Cuáles de las siguientes afirmaciones son ciertas?

a) Las sustancias elementales solo pueden presentar estructuras atómicas, moleculares o metálicas.

b) Las sustancias elementales nunca pueden ser iónicas.

c) Los compuestos solo pueden ser iónicos o moleculares.

d) Tanto las sustancias elementales como los compuestos pueden ser moleculares o covalentes reticulares.

2. La formación de un cristal iónico del tipo A^+B^- a partir de los átomos A y B tiene lugar a través de distintas etapas. ¿Cuál o cuáles de las siguientes afirmaciones son ciertas?

a) La pérdida de 1 e^- del átomo A para formar un catión A^+ con 8 e^- es la última etapa del proceso.

b) El conjunto de las etapas (formación del catión, formación del anión y formación del cristal iónico a partir de los iones) es un proceso que requiere energía para que suceda.

c) La estructura de AB es molecular.

d) El coordinación de A es el número de e^- que pierde A para convertirse en el catión que forma parte del cristal.

3. ¿Cuál es la fórmula de un compuesto iónico formado por cationes del metal A y aniones del no metal B, si el índice de coordinación de A es 8 y el de B es 4?

a) A_2B c) AB

b) AB_2 d) A_2B_2

4. ¿Cuál o cuáles de las siguientes afirmaciones son ciertas?

a) Las moléculas polares solo presentan fuerzas intermoleculares del tipo dipolo-dipolo.

b) Toda molécula con enlaces covalentes polares es polar.

c) Los enlaces de hidrógeno se establecen entre un átomo de H y cualquier otro átomo con gran electronegatividad.

d) Las fuerzas de dispersión dependen del número de electrones que tiene la molécula.

5. ¿Cuál o cuáles de las siguientes afirmaciones son ciertas?

a) Los sólidos moleculares son duros.

b) Los compuestos iónicos conducen la corriente eléctrica en estado sólido.

c) Los sólidos covalentes reticulares son frágiles.

d) Los sólidos metálicos tienen temperaturas de fusión altas.

6. ¿Cuáles de estas afirmaciones son ciertas?

a) Un alambre no se puede doblar.

b) Si una tiza se cae al suelo, se fragmenta.

c) Si golpeamos un cristal, no se rompe.

d) Una de las principales aplicaciones industriales de los diamantes es la fabricación de troqueles para pulir herramientas.

smSaviadigital.com VALORA LO APRENDIDO > Autoevaluación con sus soluciones

4 Cambios físicos y químicos

Abre tu mirada

Las Fallas son un gran espectáculo de arte y fuego que corona las fiestas de la Comunidad Valenciana. Gigantescas figuras construidas con materiales combustibles, como madera, cartón y papel, arden en presencia de oxígeno y de una fuente de calor, originando luminosas llamaradas de fuego y provocando el asombro de multitud de personas llegadas de todas partes del mundo.

- **¿Qué se mantiene constante en una transformación química?**
- **¿Cómo se produce una reacción química?**
- **¿Qué es la concentración molar?**
- **¿Qué indica una ecuación química ajustada?**

Observa y decide

Para que se produzca el fuego es preciso que intervengan tres elementos: el combustible, el comburente y una fuente de calor, elementos que se representan en el denominado *triángulo del fuego*.

a En una fogata, ¿la madera es el combustible o el comburente?

b En unas Fallas, ¿el oxígeno es el combustible, el comburente o la fuente de calor?

c En un mechero, ¿cuál es la fuente de calor y cuál el combustible?

Piensa y reflexiona

Mientras arden las Fallas es obligatorio que estén presentes los bomberos, debido a que algunas figuras pueden caer y originar un incendio.

¿Qué sustancias pueden utilizarse para extinguir un fuego? Razona tu elección.

a) Dióxido de carbono.

b) Hidrógeno.

c) Oxígeno.

d) Agua.

Y tú, ¿qué opinas?

Las reacciones de combustión proporcionan energía de muy diversos tipos. La quema de combustibles fósiles vierte a la atmósfera grandes cantidades de dióxido de carbono. Este gas, que no es tóxico, se añade a las bebidas carbonatadas. Sin embargo, su exceso en la atmósfera causa problemas medioambientales. Debate con tus compañeros las alternativas a la quema de combustibles fósiles.

- **¿En qué se diferencian los ácidos de las bases? ¿Qué es la neutralización de un ácido?**
- **¿Qué productos se originan en la combustión de un hidrocarburo?**
- **¿Qué son las reacciones de síntesis?**

1 Cambios físicos y químicos

Las sustancias presentes en la naturaleza experimentan continuamente transformaciones. Pero no todos los cambios son del mismo tipo.

Cambios físicos

OBSERVA

Cambio físico

El deshielo de la nieve en las montañas y en los glaciares es una transformación que se produce en primavera y verano como consecuencia del aumento de temperatura. Se trata de un fenómeno cíclico y estacional que se produce cada año.

La fusión del hielo en los glaciares se ha agudizado en los últimos años a causa del recalentamiento del planeta, como consecuencia de los cambios climáticos provocados, al menos en parte, por la emisión a la atmósfera de gases de efecto invernadero.

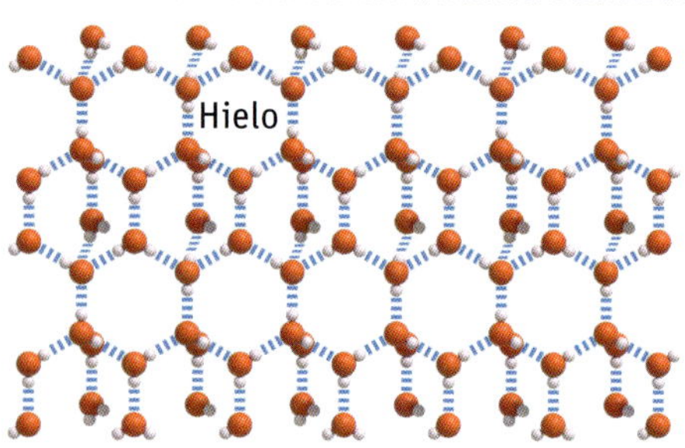

Cambio físico

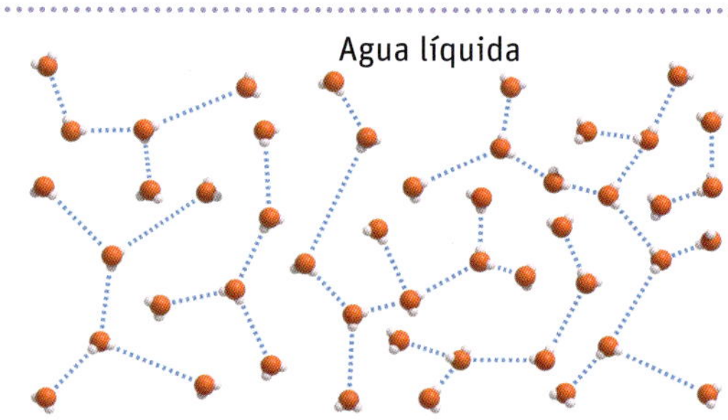

En la red cristalina del hielo, las moléculas de agua ocupan posiciones ordenadas. Al aumentar la temperatura hasta el punto de fusión, dichas moléculas se desordenan y pasan al estado líquido, pero siguen siendo moléculas de agua. Algo semejante sucede cuando se evapora el agua líquida y pasa a estado gaseoso.

Todos los cambios de estado, la separación de sustancias que forman una mezcla y los procesos de disolución son *cambios físicos* porque las sustancias que intervienen no se transforman en otras diferentes.

En los **cambios físicos**, las sustancias iniciales son las mismas que las finales; es decir, no se producen sustancias nuevas.

Los cambios físicos se pueden simbolizar mediante sencillas ecuaciones. Así, por ejemplo, la fusión del hielo se representa indicando la fórmula y el estado inicial de agregación del agua entre paréntesis; después, una flecha que indica el sentido del proceso, y, por último, el estado final:

$$H_2O\ (s) \rightarrow H_2O\ (l)$$

Los símbolos utilizados para los diferentes estados son: (s) para estado sólido, (l) para estado líquido, (g) para estado gaseoso y (aq) para disoluciones acuosas.

ACTIVIDADES

1. Indica si los siguientes cambios son físicos y explica por qué:
   a) Se modifica la forma de un trozo de plastilina.
   b) Se calienta un vaso de leche en una cazuela.
   c) Se corta una cartulina con unas tijeras.
   d) Se quema un papel.

Cambios químicos

En otros casos, y a diferencia de los cambios físicos, las sustancias químicas pueden experimentar transformaciones en las que se producen nuevas sustancias.

OBSERVA

Durante millones de años se han producido múltiples transformaciones causadas por incendios de origen natural, que han servido para la regeneración de bosques y montes. Sin embargo, los incendios forestales provocados por el ser humano se han convertido en una grave amenaza que destruye la capa forestal y favorece la erosión del terreno. Este proceso no es reversible, pues son necesarios muchos años para restituir los ecosistemas destruidos por un incendio.

El principal componente estructural de la madera es la celulosa, $(C_6H_{10}O_5)_n$, que es un biopolímero de la glucosa, $C_6H_{12}O_6$. Al arder en presencia de oxígeno, se descompone desprendiendo dióxido de carbono y vapor de agua.

Los cambios químicos se denominan *reacciones químicas*. En ellas, las sustancias iniciales se transforman en otras diferentes. Sin embargo, los elementos químicos siguen siendo los mismos, no han cambiado, solo se han recombinado formando nuevos enlaces distintos a los iniciales.

Las **reacciones químicas** son cambios en los que unas sustancias, denominadas **reactivos**, se transforman en otras diferentes, denominadas **productos**.

$$\text{Reactivos} \rightarrow \text{Productos}$$

Para representar lo que sucede en las reacciones químicas se utilizan las **ecuaciones químicas**. Así, la obtención del sulfuro de hierro (II) al reaccionar el azufre y el hierro en polvo se puede expresar por la siguiente ecuación:

$$S\ (s) + Fe\ (s) \rightarrow FeS\ (s)$$

Los elementos químicos que forman los reactivos y los productos son los mismos (azufre y hierro), pero se ha generado una nueva sustancia, el sulfuro de hierro (II).

ACTIVIDADES

2. Cuando se cocinan, los alimentos experimentan tanto cambios físicos como químicos. ¿Sabrías identificarlos?

3. Expresa el significado de las siguientes ecuaciones químicas.
   a) $S\ (s) + H_2\ (g) \rightarrow H_2S\ (g)$
   b) $H_2\ (g) + O_2\ (g) \rightarrow H_2O_2\ (l)$
   c) $CaCO_3\ (s) \rightarrow CaO\ (s) + CO_2\ (g)$

2 Ley de conservación de la masa

Las ecuaciones que representan cambios físicos o químicos establecen una relación cualitativa entre los estados inicial y final de una transformación. Ahora bien, ¿se podrá establecer también alguna relación cuantitativa entre ambos estados?

EXPERIMENTA

Deposita unos trozos de carbonato de calcio (mármol) en el interior de un globo de plástico.

Vierte en un matraz Erlenmeyer unos 75 cm^3 de ácido clorhídrico y tápalo con el globo de plástico sin que se vierta su contenido.

Mide la masa total en una balanza, vierte el contenido del globo en el matraz y vuelve a medir la masa con el globo hinchado.

Se observa que se desprende un gas (CO_2) que infla el globo. Sin embargo, la masa total que indica la balanza sigue siendo la misma.

smSaviadigital.com **OBSERVA**
Ley de conservación de la masa.

La utilización de la balanza en el estudio de las reacciones químicas permitió al químico francés **Antoine Lavoisier** (1743-1794) establecer una relación cuantitativa. Descubrió que en los procesos químicos, aunque varíe la clase de sustancia, la cantidad de masa se conserva constante. Es decir, la masa ni se crea ni se destruye.

La relación determinada por Lavoisier se convirtió en la primera ley fundamental de la química.

La **ley de la conservación de la masa** establece que, en todas las reacciones químicas, la suma de las masas de las sustancias que intervienen en una reacción es igual a la suma de las masas de las sustancias que se originan:

masa de los reactivos = masa de los productos

La ley de Lavoisier se puede justificar a escala atómica si se tiene en cuenta que la materia está formada por átomos que no cambian durante la reacción química; solo se recombinan de forma diferente para formar nuevas sustancias. Puesto que los átomos tienen una masa invariable, se deduce que la masa total debe mantenerse constante en todas las reacciones químicas.

ACTIVIDADES

4. Experimentalmente se sabe que 73 g de ácido clorhídrico reaccionan exactamente con 100 g de carbonato de calcio. ¿Cuál es la masa total antes de reaccionar? ¿Y al final de la reacción?

Indica la masa del CO_2 desprendido si la masa del resto de productos es de 129 g.

Interpretación de una reacción química a escala molecular

Uno de los reactivos más utilizados en un laboratorio, y que también se encuentra en productos de limpieza y en el jugo gástrico de nuestro cuerpo, es el **ácido clorhídrico**. Consiste en una disolución acuosa del gas cloruro de hidrógeno.

El cloruro de hidrógeno se puede obtener a partir de la reacción entre el gas cloro y el gas hidrógeno. Las teorías cinético-molecular y de colisiones explican cualitativamente cómo tienen lugar este tipo de reacciones químicas.

Teoría cinético-molecular	Teoría de colisiones	Reacción química
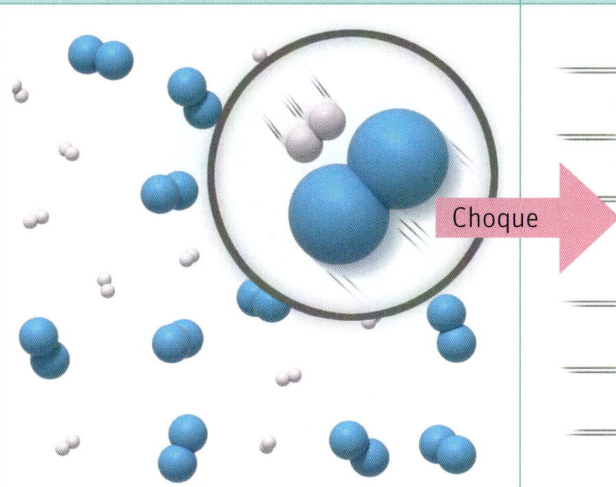	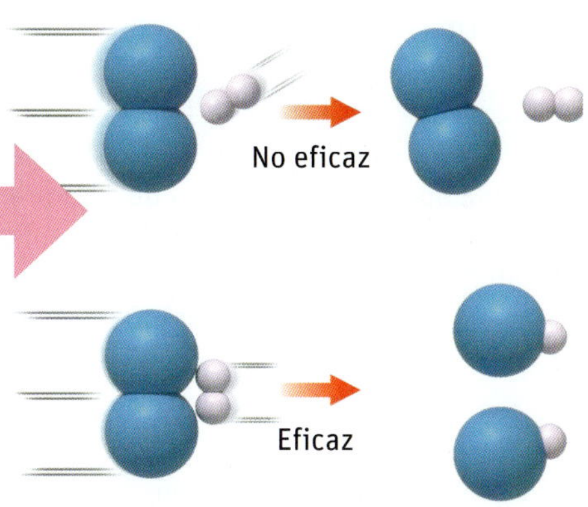	**No hay reacción química.** Sigue habiendo Cl_2 y H_2 **Sí hay reacción química:** $Cl_2 + H_2 \rightarrow 2\ HCl$ Se ha formado una nueva sustancia, el HCl, cloruro de hidrógeno.
Las moléculas de los reactivos (hidrógeno y cloro) se encuentran en continuo movimiento. Como resultado de dicho movimiento, todas las moléculas poseen energía cinética. Cuando aumenta la temperatura, aumenta la energía y la velocidad de las moléculas.	Las moléculas de los reactivos colisionan unas con otras. Las moléculas que chocan con la energía suficiente y la orientación adecuada rompen los enlaces cloro-cloro e hidrógeno-hidrógeno.	Los átomos de cloro e hidrógeno se reorganizan, forman nuevos enlaces y dan lugar a una nueva sustancia, el HCl. Para que se formen dos moléculas de HCl, deben chocar una molécula de H_2 y una de Cl_2.

Según la teoría de colisiones, no todos los choques son **eficaces**, es decir, no sucede que en todos los choques se rompan los enlaces de los reactivos. Para que los choques sean eficaces y se produzca una reacción química, se deben cumplir dos condiciones:

- Las moléculas deben poseer una energía igual o superior a la energía de activación para que, al chocar, rompan sus enlaces y formen otros nuevos.
- Las moléculas han de tener una orientación espacial adecuada al colisionar; de lo contrario, los choques no son eficaces y no se rompen los enlaces.

smSaviadigital.com PRACTICA

Dispara al Cl_2 con H_2 y consigue HCl.

ACTIVIDADES

5. ¿Todos los choques entre moléculas producen la rotura de sus enlaces?
6. ¿Qué relación hay entre la energía de las moléculas y el número de choques eficaces?
7. La figura muestra una molécula de oxígeno y dos de hidrógeno que están colisionando. Dibuja el esquema en tu cuaderno y representa lo que sucederá cuando el choque sea eficaz y cuando sea ineficaz.

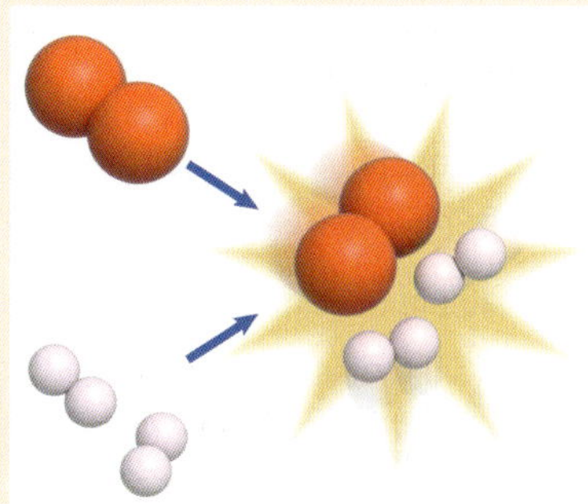

3 Cantidad de sustancia: el mol

Las relaciones cuantitativas de la química se basan en el conocimiento de las masas de los átomos y las moléculas. Pero estas masas son tan pequeñas que no es posible construir una balanza para medirlas. Por esta razón, se estableció el *mol* como unidad de cantidad de sustancia en el sistema internacional.

Ten en cuenta

La definición de mol permite relacionar el mundo a escala atómica con el mundo a escala macroscópica.

> El **mol** se define como la cantidad de una sustancia que contiene tantas unidades (de átomos, moléculas, iones, etc.) como átomos hay en 12 g del isótopo de C-12.
>
> El número de partículas por mol se denomina constante de **Avogadro** (N_A) y tiene un valor igual a $6{,}02 \cdot 10^{23}$ mol^{-1}.

La constante N_A permite calcular el número de átomos y moléculas que hay en una cantidad determinada de materia.

Número de átomos en un mol	Número de moléculas en un mol
Un mol de átomos de cualquier elemento contiene igual número de átomos. Así, un mol de átomos de hierro, un mol de átomos de oro y un mol de átomos de helio contienen $6{,}02 \cdot 10^{23}$ átomos.	Un mol de cualquier sustancia molecular contiene el mismo número de moléculas. Por ejemplo, un mol de moléculas de sacarosa, un mol de moléculas de agua y un mol de moléculas de oxígeno contienen $6{,}02 \cdot 10^{23}$ moléculas.
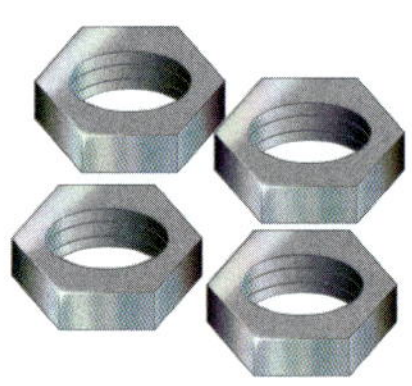 1 mol de átomos de hierro  1 mol de átomos de oro  1 mol de átomos de helio	 1 mol de moléculas de sacarosa 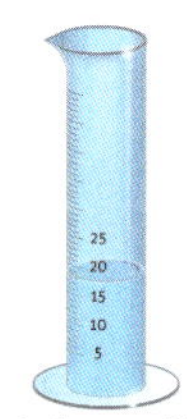 1 mol de moléculas de agua  1 mol de moléculas de oxígeno

El siguiente paso es relacionar el número de partículas con su masa:

> La **masa molar, *M***, es la masa de un mol de átomos o de moléculas de una sustancia. Se mide en g/mol.
>
> Su valor numérico coincide con el de la masa atómica o la masa molecular expresada en unidades de masa atómica.

Las masas atómicas del hierro, del oro y del helio son, respectivamente, de 56 u, 197 u y 4 u. Por tanto, sus masas molares serán de 56 g/mol, 197 g/mol y 4 g/mol: 1 mol de Fe → 56 g → $6{,}02 \cdot 10^{23}$ átomos de Fe 1 mol de Au → 197 g → $6{,}02 \cdot 10^{23}$ átomos de Au 1 mol de He → 4 g → $6{,}02 \cdot 10^{23}$ átomos de He	Las masas moleculares de la sacarosa, el agua y el oxígeno gaseoso son, respectivamente, de 342 u, 18 u y 32 u. Por tanto, sus masas molares serán de 342 g/mol, 18 g/mol y 32 g/mol: 1 mol de sacarosa → 342 g → $6{,}02 \cdot 10^{23}$ moléculas de $C_{12}H_{22}O_{11}$ 1 mol de agua → 18 g → $6{,}02 \cdot 10^{23}$ moléculas de H_2O 1 mol de oxígeno gaseoso → 32 g → $6{,}02 \cdot 10^{23}$ moléculas de O_2

ACTIVIDADES

8. Calcula la masa molar del agua oxigenada (H_2O_2), el amoniaco (NH_3) y el carbonato de calcio ($CaCO_3$). Masas atómicas: H = 1 u; O = 16 u; N = 14 u; C = 12 u; Ca = 40 u

9. Calcula el número de moléculas y de átomos totales que hay en:

a) 10 moles de agua oxigenada.

b) 77 g de tetracloruro de carbono.

c) 2 moles y 54 g de silano.

smSaviadigital.com PRACTICA

Calcula la masa de distintas sustancias a partir del número de moles.

¿Cuánto ocupa un mol de un gas?

Experimentalmente se comprueba que, cuando las sustancias químicas se encuentran en estado gaseoso, un mol de cualquier gas ocupa 22,4 litros a 1 atm de presión y a 0 °C. Así, 1 mol de oxígeno, 1 mol de helio o 1 mol de hidrógeno ocupan un volumen de 22,4 L a 0 °C y 1 atm. Y si se tienen 2 moles, ocuparán 44,8 L.

La IUPAC define como **condiciones estándar** para los gases la temperatura de 0 °C y una presión de 1 bar = 0,986 atm. En estas condiciones, el volumen molar es de 22,7 L.

En resumen, a partir del número de moles de una sustancia, se puede conocer su masa, el número de moléculas y/o átomos que contiene y el volumen que ocupa cuando se encuentra en estado gaseoso.

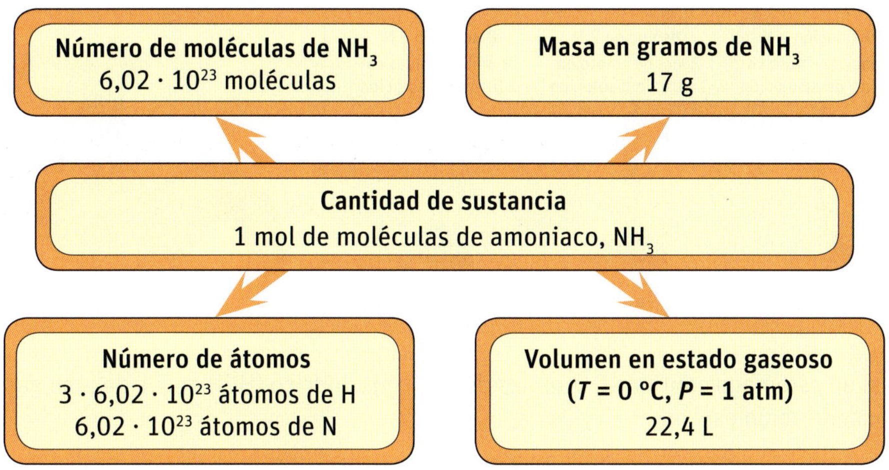

Te interesa saber

La cantidad de sustancia (número de moles) se puede calcular a partir de la masa, del volumen, del número de moléculas o del número de átomos:

$$\text{n.º de moles} = \frac{\text{masa (g)}}{\text{masa molar (g/mol)}}$$

$$\text{n.º de moles} = \frac{\text{volumen (L)}}{\text{volumen molar (L/mol)}}$$

$$\text{n.º de moles} = \frac{\text{n.º de moléculas}}{N_A}$$

$$\text{n.º de moles} = \frac{\text{n.º de átomos}}{N_A}$$

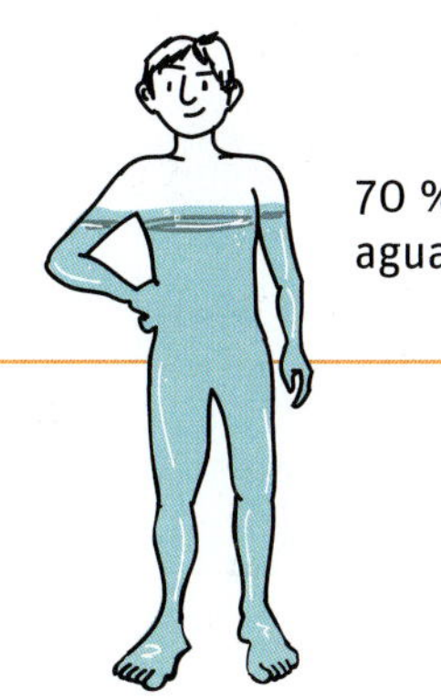

Calcula el número de moles, moléculas y átomos

1. El agua es el principal componente del cuerpo humano y un recurso indispensable para la vida. ¿Cuántos moles y cuántas moléculas de agua hay en el cuerpo de un estudiante que contiene 45 kg de agua? ¿Cuántos átomos totales contiene este agua?

SOLUCIÓN

A partir de los datos de las masas atómicas del oxígeno y el hidrogeno, se calcula la masa molecular del agua: $m\ (H_2O) = 2 \cdot 1\ \text{u} + 1 \cdot 16\ \text{u} = 18\ \text{u}$. Es decir, la masa molar del agua es de 18 g/mol. Conocida la masa molar, se calcula:

$$45\,000\ \text{g de } H_2O \cdot \frac{1\ \text{mol de } H_2O}{18\ \text{g de } H_2O} = 2500\ \text{mol de } H_2O$$

$$2500\ \text{mol de } H_2O \cdot \frac{6{,}02 \cdot 10^{23}\ \text{moléculas de } H_2O}{1\ \text{mol de } H_2O} = 1{,}5 \cdot 10^{27}\ \text{moléculas de } H_2O$$

Una molécula de agua contiene dos átomos de H y un átomo de O; en total, tres átomos. Por tanto:

$$1{,}5 \cdot 10^{27}\ \text{moléculas de } H_2O \cdot 3\ \text{átomos/molécula} = 4{,}5 \cdot 10^{27}\ \text{átomos de H y de O}$$

ACTIVIDADES

10. La lejía es una disolución de hipoclorito de sodio, NaClO, utilizada por su gran poder desinfectante. Si una botella contiene 300 g de NaClO, calcula el número de moles y moléculas de NaClO y el de átomos de Na. Masas atómicas: O = 16 u; Na = 23 u; Cl = 35,5 u

4 Concentración molar

Recuerda

Las disoluciones son mezclas homogéneas, es decir, su composición es la misma en toda la muestra. Están formadas por un soluto (componente que se encuentra en menor proporción) y un disolvente (componente en mayor proporción).

En las reacciones químicas es frecuente que los reactivos y productos no se encuentren puros, sino disueltos en un disolvente como el agua. Para indicar la cantidad de sustancia que contiene una disolución se utiliza la *concentración molar*.

La **concentración molar**, ***c***, se define como la cantidad de soluto por litro de disolución. Se calcula dividiendo los moles de soluto entre los litros de disolución. Su unidad es mol/L.

$$c = \frac{\text{moles de soluto}}{\text{volumen (L) de disolución}}$$

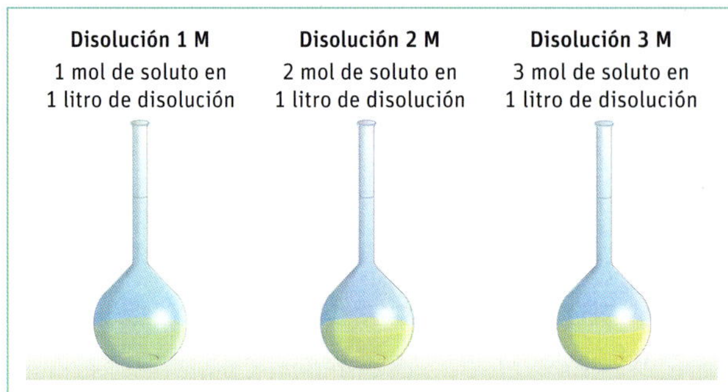

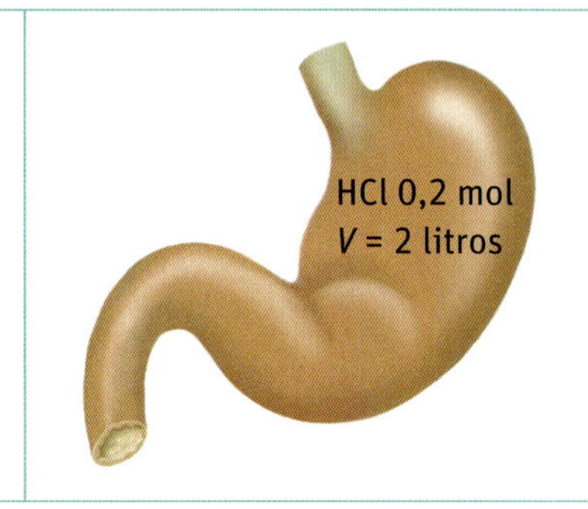

Así, si un estómago contiene 0,2 moles de ácido clorhídrico (HCl) en 2 L de jugo gástrico, la concentración es:

$$c = \frac{0{,}2 \text{ mol HCl}}{2 \text{ L de disolución}} = 0{,}1 \text{ mol/L}$$

Este resultado indica que cada litro de jugo gástrico contiene 0,1 moles de HCl. En química analítica se acostumbra a utilizar la notación *M* (molar) en lugar de mol/L (para abreviar).

Calcula el número de moles y la concentración molar

2. **Una botella de 500 mL de bebida refrescante contiene 30 g de glucosa, $C_6H_{12}O_6$. Calcula la concentración molar de la disolución. Si queremos tomar 5 g de glucosa, ¿qué cantidad de disolución tenemos que beber?**

SOLUCIÓN

Se calcula la masa molecular de la glucosa (soluto) a partir de los datos de las masas atómicas:

$$m\,(C_6H_{12}O_6) = 6 \cdot 12 \text{ u} + 12 \cdot 1 \text{ u} + 6 \cdot 16 \text{ u} = 180 \text{ u}$$

Por tanto, la masa molar de la glucosa es de 180 g/mol. Conocida la masa molar, se calcula el número de moles:

$$30 \text{ g de } C_6H_{12}O_6 \cdot \frac{1 \text{ mol de } C_6H_{12}O_6}{180 \text{ g de } C_6H_{12}O_6} = 0{,}167 \text{ mol de } C_6H_{12}O_6$$

A partir de los moles y el volumen se obtiene la concentración:

$$c = \frac{0{,}167 \text{ mol de } C_6H_{12}O_6}{0{,}5 \text{ L}} = 0{,}334 \text{ mol/L}$$

Puesto que 5 g de glucosa equivalen a 0,028 mol de glucosa, mediante la concentración se obtiene el volumen de disolución:

$$0{,}028 \text{ mol de } C_6H_{12}O_6 \cdot \frac{1 \text{ L de disolución}}{0{,}334 \text{ mol de } C_6H_{12}O_6} = 0{,}084 \text{ L} = 84 \text{ mL}$$

smSaviadigital.com PRACTICA

5 Cálculos estequiométricos

Uno de los aspectos más importantes de la química es la posibilidad de establecer relaciones cuantitativas, o estequiométricas, entre los reactivos y los productos que participan en una reacción química. La **estequiometría**, o cálculo de estas relaciones, resulta esencial en la investigación y la industria.

Para escribir correctamente una ecuación química se deben introducir las fórmulas de los reactivos y los productos, incluyendo su estado. Además, se debe cumplir la ley de conservación de la masa: el número de átomos de cada elemento debe ser el mismo a ambos lados de la ecuación. Esto se consigue ajustándola.

REFLEXIONA

Los transbordadores de la NASA utilizan hidrógeno y oxígeno para propulsar sus cohetes. La reacción se representa mediante la siguiente ecuación química:

$$H_2\,(g) + O_2\,(g) \rightarrow H_2O\,(g)$$

¿Está ajustada la reacción? Si no es así, ¿cómo se puede ajustar?

smSaviadigital.com PRACTICA

Ajustar una ecuación consiste en igualar el número de átomos de cada elemento en los reactivos y en los productos. Se consigue añadiendo, cuando sea necesario, el número adecuado, o **coeficiente**, delante de la fórmula de cada sustancia.

	H_2	+	O_2	→	H_2O
Ajuste del oxígeno			2 átomos de oxígeno		1 átomo de oxígeno
Solución	Se ajusta el oxígeno poniendo un 2 delante de H_2O.				
	H_2	+	O_2	→	2 H_2O
Ajuste del hidrógeno	2 átomos de hidrógeno				4 átomos de hidrógeno
Solución	Se ajusta el hidrógeno poniendo un 2 delante de H_2.				
	2 H_2	**+**	**O_2**	**→**	**2 H_2O**
	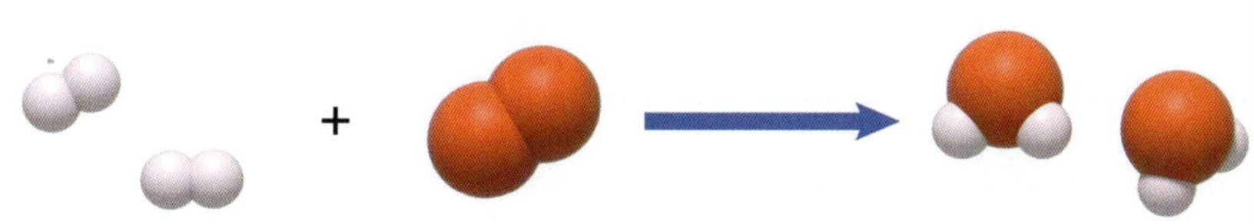				

La ecuación ajustada proporciona relaciones cuantitativas entre las moléculas, los moles, la masa y el volumen (en el caso de que sean gases) de los reactivos y los productos:

Relaciones	2 H_2 (g)	+	O_2 (g)	→	2 H_2O (g)
Moléculas	2		1		2
	$2 \cdot 6{,}02 \cdot 10^{23}$		$6{,}02 \cdot 10^{23}$		$2 \cdot 6{,}02 \cdot 10^{23}$
Moles	2 mol		1 mol		2 mol
Masa (g)	4 g		32 g		36 g
Volumen (L) a 0°C y 1 atm	$2 \cdot 22{,}4$ L		22,4 L		$2 \cdot 22{,}4$ L

Te interesa saber

En la ecuación ajustada, las relaciones entre las moléculas son las mismas que las relaciones entre los moles o entre los volúmenes de las sustancias gaseosas (en iguales condiciones de *P* y *T*).

ACTIVIDADES

11. Ajusta las siguientes ecuaciones químicas.

a) $H_2\,(g) + I_2\,(g) \rightarrow HI\,(g)$

b) $P_4\,(s) + O_2\,(g) \rightarrow P_2O_5\,(s)$

c) $C_7H_{16}\,(g) + O_2\,(g) \rightarrow CO_2\,(g) + H_2O\,(g)$

12. Realiza un esquema de las relaciones cuantitativas (moles y masa) entre las sustancias que intervienen en la oxidación del fósforo (P_4 y O_2) para formar P_4O_{10}.

Cálculos estequiométricos con masas

En los laboratorios y en la industria química, las sustancias que intervienen en una reacción se miden, tanto al principio como al final, en unidades de masa. A partir de la masa de una de las sustancias que intervienen en una reacción, es posible calcular la masa de las demás. Consideremos, por ejemplo, la oxidación del hierro:

$$\underbrace{2\,Fe}_{\text{Sustancia A}} + \frac{3}{2}\,O_2 \rightarrow \underbrace{Fe_2O_3}_{\text{Sustancia B}}$$

En presencia de exceso de oxígeno, vamos a calcular cuánto Fe_2O_3 se puede obtener a partir de 112 g de Fe, mediante tres pasos:

CALCULA

Masa conocida de A: 112 g de Fe

Factor de conversión: Masa molar de A

$$112 \text{ g de Fe} \cdot \frac{1 \text{ mol de Fe}}{56 \text{ g de Fe}} = 2 \text{ mol de Fe}$$

1. Con el dato de la masa de una de las sustancias y de su masa molar, se obtienen sus moles.

Factor de conversión: Estequiometría de A y B

$$2 \text{ mol de Fe} \cdot \frac{1 \text{ mol de } Fe_2O_3}{2 \text{ mol de Fe}} = 1 \text{ mol de } Fe_2O_3$$

2. A partir de las relaciones que indica la estequiometria, se calculan los moles de otros reactivos o productos.

Factor de conversión: Masa molar de B

$$1 \text{ mol de } Fe_2O_3 \cdot \frac{160 \text{ g de } Fe_2O_3}{1 \text{ mol de } Fe_2O_3} = 160 \text{ g de } Fe_2O_3$$

Masa desconocida de B

3. Obtenidos dichos moles, se expresan en unidades de masa mediante la masa molar.

Es decir, a partir de 112 g de Fe se obtienen 160 g de Fe_2O_3.

Calcula la masa y los moles de un producto

3. Los encendedores de magnesio se utilizan para hacer fuego en condiciones climáticas adversas. Para conseguir las chispas hay que frotar la barra que contiene magnesio con una cuchilla de acero. ¿Cuántos moles y gramos de oxígeno reaccionarán con 6 g de magnesio? Masas atómicas: O = 16 u; Mg = 24 u

SOLUCIÓN

La ecuación ajustada entre el magnesio y el oxígeno es: 2 Mg (s) + O_2 (g) → 2 MgO (s)

1. Con la masa de una de las sustancias y su masa molar, se obtienen sus moles.			2. A partir de la estequiometría, se calculan los moles de otros reactivos o productos.	3. Los moles se expresan en unidades de masa mediante la masa molar.		
Masa de Mg		Moles de Mg	Para 2 mol de Mg se necesita 1 mol de O_2 (factor de conversión 2:1). Con 0,25 mol de Mg se necesitarán 0,125 mol de O_2.	Moles de O_2		Masa de O_2
6 g	: 24 g/mol	**0,25 mol**		**0,125 mol**	· 32 g/mol	**4 g**
	Masa molar del Mg				Masa molar del O_2	

Es decir, reaccionan 0,125 mol de O_2, que corresponden a 4 g de O_2.

ACTIVIDADES

13. El sodio (Na) es un metal muy activo que se oxida muy rápidamente en presencia de oxígeno (O_2) formando óxido de sodio. Escribe y ajusta la ecuación química. Si se han formado 248 g de Na_2O, calcula los moles y las masas iniciales de los reactivos.

Cálculos con sustancias en disolución

Muchas reacciones químicas tienen lugar en disolución. En estos casos el número de moles se calcula a partir de la concentración de la disolución y del volumen.

Calcula el número de moles de un producto

4. **Nunca se deben mezclar productos de limpieza, como la lejía y el amoniaco. Ambas sustancias reaccionan liberando una sustancia peligrosa para la salud, la cloramina (NH_2Cl), según se indica en la siguiente ecuación:**

$$NH_3\ (aq) + NaClO\ (aq) \rightarrow NaOH\ (aq) + NH_2Cl\ (g)$$

Si se mezclan 100 mL de una disolución 2 M de amoniaco con exceso de lejía, ¿qué cantidad de cloramina se obtendrá?

SOLUCIÓN

La ecuación se encuentra ya ajustada, lo que indica que tanto los reactivos como los productos están en la misma proporción: mol a mol. A partir de los datos del volumen y la concentración, se obtienen los moles de amoniaco:

$$n\,(NH_3) = c \cdot V = 2\ \text{mol/L} \cdot 0{,}1\ \text{L} = 0{,}2\ \text{mol de}\ NH_3$$

Por cada mol de NH_3 se produce un mol de NH_2Cl. En consecuencia, a partir de 0,2 mol de NH_3 se formarán 0,2 mol de NH_2Cl.

Cálculos con volúmenes de gases

En reacciones químicas en que intervienen gases, si las condiciones de presión y temperatura son constantes, las relaciones entre volúmenes y entre los moles son las mismas. Para calcular el volumen de un gas a partir de los moles, hay que recordar que, a 0 °C y 1 atm, un mol de cualquier gas ocupa 22,4 L.

Calcula la cantidad el volumen de amoniaco

5. **El amoniaco, NH_3, es una sustancia muy utilizada en los hogares para limpiar la grasa. Industrialmente se obtiene por reacción directa entre el nitrógeno y el hidrógeno. Calcula los moles y el volumen de amoniaco que se pueden obtener a partir de 56 g de nitrógeno, a 1 atm de presión y 0 °C de temperatura. Masas atómicas: H = 1 u; N = 17 u**

SOLUCIÓN

La ecuación ajustada de la síntesis del amoniaco es: $N_2\ (g) + 3\ H_2\ (g) \rightarrow 2\ NH_3\ (g)$

1. Con la masa de una de las sustancias y su masa molar, se obtienen sus moles.			2. A partir de la estequiometría, se calculan los moles de otros reactivos o productos.	3. Dichos moles se expresan en litros, mediante la relación entre moles y volumen.		
Masa de N_2		Moles de N_2	Con 1 mol de N_2 se obtienen 2 mol de NH_3 (factor de conversión: 1:2). Con 2 mol de N_2 se obtendrán 4 mol de NH_3.	Moles de NH_3		Volumen de NH_3
56 g	: 28 g/mol	**2 mol**		**4 mol**	· 22,4 L/mol	**89,6 L**
	Masa molar del N_2				Volumen molar	

Es decir, se pueden obtener 4 mol de NH_3, que corresponden a 89,6 L de NH_3.

ACTIVIDADES

14. El carbonato de calcio, principal componente de la cáscara de huevo, reacciona con HCl para formar $CaCl_2$, CO_2 y H_2O. Escribe la ecuación ajustada e indica qué volumen de una disolución 4 mol/L de HCl se necesita para disolver 10 g de $CaCO_3$.

6 Ácidos y bases. Neutralización

Los ácidos y las bases son sustancias que forman parte de nuestra vida cotidiana. Tienen múltiples utilidades y, además, están presentes en nuestro organismo.

ANALIZA

Propiedades de los ácidos	Propiedades de las bases
 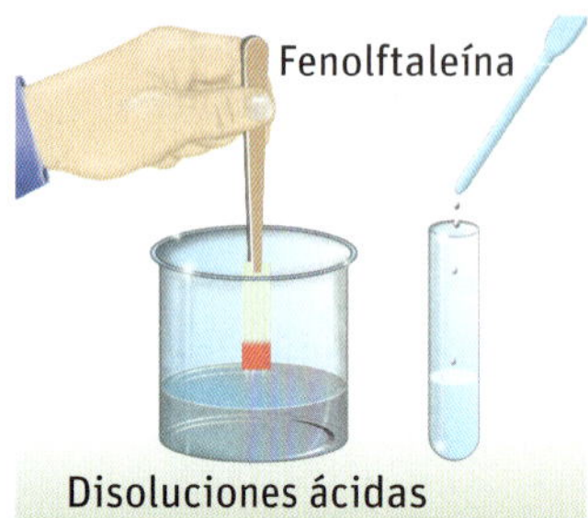	 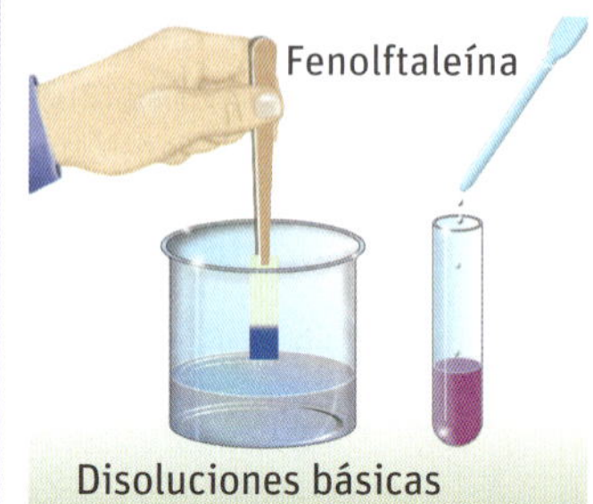
• Tienen sabor agrio y son corrosivos. • Reaccionan con ciertos metales desprendiendo hidrógeno: $Mg(s) + 2\,HCl(aq) \rightarrow MgCl_2(aq) + H_2(g)$ • Reaccionan con los carbonatos para producir CO_2 gaseoso: $CaCO_3(s) + 2\,HCl(aq) \rightarrow CaCl_2(aq) + CO_2(g) + H_2O(l)$ • Colorean de rojo el papel indicador tornasol y no cambian el color de las disoluciones de fenolftaleína.	• Tienen sabor amargo, son cáusticas y producen quemaduras. • Son suaves al tacto; su sensación táctil es jabonosa. • Colorean de azul el papel indicador tornasol y originan un color violeta en las disoluciones de fenolftaleína. • Al igual que los ácidos, sus disoluciones acuosas conducen la electricidad. • Reaccionan con los ácidos, dando lugar a una sal más agua.
Ejemplos: acido acético del vinagre, ácido cítrico del limón, ácido clorhídrico del aguafuerte, ácido acetilsalicílico de la aspirina, ácido láctico de la leche, etc.	**Ejemplos:** amoniaco de los limpiadores, hidróxido de sodio de la sosa cáustica, bicarbonato de sodio de los antiácidos, hipoclorito de sodio de la lejía, etc.

La primera definición de ácido y base se debe al químico **Svante Arrhenius** (1880):

Definición de ácido	Definición de base
Un ácido es una sustancia que **en disolución acuosa se disocia cediendo iones** H^+, como el ácido clorhídrico: $HCl(aq) \rightarrow H^+(aq) + Cl^-(aq)$	Una base es una sustancia que **en disolución acuosa se disocia y cede iones hidróxido,** OH^-, como el hidróxido de sodio: $NaOH(aq) \rightarrow (OH)^- + Na^+(aq)$

Un ácido o una base es **fuerte** cuando en disolución acuosa se encuentra totalmente disociado, y es **débil** cuando está poco disociado. Para establecer el carácter ácido, básico o neutro de una disolución, **Soren Sorensen** propuso en 1909 una escala de **pH**, que va del 1 al 14. Los valores próximos al 1 indican ácidos fuertes, y los próximos a 14 indican bases fuertes. El pH se puede medir de forma aproximada utilizando el **papel pH** indicador universal, que toma un color característico según la acidez o basicidad de la disolución. Si se necesitan medidas precisas, hay que emplear un pH-metro digital.

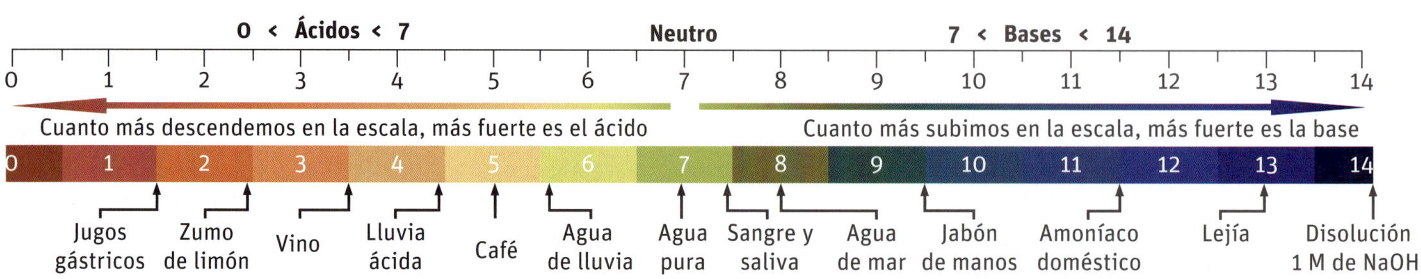

Reacciones de neutralización

Si se junta un ácido fuerte, como el HCl, con una base fuerte, como el NaOH, ¿aumentará la peligrosidad de las sustancias? Sorprendentemente, se obtiene sal común y agua, dos sustancias inocuas y fundamentales para la vida. ¿Qué es lo que ha ocurrido?

Lo que ha sucedido se denomina **neutralización** y consiste en lo siguiente: los iones H^+ procedentes del ácido se han combinado con los iones OH^- procedentes de la base para formar agua. A su vez, los iones Cl^- y Na^+ se han combinado para formar cloruro de sodio:

$$H^+Cl^- + Na^+OH^- \rightarrow NaCl + H_2O$$

> En general, la neutralización entre un ácido y una base se expresa por la ecuación:
>
> **acido + base → sal + agua**

¿Sabías qué?

Para neutralizar la acidez del estómago causada por el exceso de **ácidos gástricos**, los médicos recetan antiácidos, que contienen sustancias básicas como el $Mg(OH)_2$ y el $Al(OH)_3$.

Esta reacción es el fundamento de una técnica de análisis químico cuantitativo denominada **volumetría de neutralización**, cuyo objetivo es determinar la concentración de un ácido o de una base.

VOLUMETRÍA DE NEUTRALIZACIÓN

Montaje

En un matraz Erlenmeyer se introducen 20 mL de la disolución de ácido, de concentración desconocida, y unas gotas del indicador fenolftaleína (incolora en disoluciones ácidas).

En una bureta se introduce la disolución de hidróxido de sodio de concentración 0,1 M. La bureta permite la adición gradual de disolución.

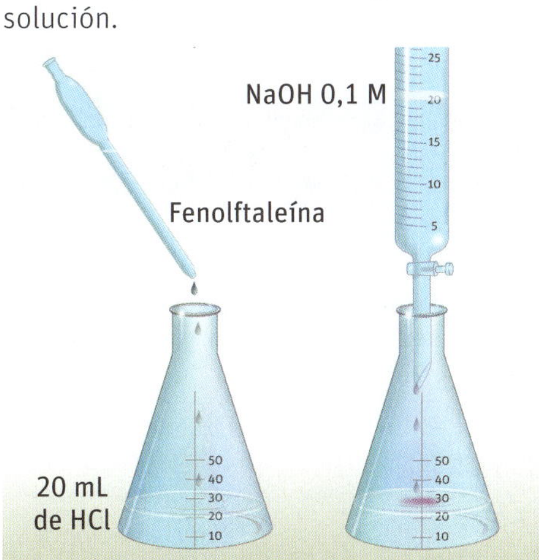

Detección del punto de equivalencia

Al abrir un poco la bureta, la disolución de la base cae gota a gota. Cuando el número de moles de iones H^+ que aporta el ácido es igual al número de moles de iones OH^- que aporta la base, se alcanza el punto de equivalencia, o neutralización, que se detecta porque la disolución incolora pasa a violeta. En este instante se debe cerrar la bureta y anotar el volumen de base añadida.

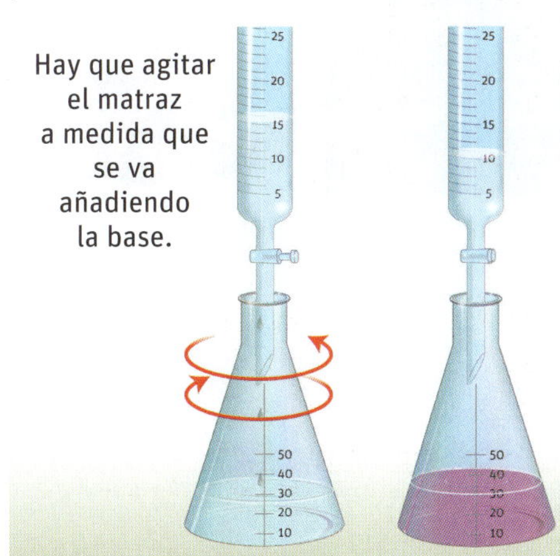

Cálculo de la concentración

La ecuación de neutralización es:

$$HCl + NaOH \rightarrow NaCl + H_2O$$

Por tanto, el número de moles reaccionantes del ácido coincide con el número de moles reaccionantes de la base. Por otro lado, el número de moles se puede expresar así:

$$n = c \cdot V$$

Con el volumen del ácido y el volumen y la concentración de la base, se puede calcular la concentración del ácido. En este caso, al reaccionar 1 mol de HCl con 1 mol de NaOH:

$$V_{\text{ácido}} \cdot c_{\text{ácido}} = V_{\text{base}} \cdot c_{\text{base}}$$

$$c_{\text{ácido}} = \frac{V_{\text{base}} \cdot c_{\text{base}}}{V_{\text{ácido}}}$$

En el ejemplo, el volumen de NaOH añadido ha sido de 10 mL, luego la concentración del HCl sería:

$$c_{\text{ácido}} = \frac{10\,\text{mL} \cdot 0{,}1\,\text{mol/L}}{20\,\text{mL}} = 0{,}05\,\text{mol/L}$$

smSaviadigital.com OBSERVA

Las reacciones de neutralización tienen una gran importancia en biología y en el ámbito industrial. Así, por ejemplo, se utilizan para reducir la acidez estomacal, para neutralizar la acidez de los lagos y suelos causada por la lluvia ácida, para contrarrestar el efecto de los vertidos industriales (aguas residuales y gases contaminantes), para regular la acidez de ciertos productos alimentarios, etc.

También se emplean para sintetizar algunos productos químicos, como el fertilizante sulfato de amonio, que se obtiene neutralizando el ácido sulfúrico con amoniaco.

ACTIVIDADES

15. Escribe ajustada la ecuación de neutralización entre el HCl y un antiácido que contiene $Mg(OH)_2$.

7 Reacciones de combustión

Ten en cuenta

Las combustiones incompletas por falta de oxígeno desprenden **monóxido de carbono**, un gas que puede causar la muerte. Se pueden detectar porque producen una llama anaranjada.

La reacción química más utilizada a lo largo de la historia de la humanidad es la *combustión*. Esta reacción se aprovecha para calentar e iluminar las casas, cocinar los alimentos, hacer funcionar los motores de los vehículos, generar electricidad, obtener sustancias químicas (destilación fraccionada del petróleo), etc.

Los compuestos que contienen energía química almacenada en sus enlaces se llaman *combustibles*. Durante la reacción de combustión, la energía que contienen se libera rápidamente en forma de calor, como consecuencia de la formación de nuevos enlaces con el oxígeno (comburente).

> La **combustión** es una reacción química entre un **combustible** –sustancia que contiene energía y arde– y un **comburente** –como el oxígeno–. Se caracteriza porque se desprende energía en forma de luz y calor.

Los animales adquieren la energía que necesitan para vivir de los alimentos, que contienen sustancias químicas que actúan como combustibles (glúcidos, lípidos, proteínas...).

OBSERVA Y ANALIZA

Combustión de hidrocarburos (con llama)

El principal hidrocarburo componente del **gas natural**, utilizado en muchos hogares para cocinar y calentar, es el **metano**.

En general, en la combustión completa de los hidrocarburos se forman como productos finales dióxido de carbono y vapor de agua:

$$CH_4\,(g) + 2\,O_2\,(g) \rightarrow CO_2\,(g) + 2\,H_2O\,(g)$$

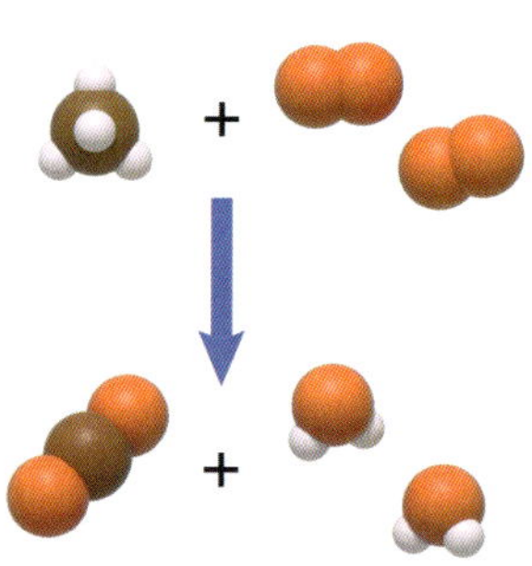

Respiración celular (sin llama)

Los alimentos que ingerimos son metabolizados con el fin de liberar la energía necesaria para el organismo. En la lenta metabolización de la glucosa con oxígeno se desprende también energía y se forman los mismos productos que en la rápida combustión de los hidrocarburos:

$$C_6H_{12}O_6\,(s) + 6\,O_2\,(g) \rightarrow 6\,CO_2\,(g) + 6\,H_2O\,(g)$$

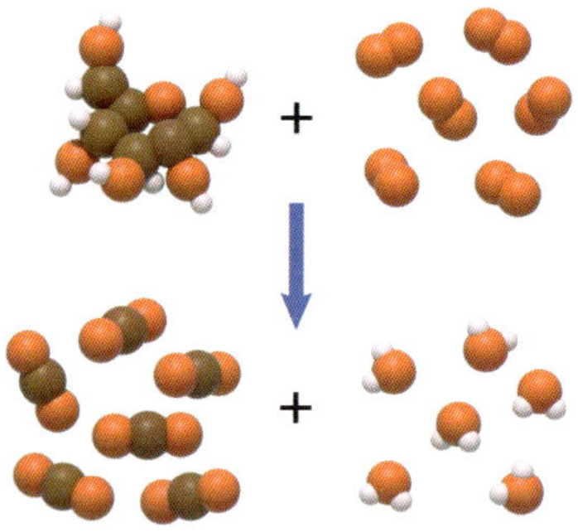

Centrales térmicas convencionales

En las centrales térmicas, el calor desprendido durante la combustión de los combustibles fósiles (carbón y gas natural) se emplea en calentar el agua contenida en una caldera y transformarla en vapor a alta presión.

Ese vapor se conduce hasta una turbina, hace mover sus aspas y pone en marcha un generador de corriente instalado en el mismo eje. El alternador transforma así la energía cinética del eje en energía eléctrica (corriente alterna), que llega hasta nuestros hogares y hace funcionar los electrodomésticos y los aparatos eléctricos, como el frigorífico, el televisor o el teléfono móvil.

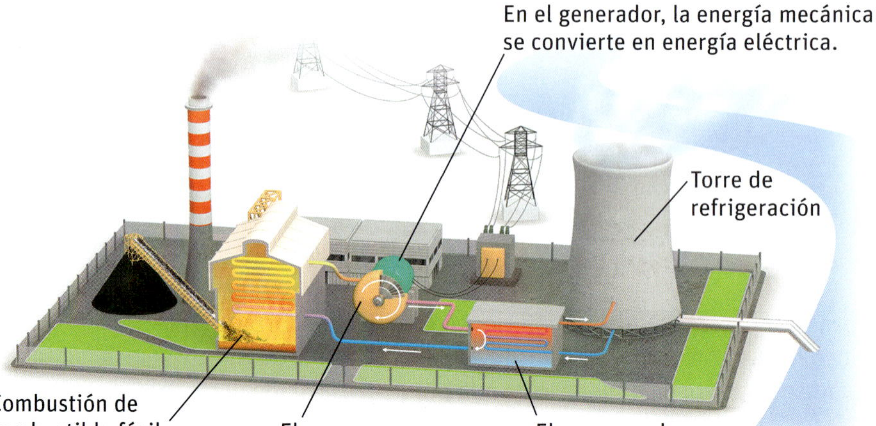

8 Reacciones de síntesis

Las reacciones químicas más utilizadas en la industria química y farmacéutica para obtener productos químicos son las *reacciones de síntesis*.

> Las **reacciones de síntesis** son combinaciones entre dos o más sustancias, ya sean elementos y/o compuestos, que se unen para formar un solo compuesto.
>
> $$A + B \rightarrow AB$$

Dos de los productos más importantes de la industria química, el **amoniaco** y el **ácido sulfúrico**, se obtienen mediante este tipo de reacciones.

OBSERVA Y ANALIZA

Síntesis del amoniaco

Industrialmente, el NH_3 se obtiene por el **método de Haber**, que consiste en la reacción directa entre el nitrógeno y el hidrógeno gaseosos, a alta presión (500-1000 atm) y a unos 500 °C.

El nitrógeno procede del aire de la atmósfera. El hidrógeno se obtiene al hacer pasar vapor de agua sobre carbono calentado, según la reacción $C\ (s) + H_2O\ (g) \rightarrow H_2\ (g) + CO\ (g)$.

La síntesis de Haber se puede resumir en la siguiente reacción:

$$N_2\ (g) + 3\ H_2\ (g) \rightarrow 2\ NH_3\ (g)$$

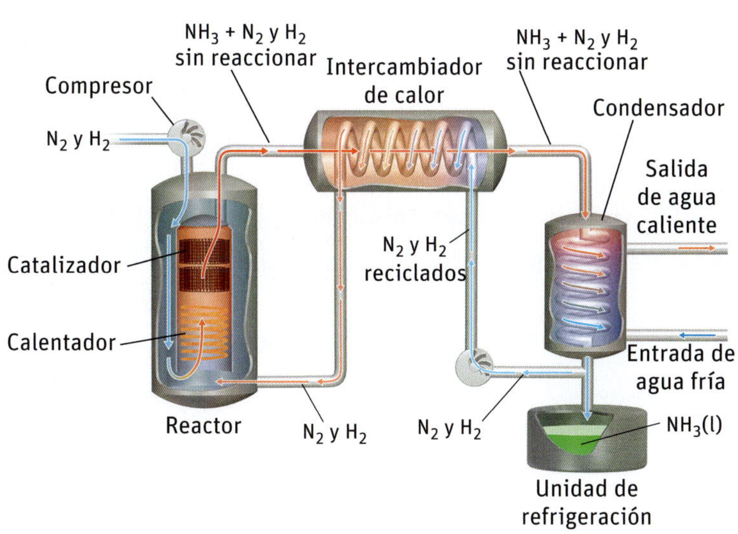

Síntesis del ácido sulfúrico

En la síntesis industrial del H_2SO_4 se utilizan como materias primas el azufre, el oxígeno y el agua.

El proceso de obtención del ácido sulfúrico se realiza en tres etapas consecutivas:

- Primera etapa: $S\ (s) + O_2\ (g) \rightarrow SO_2\ (g)$
- Segunda etapa: $SO_2\ (g) + \frac{1}{2}\ O_2\ (g) \rightarrow SO_3\ (g)$
- Tercera etapa: $SO_3\ (g) + H_2O\ (l) \rightarrow H_2SO_4\ (l)$

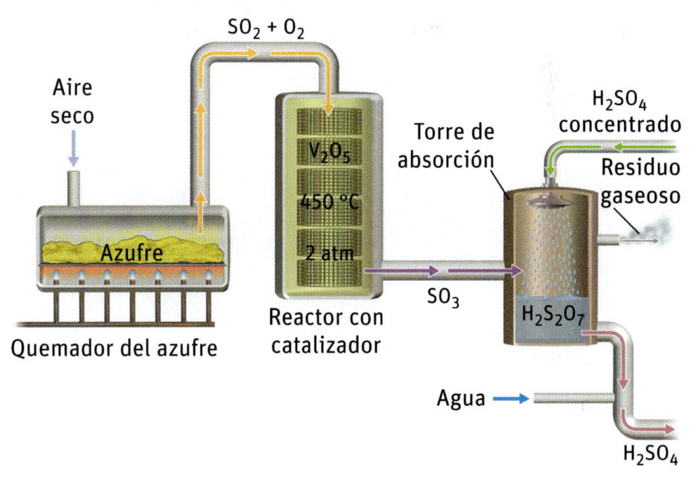

Aplicaciones del amoniaco

La mayor parte del amoniaco industrial se utiliza en la producción de fertilizantes agrícolas como el sulfato de amonio y el nitrato de amonio. También se utiliza en la elaboración de otro tipo de sustancias, como las siguientes:

- Productos químicos, como el ácido nítrico o la urea.
- Pesticidas y explosivos.
- Desengrasantes y disolventes.

Aplicaciones del ácido sulfúrico

El ácido sulfúrico se utiliza en el refinado del petróleo para eliminar impurezas, en las baterías de los automóviles, en la obtención de productos químicos (HCl, HNO_3) y en los procesos de elaboración de muchos otros productos, como los siguientes:

- Fertilizantes y explosivos.
- Colorantes y blanqueadores textiles.
- Detergentes y desinfectantes.

Repasa lo aprendido

1 ¿Qué se mantiene constante en una transformación química?

El número y la clase de átomos que participan en una reacción química son los mismos durante todo el proceso.

Como resultado, la masa se conserva constante en las reacciones.

2 ¿Cómo se produce una reacción química?

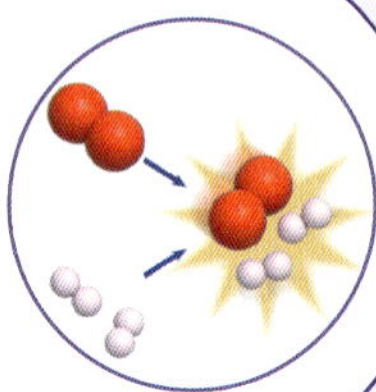

Para que se produzca una reacción química se tienen que romper los enlaces entre los átomos de los reactivos. Esto se consigue cuando las moléculas de los reactivos chocan con la energía suficiente y la orientación adecuada, en lo que se denomina **choque eficaz**.

3 ¿Qué es la concentración molar?

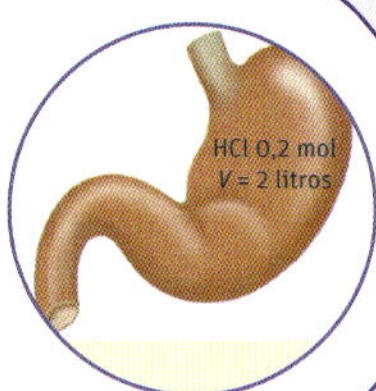

La **concentración molar**, *c*, es una forma de expresar la composición de una disolución. Indica los moles de soluto contenidos en un litro de disolución. Se expresa, por tanto, en mol/L.

4 ¿Qué indica una ecuación química ajustada?

A escala atómica, una ecuación química indica la relación entre las moléculas o unidades fórmula que intervienen en la reacción.

A escala macroscópica, indica la relación entre los moles de reactivos y de productos.

5 ¿En qué se diferencian los ácidos de las bases? ¿Qué es la neutralización de un ácido?

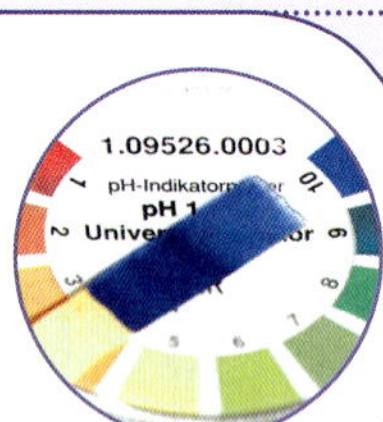

Según la **teoría de Arrhenius**, **ácidos** son las sustancias que en disolución acuosa se disocian cediendo iones H^+, y **bases** son las sustancias que en disolución acuosa se disocian cediendo iones OH^-.

En las **neutralizaciones** entre un ácido y una base se forma una sal y agua:

$$\text{ácido} + \text{base} \rightarrow \text{sal} + \text{agua}$$

6 ¿Qué productos se originan en la combustión de un hidrocarburo?

En la combustión de un hidrocarburo como el butano se forma vapor de agua y dióxido de carbono, y se desprende energía:

$$C_4H_{10} + \frac{13}{2} O_2 \rightarrow 4\, CO_2 + 5\, H_2O$$

7 ¿Qué son las reacciones de síntesis?

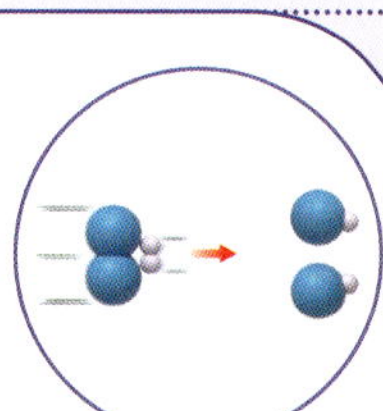

Las reacciones de síntesis son combinaciones entre dos o más sustancias, ya sean elementos y/o compuestos, que se unen para formar un solo compuesto.

$$A + B \rightarrow AB$$

smSaviadigital.com VALORA LO APRENDIDO > Resumen de la unidad

Procedimientos de la ciencia

Análisis cualitativo: identificación de los productos de una combustión

El análisis químico cualitativo se basa en un conjunto de métodos que tienen como objetivo determinar la presencia de un elemento o de un compuesto en una muestra de sustancia. En contraste, el análisis cuantitativo busca determinar la cantidad de un elemento o compuesto presente en la muestra.

Por ejemplo, en la combustión de una vela de parafina (que es una mezcla de hidrocarburos sólidos) se originan vapor de agua y dióxido de carbono como productos de la combustión. Mediante técnicas y pruebas de análisis cualitativo es posible identificar ambos productos.

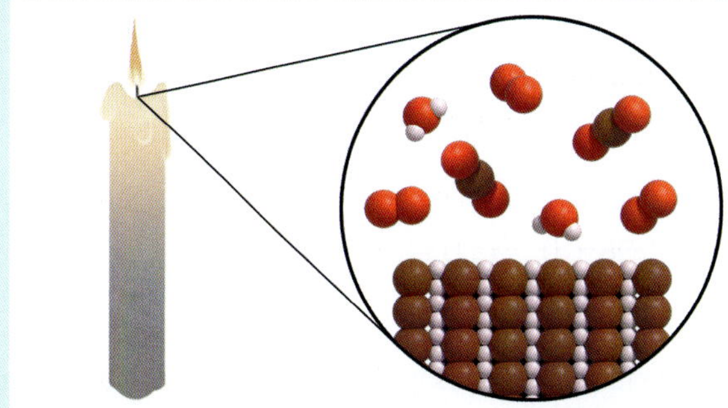

hidrocarburo + oxígeno → dióxido de carbono + agua

1 PROCEDIMIENTO

Una vez encendida la vela, los hidrocarburos sólidos que contiene arden al combinarse con el oxígeno del aire.

Los productos de la combustión (agua y dióxido de carbono) se hacen pasar a través de un tubo en U con sulfato de cobre (II), situado dentro de un vaso con agua. A continuación se hacen burbujear en un frasco con agua de cal (disolución saturada de hidróxido de calcio).

Para favorecer la circulación de los gases formados, se acopla al final del montaje una bomba de vacío conectada a un grifo (trompa de agua).

2 IDENTIFICACIÓN DEL H_2O

Al circular el agua se produce un efecto de succión por el tubo de la derecha (efecto Venturi). Cuando pasa por el tubo en U, el vapor de agua se condensa y forma gotitas al enfriarse, que caen sobre el sulfato de cobre (II).

El agua es identificada si se produce un cambio de color de la forma anhidra $CuSO_4$ (color blanco) a la forma hidratada $CuSO_4 \cdot 5\,H_2O$ (color azul).

La reacción de hidratación es:

$$\underbrace{CuSO_4}_{\text{blanco}} + 5\,H_2O \rightarrow \underbrace{CuSO_4 \cdot 5\,H_2O}_{\text{azul}}$$

3 IDENTIFICACIÓN DEL CO_2

Los gases producidos en la combustión salen por el tubo y producen un burbujeo en la transparente e incolora agua de cal. Si el líquido se enturbia, indica la presencia de dióxido de carbono. Este reacciona con el $Ca(OH)_2$ disuelto en el agua de cal y forma $CaCO_3$, un sólido de color blanco, según la reacción:

$$CO_2(g) + Ca(OH)_2(aq) \rightarrow$$
$$\rightarrow CaCO_3(s)\downarrow + H_2O(l)$$

Al ser el carbonato de calcio una sustancia insoluble en agua, forma un precipitado que causa la turbidez de la disolución.

ACTIVIDADES

16. ¿Por qué debe colocarse el embudo ligeramente elevado sobre la vela?

17. ¿Para qué se introduce el tubo en U en el interior de un vaso con agua?

18. ¿Por qué no se apaga la vela si se forman CO_2 y vapor de agua?

19. Indica algunas utilidades y aplicaciones del CO_2.

20. Comprueba si se puede aplicar el test de reconocimiento de CO_2 al aire expirado, soplando con una pajita en un vaso que contenga agua de cal.

Actividades

Reacciones y ecuaciones químicas

21. Ajusta las siguientes ecuaciones químicas.

a) $Fe + O_2 \rightarrow Fe_2O_3$

b) $HCl + Na_2CO_3 \rightarrow NaCl + CO_2 + H_2O$

c) $Al + H_2SO_4 \rightarrow Al_2(SO_4)_3 + H_2$

d) $C_2H_5OH + O_2 \rightarrow CO_2 + H_2O$

e) $NaN_3 \rightarrow Na + N_2$

22. Escribe las ecuaciones químicas que se describen y ajústalas.

a) El óxido de mercurio (II) se descompone por el calor en mercurio y oxígeno.

b) El gas propano C_3H_8 arde con el oxígeno del aire formando dióxido de carbono y vapor de agua.

c) El zinc reacciona con el ácido clorhídrico originando dicloruro de zinc e hidrógeno gaseoso.

d) El metal sodio en contacto con el agua origina hidróxido de sodio e hidrógeno.

Ley de conservación de la masa

23. ¿Se conserva el número de átomos en una reacción química? ¿Y la masa? ¿Y el número de moléculas?

24. El calcio reacciona con el oxígeno para formar óxido de calcio. En la tabla se indican las masas de las sustancias que intervienen en tres experimentos distintos.

Masa de calcio (g)	Masa de oxígeno (g)	Masa de óxido de calcio (g)
5,0	2,0	7,0
7,5	3,0	●●●
20,0	●●●	28,0

a) **Razona si se cumple la ley de Lavoisier en el primer experimento.**

b) **¿Qué masa de óxido de calcio se formará en la segunda experiencia?**

c) **Deduce la masa de oxígeno que reacciona en el tercer experimento.**

SOLUCIÓN

a) Como la suma de las masas de los reactivos es de 7,0 g, igual a la masa del producto, se cumple la ley de conservación de la masa (Lavoisier).

b) La masa de los reactivos es de 10,5 g. Por tanto, la del producto será también de 10,5 g.

c) Si la masa del producto final es de 28,0 g, la masa inicial de los reactivos debe ser también de 28,0 g. En consecuencia, los 20,0 g de calcio tendrán que combinarse con 8,0 g de oxígeno.

Cantidad de sustancia

25. Calcula la cantidad de oxígeno que reacciona completamente con 10 g de hidrógeno si se obtienen 90 g de agua.

26. El azufre reacciona con el hidrógeno para formar sulfuro de hidrógeno. Completa los datos que faltan en la tabla e indica la ley en que te has basado.

Masa de azufre (g)	Masa de hidrógeno (g)	Masa de sulfuro de hidrógeno (g)
32,0	2,0	●●●
	1,0	17,0
8,0	0,5	●●●
48,0	●●●	51,0

27. Observa el dibujo de una vela en el interior de una campana de vidrio colocada sobre una balanza electrónica. ¿Qué indicará la balanza cuando la vela se apague?

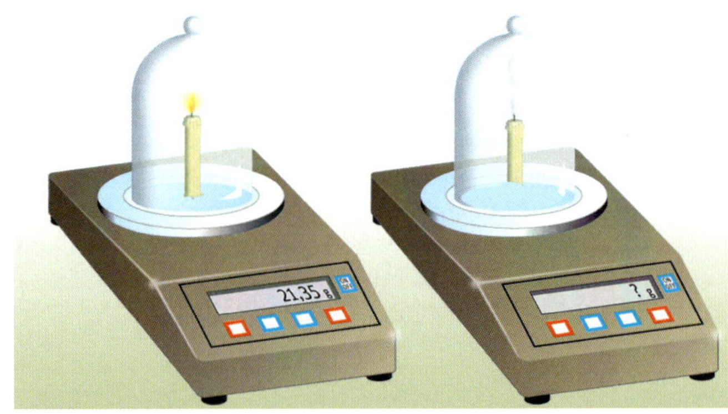

a) La balanza indicará una masa menor porque la masa de la vela disminuye un poco.

b) Según Lavoisier, la masa total se conserva constante. Por tanto, la balanza marcará lo mismo.

c) Al arder la vela se forman nuevos productos, luego la balanza indicará una masa mayor.

28. Observa los diagramas moleculares que simbolizan dos situaciones diferentes al chocar las moléculas de NO y de O_3.

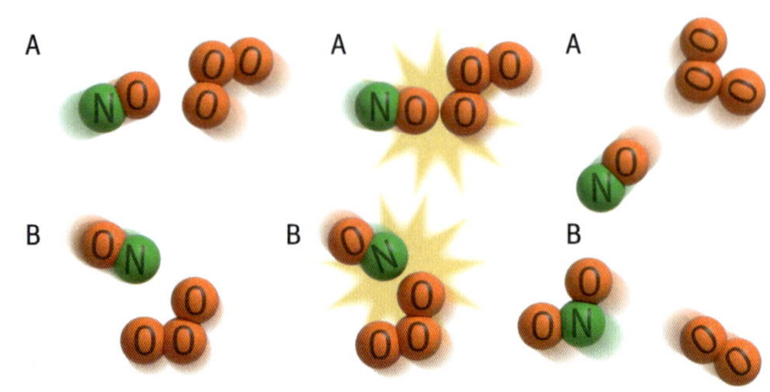

a) ¿En qué situación se produce una reacción química? Escribe la ecuación química que representa la reacción.

b) Interpreta los dos diagramas moleculares a partir de la teoría de colisiones.

29. **Ordena de menor a mayor los moles contenidos en los siguientes recipientes.**

a) Un matraz que contiene 1 g de helio.

b) Una botella con 9 L de hidrógeno a 0 °C y 1 atm.

c) Un tubo de ensayo con 10^{23} moléculas de agua oxigenada.

Masas atómicas: H = 1 u; He = 4 u; O = 16 u

SOLUCIÓN

a) $n(\text{He}) = \dfrac{\text{masa}}{\text{masa molar}} = \dfrac{1\ \text{g}}{4\ \text{g/mol}} = 0{,}25\ \text{mol}$

b) En las condiciones indicadas, resulta:

$$n(\text{H}_2) = 9\ \text{L} \cdot \frac{1\ \text{mol}}{22{,}4\ \text{L}} = 0{,}4\ \text{mol}$$

c) A partir de la definición de la constante de Avogadro:

$$n(\text{H}_2\text{O}_2) = 10^{23}\ \text{moléc.} \cdot \frac{1\ \text{mol}}{6{,}02 \cdot 10^{23}\ \text{moléc.}} = 0{,}166\ \text{mol}$$

Por orden creciente de moles, resulta c < a < b.

30. Completa la tabla que incluye diferentes formas de expresar la materia contenida en distintos gases.

Sustancia	Mol	Masa (g)	*V* (L) (0 °C, 1 atm)
Oxígeno, O_2	0,5	●●●	●●●
Metano, CH_4	●●●	64	●●●
Neón, Ne	●●●	●●●	224

31. Un sobre de azúcar común contiene 5 g de sacarosa, $C_{12}H_{22}O_{11}$.

a) Calcula el número de moléculas de sacarosa.

b) Determina el número de átomos totales y el número de átomos de cada clase.

32. Para que emitan luz, los tubos fluorescentes contienen 5 mg de vapor de mercurio. Al ser un metal tóxico, se recomienda evitar su rotura y depositarlos en un punto limpio. Calcula el número de moles de Hg que hay en un tubo fluorescente. Dato: masa atómica del Hg = 201 u

33. La densidad del hierro es de 7,8 g/cm³ y la del aluminio es de 2,7 g/cm³. Deduce qué cubo metálico de 1 m de arista contiene más moles, un cubo de hierro o un cubo de aluminio.

34. Las bebidas deportivas reponen las sales minerales perdidas durante el ejercicio. Una botella de 1000 mL de esta bebida contiene 1,2 g de sal, NaCl. Calcula el número de moles de soluto, la concentración de la bebida y el volumen de bebida que contienen 0,5 g de soluto.

35. Para preparar una disolución se disuelven en agua 4 g de cloruro de calcio, $CaCl_2$, hasta alcanzar un volumen de 250 mL.

a) Calcula laconcentración de la disolución.

b) En 100 mL de disolución, ¿cuántos moles y gramos habrá de soluto?

36. **Indica cómo prepararías en el laboratorio un litro de disolución 0,5 M de sacarosa, $C_{12}H_{22}O_{11}$.**

a) En 250 mL de la disolución preparada, ¿cuántos gramos habrá de sacarosa?

b) ¿Qué volumen de disolución contiene 0,1 mol de sacarosa?

SOLUCIÓN

La concentración 0,5 M indica que 1 L de disolución contiene 0,5 moles de sacarosa, que equivalen a 171 g. Primero se pesa la sacarosa. A continuación se introduce con un embudo en un matraz aforado de 1 L. Seguidamente, se disuelve totalmente en agua. Por último, se añade más agua hasta llegar a la línea de enrase que indica un litro de disolución.

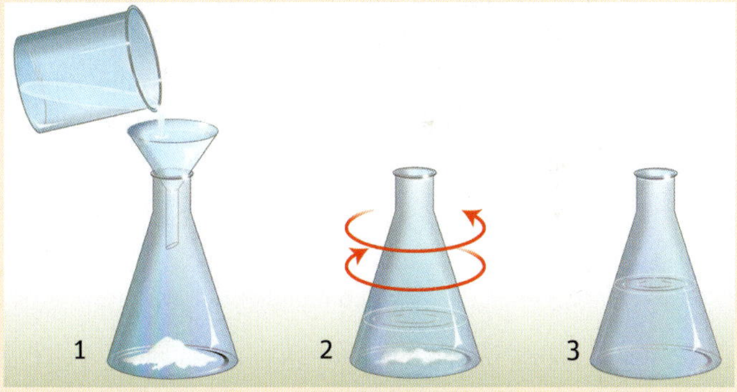

a) $m = 0{,}25\ \text{L} \cdot \dfrac{0{,}5\ \text{mol}}{1\ \text{L}} \cdot \dfrac{342\ \text{g de C}_{12}\text{H}_{22}\text{O}_{11}}{1\ \text{mol}} = 42{,}8\ \text{g de C}_{12}\text{H}_{22}\text{O}_{11}$

b) $V = 0{,}1\ \text{mol de C}_{12}\text{H}_{22}\text{O}_{11} \cdot \dfrac{1\ \text{L de disolución}}{0{,}5\ \text{mol de C}_{12}\text{H}_{22}\text{O}_{11}} =$

$= 0{,}2\ \text{L de disolución}$

37. Indica la disolución que contiene mayor número de moles de soluto.

a) 500 mL de disolución 2 mol/L.

b) 2 L de disolución 1 mol/L.

c) 1500 mL de disolución 0,5 mol/L.

38. Indica qué disolución contiene más gramos de soluto:

a) 250 mL de disolución 2 mol/L de NaCl.

b) 500 mL de disolución 1 mol/L de NaOH.

Actividades

Cálculos estequiométricos

39. El cesio es un metal que reacciona violentamente con el agua formando hidróxido de cesio e hidrógeno gas.

a) Escribe la reacción ajustada.

b) Calcula el volumen de hidrógeno que se desprenderá al añadir un trozo de 9,5 g de cesio en un litro de agua.

c) ¿Cuál será la concentración molar del hidróxido de cesio al finalizar la reacción?

40. La glucosa es un glúcido (hidrato de carbono) presente en las frutas y en la miel. Algunas bacterias anaerobias (es decir, que no necesitan oxígeno) pueden descomponer la glucosa en metano y en dióxido de carbono.

a) Escribe la ecuación química ajustada.

b) Calcula la cantidad de metano que se puede obtener a partir de 36 g de glucosa.

c) ¿Qué cantidad de glucosa se necesita para que se desprendan 22,4 L de CO_2 a 0 °C y 1 atm?

SOLUCIÓN

a) $C_6H_{12}O_6\,(s) \rightarrow 3\,CH_4\,(g) + 3\,CO_2\,(g)$

La ecuación indica que un mol de glucosa se descompone para producir tres moles de metano y tres moles de dióxido de carbono.

b) Se calculan los moles que hay en los 36 g de glucosa a partir de su masa molar (180 g/mol). Como la ecuación ajustada indica que por cada mol de glucosa se producen tres de metano, resulta:

$$n(CH_4) = 36\text{ g } C_6H_{12}O_6 \cdot \frac{1\text{ mol de } C_6H_{12}O_6}{180\text{ g de } C_6H_{12}O_6} \cdot \frac{3\text{ mol de } CH_4}{1\text{ mol de } C_6H_{12}O_6} = 0{,}6\text{ mol de } CH_4$$

c) La ecuación indica que por cada mol de glucosa se forman tres moles de CO_2; por tanto, como 22,4 L de CO_2 equivalen a 1 mol de CO_2 a 0 °C y 1 atm, se pueden establecer estas relaciones:

$$n(C_6H_{12}O_6) = 22{,}4\text{ L de } CO_2 \cdot \frac{1\text{ mol de } CO_2}{22{,}4\text{ L de } CO_2} \cdot \frac{1\text{ mol de } C_6H_{12}O_6}{3\text{ mol de } CO_2} = 0{,}33\text{ mol de } C_6H_{12}O_6$$

41. Los socorristas que mantienen las piscinas saben que no debe mezclarse ácido clorhídrico con hipoclorito de sodio, porque se libera cloro (un gas tóxico), junto a NaCl y agua.

¿Qué volumen de una disolución 3 M de HCl reaccionará con 1500 mL de una disolución 2 M de NaClO? ¿Cuánto cloro se libera?

42. Se hacen reaccionar 500 L de nitrógeno con hidrógeno en exceso para producir amoniaco. Si todos los gases se encuentran a 1 atm y 273 K, halla los litros de amoniaco que se han formado.

43. Durante la fotosíntesis de las plantas verdes, el dióxido de carbono de la atmósfera y el agua reaccionan para formar glucosa y oxígeno.

a) Escribe la ecuación ajustada.

b) ¿Cuántos moles de glucosa se obtendrán con 3 moles de agua?

c) ¿Cuántos moles de reactivos necesita absorber la planta para formar 18 g de glucosa?

d) A partir de 10 L de dióxido de carbono, ¿qué cantidad de oxígeno se formará a 0 °C y 1 atm de presión?

44. Cuando el aluminio reacciona con el ácido clorhídrico, el cloro se separa del hidrógeno uniéndose con el aluminio, y el hidrógeno se libera en forma de gas.

a) Escribe la ecuación química ajustada.

b) ¿Cuántos moles y moléculas de hidrógeno se podrán formar a partir de 17 g de aluminio?

c) ¿Qué volumen de hidrógeno se desprenderá a 0 °C y 1 atm de presión?

45. La fermentación alcohólica de la glucosa, $C_6H_{12}O_6$, es un proceso anaeróbico que realizan algunos microorganismos en ausencia de oxígeno, y que da lugar a etanol (C_2H_5OH) y dióxido de carbono.

a) Escribe la ecuación ajustada de la fermentación alcohólica.

b) A partir de 18 g de glucosa, ¿qué cantidad de etanol se producirá?

c) Si se han desprendido 50 L de CO_2 a 0 °C y 1 atm de presión, ¿cuántos moles de glucosa han fermentado?

46. Los astronautas llevan unos trajes espaciales con un filtro de hidróxido de litio que elimina el dióxido de carbono desprendido al respirar. Como productos de la reacción se forman carbonato de litio y agua.

a) Escribe la ecuación ajustada.

b) Calcula el volumen de CO_2 que puede absorber, a 0 °C y 1 atm de presión, un depósito con 120 g de LiOH.

Ácidos y bases. Neutralización

47. Indica si se producirá reacción entre el ácido clorhídrico y los siguientes reactivos. En caso afirmativo, escribe la ecuación química correspondiente.

a) Zinc.

b) Hidróxido de sodio.

c) Carbonato de calcio.

d) Agua.

48. Escribe las definiciones de ácidos y bases según la teoría de Arrhenius y pon algunos ejemplos de cada uno.

49. Indica cuáles de estas afirmaciones son incorrectas.

a) El pH de una sustancia ácida puede ser mayor que 7.

b) Una disolución de hidróxido de potasio tiene un pH menor que 7.

c) El agua tiene un pH igual a 7.

d) El ácido sulfúrico neutraliza el ácido clorhídrico.

50. Escribe los productos que se forman en estas neutralizaciones y ajusta las ecuaciones.

a) Ácido clorhídrico + Hidróxido de potasio

b) Ácido nítrico + Hidróxido de sodio

c) Ácido sulfúrico + Hidróxido de calcio

d) Ácido carbónico + Hidróxido de aluminio

51. Calcula el volumen de una disolución 3 M de ácido sulfúrico que neutralizará 500 mL de una disolución 2 M de hidróxido de sodio.

a) ¿Cuál será el pH después de la reacción entre el ácido y la base?

b) Si se añaden unas gotas del indicador fenolftaleína, ¿qué color tomará al principio y al final de la reacción?

52. Describe el procedimiento de una volumetría de neutralización entre el HCl y el KOH.

Si se han empleado 10 mL de HCl 2 M en neutralizar 50 mL de KOH, ¿cuál será la concentración de la base?

53. La cal apagada, $Ca(OH)_2$, se utiliza para neutralizar la acidez de los lagos causada por la lluvia ácida. Supón que la acidez está originada por el ácido sulfúrico.

a) Escribe la reacción de neutralización.

b) Con una tonelada de cal apagada, ¿qué cantidad de ácido sulfúrico se podría neutralizar?

Reacciones de combustión y de síntesis

54. Interpreta el siguiente esquema molecular y escribe la ecuación química que representa. ¿Cómo se llama esta clase de reacciones?

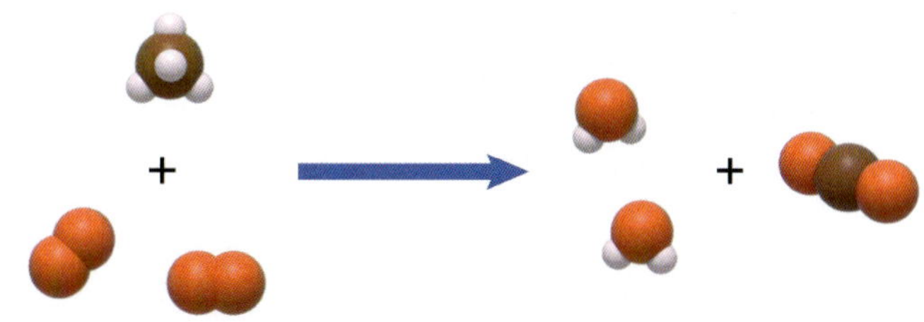

Código de colores:
bolas blancas: H   bolas rojas: O   bolas marrones: C

55. Completa y ajusta las ecuaciones de combustión de los siguientes combustibles: hidrógeno (H_2), butadieno (C_4H_6), butano (C_4H_{10}), propano (C_3H_8), hexano (C_6H_{14}) y acetileno (C_2H_2).

a) H_2 + ●●● → H_2O

b) $C_4H_6 + O_2 \rightarrow$ ●●● + H_2O

c) C_4H_{10} + ●●● → ●●● + H_2O

d) $C_3H_8 + O_2 \rightarrow$ ●●● + ●●●

e) C_6H_{14} + ●●● → CO_2 + ●●●

f) C_2H_2 + ●●● → ●●● + ●●●

56. Para calentar una *fondue* de queso se utiliza un infiernillo que contiene 112 g de metanol, CH_3OH.

a) Escribe la ecuación de combustión ajustada.

b) Calcula las cantidades de productos que se forman al quemar el metanol.

57. Indica en qué combustión de las siguientes se desprenderá menos dióxido de carbono a la atmósfera.

a) 1 g de propano, C_3H_8.

b) 1 g de hidrógeno, H_2.

c) 1 g de metano, CH_4.

d) 1 g de butano, C_4H_{10}.

58. ¿Qué es una reacción de síntesis? Completa en tu cuaderno las siguientes ecuaciones de síntesis.

a) $2\ H_2 + O_2 \rightarrow$ ●●●

b) $Cl_2 + H_2 \rightarrow$ ●●●

c) KCl + ●●● → $KClO_3$

59. Calcula las cantidades de nitrógeno e hidrógeno necesarias para obtener 1000 L de amoniaco medidos a 1 atm y 0 °C.

Ponte a prueba

Obtención casera del hidrógeno

El hidrógeno es el primer elemento de la tabla periódica y el más abundante en el universo. Forma parte de numerosos compuestos presentes en nuestro cuerpo (agua, proteínas, lípidos, vitaminas, etc.) y puede ser el combustible del futuro, pues en su combustión no se desprenden productos peligrosos para el medioambiente.

Tomando las debidas precauciones (como el uso de guantes y gafas de seguridad) es posible obtener hidrógeno en el laboratorio a partir de productos caseros como el papel de aluminio y el salfumán, un producto de limpieza a base de ácido clorhídrico. El profesor o profesora puede seguir cuidadosamente estos pasos:

1. En primer lugar se vierten unos 100 mL de salfumán en una botella de vidrio colocada dentro de un vaso de precipitados con agua, para que no se caliente demasiado durante la reacción.
2. A continuación, se introducen unas bolitas de papel de aluminio y se cierra la botella, colocando en su boca un globo bien ajustado.
3. La reacción no es instantánea, pero, una vez iniciada, se produce rápidamente con desprendimiento de calor. Cuando termine la reacción y el globo esté inflado, se debe retirar con cuidado y hacer un nudo.

1. Escribe la ecuación ajustada que representa la reacción entre el ácido y el metal.
2. ¿Por qué se ha inflado el globo? Si se suelta, el globo asciende hasta el techo. ¿Cómo se explica esto?
3. ¿Qué relación hay entre la masa contenida en la botella al principio y al final de la reacción?
4. ¿Mediante qué tipo de reacción se podría demostrar que el gas del globo es hidrógeno? Escribe la ecuación.

Una reacción fulgurante

El clorato de potasio se emplea como medicamento en forma de pastillas que alivian la garganta irritada. Por otro lado, el azufre es un no metal que se utiliza como fungicida en la agricultura.

Si se mezclan bien ambas sustancias y se acerca una llama, la mezcla arde en una reacción fulgurante, formando cloruro de potasio y el gas dióxido de azufre.

Si se coloca una tira humedecida de papel pH sobre el gas desprendido, la tira adquiere un color rojizo.

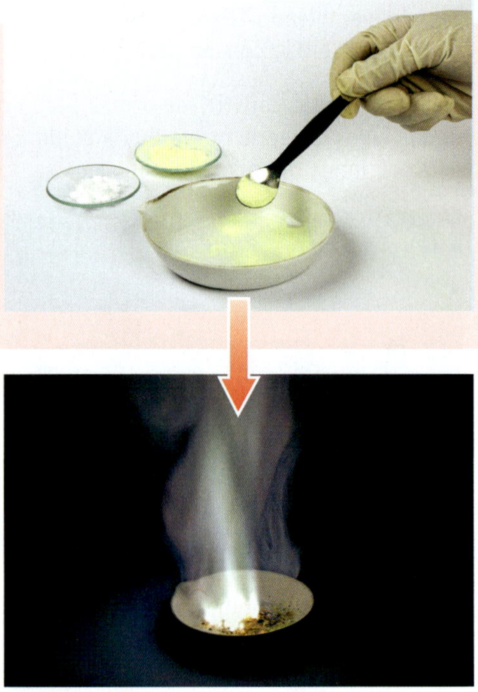

1. Indica el tipo de reacción química que ha tenido lugar y escribe la ecuación ajustada.
2. ¿Qué sustancia es el combustible? ¿Qué función tiene el clorato de potasio?
3. ¿Qué indica el cambio de color del papel pH?
4. La sustancia que forma el SO_2 al combinarse con la humedad es uno de los gases responsables de la lluvia ácida. Escribe la ecuación e indica de qué tipo de reacción se trata.

Identificación del dióxido de carbono como producto de la respiración

En la respiración celular, la glucosa se combina con oxígeno, liberando energía, vapor de agua y dióxido de carbono que eliminamos al exhalar. De forma semejante, el CO_2 es uno de los productos que se desprenden durante las combustiones.

La presencia de CO_2 en el aliento se puede detectar mediante una sencilla experiencia basada en una reacción ácido-base:

1. En un matraz con agua destilada se vierten unas gotas de azul de bromotimol. Este indicador ácido-base presenta un color azul a pH alto, un color verdoso a pH neutro y un color amarillento a pH ácido.
2. Al soplar suavemente sobre el agua mediante una pajita de refresco, se observa que el color verdoso del agua neutra vira a amarillento al cabo de unos segundos.

1. Escribe la reacción global de la respiración celular de la glucosa.
2. ¿Cómo ha cambiado el pH al provocar el burbujeo con el aire procedente de los pulmones?
3. ¿Qué ácido responsable del cambio de pH ha formado el CO_2 en contacto con el agua?
   a) Ácido clorhídrico. b) Ácido sulfúrico. c) Ácido carbónico. d) Ácido nítrico.

AUTOEVALUACIÓN

1. Indica los cambios en los que se produce una reacción química.
   a) La sublimación del yodo.
   b) La separación de una mezcla de azufre y limaduras de hierro.
   c) La carbonización del azúcar.
   d) La disolución de sal en agua.
2. Al reaccionar 6 g de magnesio en polvo con el oxígeno del aire se originan 10 g de óxido de magnesio:

   Magnesio + Oxígeno $\rightarrow$ Óxido de magnesio

   Escribe y ajusta la reacción. ¿Qué cantidad de oxígeno ha reaccionado?
   a) 3 g c) 6 g
   b) 4 g d) 12 g
3. Un globo de feria contiene 2 g de gas helio. Indica la opción correcta.
   a) Contiene 2 moles de helio.
   b) Contiene 0,5 átomos de helio.
   c) Contiene 22,4 L de helio medidos a 0 °C y 1 atm.
   d) Contiene $3{,}01 \cdot 10^{23}$ átomos de helio.

   Dato: masa atómica del helio = 4 u
4. El yoduro de hidrógeno se puede obtener a partir de la siguiente reacción de síntesis:

   $$I_2\,(g) + H_2\,(g) \rightarrow 2\,HI\,(g)$$

   Indica las opciones correctas si se combinan 3 moles de $I_2(g)$ con 6 moles de H_2 (g):
   a) Se producen 9 moles de HI (g).
   b) Se producen 6 moles de HI (g).
   c) Quedan sin reaccionar 3 moles de I_2.
   d) Hay exceso de hidrógeno.
5. El pH de una disolución concentrada de ácido fuerte es:
   a) Igual a 7.
   b) Entre 7 y 14.
   c) Mayor de 14.
   d) Menor de 7.
6. Ajusta las siguientes reacciones químicas e indica si se trata de una combustión, una neutralización o una síntesis.
   a) $Al + Cl_2 \rightarrow AlCl_3$
   b) $NaOH + H_2SO_4 \rightarrow Na_2SO_4 + H_2O$
   c) $C_2H_2 + O_2 \rightarrow CO_2 + H_2O$
   d) $MgO + SO_3 \rightarrow MgSO_4$

smSaviadigital.com VALORA LO APRENDIDO > Autoevaluación con sus soluciones

FORMULACIÓN Y NOMENCLATURA QUÍMICAS

La **IUPAC** (Unión Internacional de Química Pura y Aplicada) establece las normas para representar los diferentes elementos y compuestos (**formulación**), así como para nombrarlos (**nomenclatura**). En este anexo se han utilizado las nomenclaturas sistemáticas de **prefijos numerales** y de **números de oxidación** y algunos **nombres tradicionales** aceptados por la IUPAC (2005). Las nomenclaturas de sustitución y de adición, también aceptadas, en general exceden el nivel de este anexo.

FORMULACIÓN QUÍMICA

Valencia y número de oxidación

Valencia
Número de electrones que pierde (valencia +), gana (valencia –) o comparte (covalencia) un átomo al combinarse con otro.

La IUPAC lo ha sustituido por →

Número de oxidación
El número de oxidación de un átomo en un compuesto es un número teórico que indica el número de electrones que el átomo habría perdido o ganado si el compuesto fuera perfectamente iónico. Siempre tiene signo.

Tipos de sustancias

Sustancias elementales
Formadas por un único elemento. Pueden ser atómicas, moleculares o estructuras gigantes.
- Los gases nobles son monotáomicos: He, Ne,...
- Los metales y las sustancias elementales covalentes reticulares son estructuras gigantes. Los metales se representan mediante su símbolo (Fe, Cu, Ag,...). Las estructuras gigantes covalentes son del tipo C(diamante), Si(s)...
- Algunos no metales son moléculas diatómicas: H_2, N_2, O_2, F_2, Cl_2,... Otros se presentan como moléculas poliatómicas: P_4, S_8, O_3,...

Compuestos
Los compuestos son especies químicas formadas por dos o más elementos diferentes. Pueden ser moleculares (CO_2, H_2SO_4,...) o estructuras gigantes (NaCl, SiO_2,...).

Nomenclatura

De prefijos numerales
Las proporciones de los elementos que forman parte del compuesto se indican mediante los prefijos: mono- (1), di- (2), tri- (3), tetra- (4), penta- (5),...

De números de oxidación
Tras el nombre del elemento, se coloca entre paréntesis su estado de oxidación en números romanos (solo si tiene varios posibles).

Tradicional
Corresponde a nombres vulgares muy arraigados por su uso. La utilizaremos solo para hidruros, oxoácidos y oxisales.

Fórmulas

Empírica
Yuxtaposición de los símbolos atómicos con los subíndices enteros que indican su proporción más sencilla en la especie química correspondiente.

Para las estructuras gigantes (redes cristalinas iónicas, covalentes o metálicas) solo tiene sentido físico hablar de fórmula empírica, ya que no forman moléculas discretas. Por ejemplo, la fórmula de la fluorita, CaF_2, indica que la proporción de los iones de Ca^{2+} y F^- en el cristal es de 1:2.

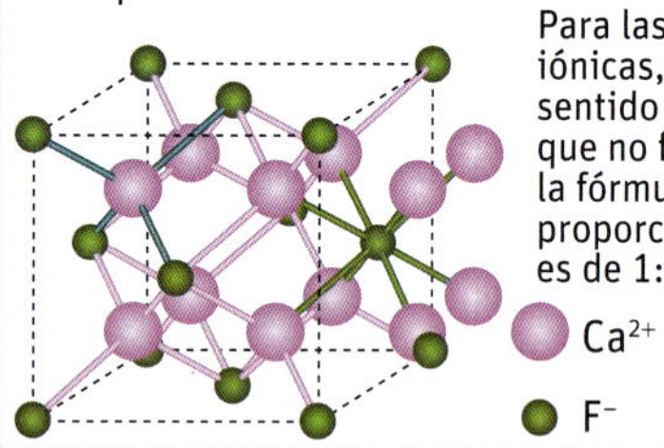

Molecular
Corresponden a especies químicas formadas por moléculas discretas. Indica la composición real de las moléculas. Por ejemplo, H_2O indica que la molécula de agua posee dos átomos de H y uno de O.
La fórmula molecular de la glucosa es $C_6H_{12}O_6$ y su fórmula empírica, CH_2O (en este caso, la fórmula empírica cabe seis veces en la fórmula molecular).

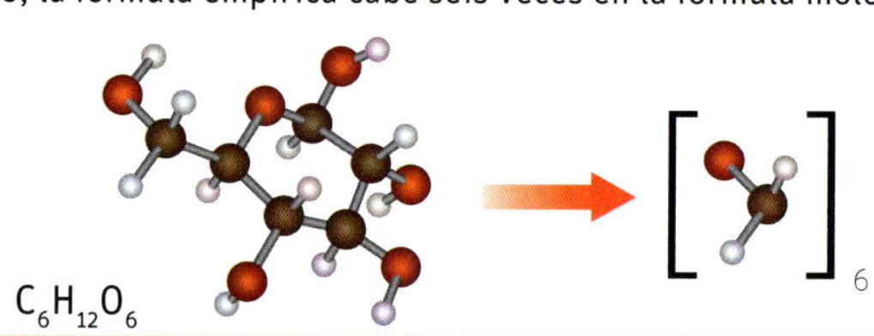

Metales	
Li, Na, K, Rb, Cs, Ag	+ 1
Be, Mg, Ca, Sr, Ba, Zn, Cd	+ 2
Al	+ 3
Cu, Hg	+ 1, + 2
Au	+ 1, + 3
Fe, Co, Ni	+ 2, + 3
Cr	+ 2, + 3, + 6
Mn	+ 2, + 3, + 4, + 6, +7
Pt, Sn, Pb	+ 2, + 4

	No metales	
	Con metal o hidrógeno	Con oxígeno
F	– 1	– 1
Cl, Br, I	– 1	+ 1, + 3, + 5, + 7
S, Se, Te	– 2	+ 2, + 4, + 6
N, P, As, Sb	– 3	+ 3, + 5
C, Si	– 4	+ 4

Reglas para calcular el número de oxidación

- El número de oxidación de un átomo individual en un elemento libre es 0.
- El número de oxidación del oxígeno en sus compuestos es – 2, excepto en los peróxidos, que es – 1, y en las combinaciones con el flúor, que es + 2 o + 1 (las normas IUPAC 2005 establecen por convenio que todos los halógenos son más electronegativos que el oxígeno).
- El número de oxidación del hidrógeno siempre es + 1, salvo en los hidruros metálicos, que es – 1.
- El número de oxidación de los metales es siempre positivo.
- El número de oxidación de cualquier ion monoatómico es igual a la carga eléctrica del ion.
- En una especie química neutra, la suma de los números de oxidación de sus átomos multiplicados por los subíndices de estos es 0. En los iones, dicha suma es igual a la carga del ion.

1 Formulación y nomenclatura de química inorgánica

1.1. Iones

Los **iones** son átomos o grupos de átomos que han perdido o ganado electrones y, en consecuencia, tienen carga eléctrica neta. Pueden ser monoatómicos o poliatómicos.

Monoatómicos

Se formulan escribiendo el símbolo del elemento con un exponente igual a su número de oxidación: carga positiva para los **cationes** y carga negativa para los **aniones**.

Nomenclatura de números de oxidación	
Los **cationes se nombran** con la palabra ion y el nombre del elemento con su número de oxidación en números arábigos, entre paréntesis. Li^{+}: ion litio (1+) Cu^{2+}: ion cobre (2+)	Los **aniones se nombran** con la palabra ion, seguida del nombre del elemento terminado en **–uro**. Cl^{-}: ion cloruro (1–) o ion cloruro S^{2-}: ion sulfuro (2–) o ion sulfuro

Poliatómicos

- En los **cationes,** la carga afecta a todo el grupo. Se designan con **nombres tradicionales**.
- En los **aniones**, la carga del ion afecta también a todo el grupo de átomos. Se nombran empleando **la nomenclatura tradicional**, derivada de la de los oxoácidos.

Ten en cuenta

Normalmente, cuando un compuesto iónico neutro se disuelve en agua, se produce un ion positivo o **catión**, y un ion negativo o **anión**. Los hidróxidos, ácidos y sales (binarias y oxisales) en agua originan iones.

Ejemplos de cationes	Ejemplos de aniones
NH_4^{+}: ion amonio	BrO^{-}: ion hipobromito
Hg_2^{2+}: ion dimercurio	NO_2^{-}: ion nitrito
H_3O^{+}: ion oxonio	SO_4^{2-}: ion sulfato
PH_4^{+}: ion fosfonio	MnO_4^{-}: ion permanganato

1.2. Combinaciones binarias e hidróxidos

	Descripción	Formulación	Nomenclatura	
			de prefijos numerales	de números de oxidación
ÓXIDOS	Combinaciones binarias del oxígeno con un elemento cualquiera. El número de oxidación del oxígeno es – 2. • Óxidos metálicos o básicos: de carácter iónico, forman estructuras gigantes. • Óxidos no metálicos o ácidos: sustancias moleculares.	Se coloca el símbolo del elemento y después el del oxígeno. Se intercambian los números de oxidación y se simplifican si es posible. 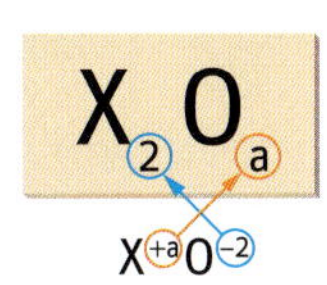	Se escribe la palabra **óxido**, seguida del nombre del otro elemento. Se indica la proporción de los elementos con los prefijos **mono–**, **di–**, **tri–**, **tetra–**, … Fe_2O_3: trióxido de dihierro P_2O_5: pentaóxido de difósforo	Se escriben las palabras **óxido de**, el nombre del otro elemento y su número de oxidación en números romanos y entre paréntesis, si es necesario. SnO: óxido de estaño (II) CaO: óxido de calcio
HALUROS DE OXÍGENO	Combinaciones de oxígeno con un halógeno (F, Cl, Br, I). Se denominan **haluros de oxígeno** y no son óxidos.	Se escribe primero el oxígeno y a la derecha el halógeno y se intercambian sus números de oxidación, simplificando si se puede.	**de prefijos numerales** Se escribe el nombre del halógeno terminado en **– uro** y después **de oxígeno**, precedidos de los prefijos correspondientes. O_3Cl_2: dicloruro de trioxígeno O_7Br_2: dibromuro de heptaoxígeno	
PERÓXIDOS	Combinaciones binarias del oxígeno, que contienen el grupo peroxo, O_2^{2-}. El número de oxidación del oxígeno es – 1. Un peróxido muy común, conocido por su nombre tradicional es el H_2O_2 (agua oxigenada).	Se considera el bloque $(O_2)^{2-}$. Se intercambian los números de oxidación y se simplifican si es posible. 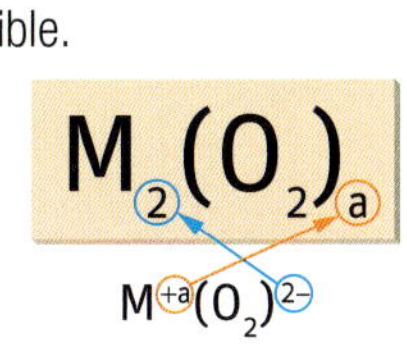	**de prefijos numerales** Se escribe la palabra **óxido**, seguida del nombre del otro elemento y en ambos se emplean sus prefijos correspondientes. Na_2O_2: dióxido de disodio ZnO_2: dióxido de cinc	**de números de oxidación** Se escriben **peróxido de** y el nombre del otro elemento con su número de oxidación, en números romanos y entre paréntesis, si es necesario. $Sn(O_2)_2$: peróxido de estaño (IV) CaO_2: peróxido de calcio

FORMULACIÓN Y NOMENCLATURA **QUÍMICAS**

	Descripción	Formulación	Nomenclatura	
			de prefijos numerales	**de números de oxidación**
HIDRUROS	Hidruros metálicos: resultan de la unión de un metal con el hidrógeno, con número de oxidación – 1.	Se coloca primero el metal, después el hidrógeno y se intercambian los números de oxidación.	Se escribe **hidruro**, seguido del nombre del metal, con los prefijos correspondientes. AuH_3: trihidruro de oro	Se escribe **hidruro**, el nombre del metal y su número de oxidación, entre paréntesis y en números romanos, si es necesario. NiH_3: hidruro de níquel (III)
			de prefijos numerales	**tradicional**
	Hidruros no metálicos: unión de B, C, Si, N, P, As, Sb y O con el hidrógeno, con número de oxidación + 1.	Se coloca el no metal, después el hidrógeno y se intercambian los números de oxidación.	Se escribe **tri –** o **tetrahidruro**, seguido del nombre del no metal. BH_3: trihidruro de boro CH_4: tetrahidruro de carbono SiH_4: tetrahidruro de silicio NH_3: trihidruro de nitrógeno	Todos tienen nombre especial. BH_3: borano — PH_3: fosfano CH_4: metano — AsH_3: arsano SiH_4: silano — SbH_3: estibano NH_3: amoniaco — H_2O: agua
			de prefijos numerales	**en disolución acuosa (hidrácidos)**
HALUROS DE HIDRÓGENO	Combinaciones del hidrógeno con los elementos de los grupos 16 y 17 (S, Se, Te, F, Cl, Br, I y At). En estos compuestos el número de oxidación que presenta el hidrógeno es + 1.	Se escribe el hidrógeno y después el no metal. Se intercambian los números de oxidación.	Se escribe el nombre del no metal terminado en **–uro** y se añade **de hidrógeno**. HF: fluoruro de hidrógeno HCl: cloruro de hidrógeno HBr: bromuro de hidrógeno HI: yoduro de hidrógeno H_2S: sulfuro de dihidrógeno H_2Se: seleniuro de dihidrógeno H_2Te: telururo de dihidrógeno	Se escribe la palabra **ácido** seguida del nombre del no metal terminado en **–hídrico**. HF: ácido fluorhídrico HCl: ácido clorhídrico HBr: ácido bromhídrico HI: ácido yodhídrico H_2S: ácido sulfhídrico H_2Se: ácido selenhídrico H_2Te: ácido telurhídrico
			de prefijos numerales	**de números de oxidación**
SALES BINARIAS	Combinaciones binarias de tipo **metal-no metal**. Son compuestos iónicos que forman cristales y son sólidos a temperatura ambiente.	Se escribe el metal y después el no metal. Se intercambian los números de oxidación, teniendo en cuenta que el no metal actúa con su número de oxidación negativo, y se simplifican si se puede.	Se escribe el nombre del no metal terminado en **–uro** seguido del metal, utilizando los prefijos ya conocidos. $MgBr_2$: dibromuro de magnesio Na_2S: sulfuro de disodio	Se nombra el no metal terminado en **–uro**, seguido del metal y su número de oxidación, entre paréntesis y en números romanos, si es necesario. FeI_3: yoduro de hierro (III) $PbCl_4$: cloruro de plomo (IV)
			de prefijos numerales	**de números de oxidación**
NO METAL-NO METAL	Combinaciones binarias de dos **no metales**. Son compuestos moleculares formados por la unión de dos no metales de esta lista: B, Si, C, Sb, As, P, N, H, Te, Se S, At, O, I, Br, Cl, F.	Se escribe el no metal que aparece primero en la lista y después el otro. Se intercambian los números de oxidación, teniendo en cuenta que el segundo no metal es el que actúa con su número de oxidación negativo, y se simplifican si se puede.	Se escribe el nombre del no metal de la derecha acabado en **–uro**, seguido del nombre del otro no metal, con los prefijos ya conocidos. BCl_3: tricloruro de boro N_2S_5: pentasulfuro de dinitrógeno	Se nombra el no metal de la derecha terminado en **–uro**, el otro no metal y, entre paréntesis y en números romanos, su número de oxidación si es necesario. BF_3: fluoruro de boro (III) SF_6: fluoruro de azufre (VI)
			de prefijos numerales	**de números de oxidación**
HIDRÓXIDOS	Compuestos formados por la combinación de un metal con el ion $(OH)^-$, llamado hidróxido, al que se asigna número de oxidación – 1.	Se coloca primero el metal, seguido del grupo OH. Se intercambian los números de oxidación, poniendo el grupo OH entre paréntesis cuando sea necesario.	Se escribe la palabra **hidróxido**, seguida del nombre del metal. Se usan los prefijos para indicar el número de OH. LiOH: hidróxido de litio $Co(OH)_3$: trihidróxido de cobalto	Se escribe la palabra **hidróxido**, seguida del nombre del metal y su número de oxidación, entre paréntesis y en números romanos, si es necesario. $Ca(OH)_2$: hidróxido de calcio $Cu(OH)_2$: hidróxido de cobre (II)

1.3. Combinaciones ternarias y cuaternarias

OXOÁCIDOS

Descripción y Formulación

- Formados por hidrógeno, un no metal y oxígeno. También ciertos metales de transición originan ácidos: el vanadio con número de oxidación + 5, el cromo con número + 6 y el manganeso con números + 4, + 6, + 7.
- Su fórmula general es $H_xM_yO_z$.
- El número de oxidación del hidrógeno es + 1, el del no metal es + m y el del oxígeno es – 2.

$$H^{+1}_{x}\ M^{+m}_{y}\ O^{-2}_{z}$$

- La suma algebraica de los números de oxidación de cada elemento multiplicados por sus subíndices es 0.

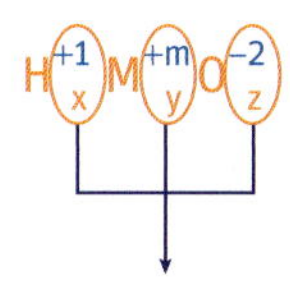

$$x\cdot(+1)+y\cdot(+m)+z\cdot(-2)=0$$

- Por ejemplo, en el H_3PO_4, el número de oxidación del fósforo es:

$$3\cdot(+1)+1\cdot(+m)+4\cdot(-2)=0$$
$$m=+5$$

Nomenclatura tradicional

El nombre empieza por la palabra ácido, seguida de la raíz del átomo central y de los prefijos y sufijos correspondientes a su número de oxidación.

Oxoácidos del cloro

$HClO$	Ácido hipocloroso
$HClO_2$	Ácido cloroso
$HClO_3$	Ácido clórico
$HClO_4$	Ácido perclórico

Oxoácidos del bromo

$HBrO$	Ácido hipobromoso
$HBrO_2$	Ácido bromoso
$HBrO_3$	Ácido brómico
$HBrO_4$	Ácido perbrómico

Oxoácidos del yodo

HIO	Ácido hipoyodoso
HIO_2	Ácido yodoso
HIO_3	Ácido yódico
HIO_4	Ácido peryódico

Oxoácidos principales del cromo y del manganeso

$H_2Cr_2O_7$	Ácido dicrómico
$HMnO_4$	Ácido permangánico

Oxoácidos del nitrógeno

HNO	Ácido hiponitroso
HNO_2	Ácido nitroso
HNO_3	Ácido nítrico

Oxoácidos del azufre

H_2SO_3	Ácido sulfuroso
H_2SO_4	Ácido sulfúrico
$H_2S_2O_7$	Ácido disulfúrico

Oxoácidos del selenio

H_2SeO_3	Ácido selenioso
H_2SeO_4	Ácido selénico

Oxoácido principal del fósforo

H_3PO_4	Ácido fosfórico

Oxoácidos del carbono

H_2CO_3	Ácido carbónico

Oxoácidos del boro

H_3BO_3	Ácido bórico

Oxoácidos del silicio

H_4SiO_4	Ácido silícico

OXISALES NEUTRAS

Descripción

- Compuestos ternarios constituidos por un metal, un átomo central (no metal, vanadio, cromo o manganeso) y oxígeno. Proceden de sustituir los átomos de hidrógeno de los oxoácidos por metales.
- Responden a la fórmula general $M_x(m_yO_z)_n$.

Formulación

- Se formulan escribiendo primero el metal y a continuación el anión formado por el resto del ácido correspondiente sin los hidrógenos (este anión dispondrá de tantas cargas negativas como hidrógenos eliminados). Para formar la sal se intercambian los números de oxidación y se simplifican, siempre que sea posible.
- Por ejemplo, el ion fosfato, PO_4^{3-} procede del H_3PO_4 y actúa con número de oxidación – 3. Así, la combinación de este anión con el catión Cu^{2+}, origina el $Cu_3(PO_4)_2$.

$$Cu^{+2}(PO_4)^{-3} \longrightarrow Cu_3(PO_4)_2$$

Nomenclatura de números de oxidación y tradicional

Se escribe, sin la palabra ion, el nombre del anión del oxoácido del que procede la sal, conforme a la tabla siguiente. Se añade el nombre del metal y cuando sea necesario, su número de oxidación entre paréntesis y en números romanos.

Ácidos	Aniones
hipo-oso	hipo-ito
-oso	-ito
-ico	-ato
per-ico	per-ato

$NaBrO$: hipobromito de sodio

KNO_2: nitrito de potasio

$Cu_3(PO_4)_2$: fosfato de cobre (II)

$KMnO_4$: permanganato de sodio

FORMULACIÓN Y NOMENCLATURA QUÍMICAS

EJERCICIOS PROPUESTOS

1. Copia y completa en tu cuaderno la siguiente tabla.

Fórmula	Nomenclatura de prefijos numerales	Nomenclatura de números de oxidación
PbO	●●●	●●●
●●●	Trióxido de dialuminio	●●●
●●●	●●●	Óxido de arsénico(V)
CaO_2	●●●	●●●
●●●	Hidruro de plata	●●●
Cu_2O	●●●	●●●
●●●	Trisulfuro de diníquel	●●●
●●●	●●●	Hidruro de plomo(II)
H_2Se	●●●	●●●
Sb_2S_3	●●●	●●●
●●●	Hexafluoruro de selenio	●●●
$SrCl_2$	●●●	●●●

2. Indica en tu cuaderno el número de oxidación del no metal en los siguientes oxoácidos.

Fórmula	Número de oxidación	Nombre	Número de oxidación
H_3PO_4	●●●	Ácido permangánico	●●●
HNO_2	●●●	Ácido silícico	●●●
$H_2Cr_2O_7$	●●●	Ácido perbrómico	●●●
H_2SO_4	●●●	Ácido nítrico	●●●
$HBrO_3$	●●●	Ácido bórico	●●●
H_2CO_3	●●●	Ácido sulfuroso	●●●

3. Copia y completa en tu cuaderno la siguiente tabla.

Fórmula	Nomenclatura	Fórmula	Nomenclatura
●●●	Ion fluoruro(1–)	●●●	Nitrito de cobalto(III)
Fe^{3+}	●●●	$Cu(NO_3)_2$	●●●
BrO_3^-	●●●	●●●	Bromato de oro(III)
●●●	Ion carbonato	$MgCO_3$	●●●
●●●	Ion perclorato	●●●	Hipoclorito de sodio
PO_4^{3-}	●●●	$PbSO_4$	●●●
$Cr_2O_7^{2-}$	●●●	●●●	Silicato de magnesio
●●●	Ion sulfito	$K_2Cr_2O_7$	●●●

4. Indica cuáles han sido los errores que se han cometido al formular estos compuestos. Escribe la fórmula correcta.

Óxido de aluminio	Al_2O_3	Hidruro de plata	AgH_2
Dióxido de carbono	CO_4	Trihidruro de oro	Au_3H
Diyoduro de pentaóxido	I_5O_2	Hidruro de estaño(IV)	SnH_2
Óxido de oro(III)	AuO_3	Hidruro de calcio	H_2Ca
Dióxido de azufre	S_2O	Hidruro de dimercurio	HgH_2
Diníquel de trióxido	Ni_2O_3	Hidruro de potasio(II)	KH
Óxido de sodio(II)	Na_2O	Hidruro de cadmio(II)	CdH_2
Óxido de carbono	CO_2	Dihidruro de estaño(II)	SnH_2

5. Formula en tu cuaderno los siguientes compuestos binarios.

a) Óxido de plomo(IV)
b) Sulfuro de carbono(IV)
c) Hidruro de oro(III)
d) Dicloruro de pentaoxígeno
e) Trihidruro de boro
f) Peróxido de bario
g) Hidróxido de litio
h) Óxido de mercurio(I)
i) Amoniaco
j) Ácido clorhídrico
k) Óxido de selenio(VI)
l) Dihidróxido de calcio

6. Nombra en tu cuaderno los siguientes compuestos binarios.

a) H_2O
b) Cu_2O
c) SnH_2
d) O_3Br_2
e) AlH_3
f) Na_2O_2
g) IF_7
h) H_2S
i) Na_2O
j) $Al(OH)_3$
k) Co_2Se_3
l) HgTe

7. Nombra y formula en tu cuaderno, según corresponda, los siguientes compuestos:

a) H_2SO_4
b) HClO
c) $HBrO_3$
d) H_2CO_3
e) HNO_3
f) Ácido fosfórico
g) Ácido sulfuroso
h) Ácido bromoso
i) Ácido permangánico

8. Escribe en tu cuaderno el anión y el catión de las siguientes oxisales. Nombra los iones y la sal.

Sal	Anión	Catión
$Au(ClO_3)_3$	●●●	●●●
$NaNO_2$	●●●	●●●
$Fe(NO_3)_2$	●●●	●●●
$Fe_2(SO_4)_3$	●●●	●●●
$CaCO_3$	●●●	●●●

9. Nombra y formula en tu cuaderno, según corresponda, los siguientes compuestos.

a) $Ca(ClO_2)_2$
b) $Mg(NO_3)_2$
c) $Cu_3(PO_4)_2$
d) Hiposulfito de rubidio
e) Nitrito de plomo (II)
f) Sulfito de sodio
g) Yoduro de potasio
h) Arseniuro de cadmio
i) Ácido bórico
j) Peróxido de sodio
k) Hidróxido de cobre (II)
l) Fosfano
m) Anión dicromato
n) $AuPO_4$
o) $Ca(ClO)_2$
p) $CsNO_3$
q) $LiMnO_4$
r) H_2O

2 Formulación y nomenclatura de química orgánica

Carbono			Oxígeno (y azufre)	
–C– (con enlaces arriba y abajo)	>C=	–C≡	–O–	O=
Nitrógeno			**Halógeno**	**Hidrógeno**
–N– (con enlace abajo)	–N=	N≡	X–	H–

Figura 1. Enlaces que pueden formar los elementos.

La **formulación orgánica** formula y nombra los compuestos cuya base estructural es el carbono, al que acompañan hidrógeno, oxígeno, nitrógeno, azufre y halógenos.

2.1. Hidrocarburos

Los **hidrocarburos** son los compuestos orgánicos más sencillos. Solo contienen átomos de carbono e hidrógeno. En función de los enlaces de carbono que contengan, se clasifican en **alcanos** (C–C), **alquenos** (C=C) y **alquinos** (C≡C).

El nombre sistemático (IUPAC) de un **hidrocarburo de cadena lineal** se compone de:

prefijo	met– (1C)	et– (2C)	prop– (3C)	but– (4C)	pent– (5C)	hex– (6C)	hept– (7C)	oct– (8C)	non– (9C)	dec– (10C)
sufijo	**–ano** (alcanos)			**–eno** (alquenos)			**–ino** (alquinos)			

	Alcanos	Alquenos	Alquinos
Descripción	Solo tienen enlaces simples	Las posiciones de los dobles enlaces se indican mediante un número localizador (la cadena se empieza a numerar por el carbono más próximo al doble enlace). El localizador corresponde al primer carbono del doble enlace y se escribe delante de la terminación, separado por un guión. Se emplean las terminaciones **–eno**, **–dieno**, **–trieno**,...	Tienen al menos un triple enlace. Su nomenclatura sigue las mismas reglas que la de los alquenos; solo hay que sustituir **–eno** por **–ino**.
Ejemplos	CH_4 metano $CH_3–CH_3$ etano	$CH_2=CH–CH_3$ propeno (1 2 3 4 5 6 7 8) $CH_3=CH–CH=CH–CH_2–CH=CH–CH_3$ octa-1,3,6-trieno	$CH \equiv CH$ etino (6 5 4 3 2 1) $CH_3–C \equiv C–CH_2–C \equiv CH$ hexa-1,4-diino

Si un hidrocarburo pierde un átomo de hidrógeno de un carbono terminal, se origina un **radical alquílico** cuyo nombre se obtiene sustituyendo su terminación por **–ilo** (CH_3– , metilo; CH_3–CH_2– , etilo; CH_3–CH_2–CH_2– , propilo; CH_3–CH_2–CH_2–CH_2– , butilo,...).

Un **hidrocarburo de cadena ramificada** deriva de un hidrocarburo de cadena lineal, al que se ha sustituido el hidrógeno de un carbono intermedio por un radical alquílico.

Según la IUPAC, para nombrar hidrocarburos ramificados se debe escoger la cadena principal, numerarla e incorporar los radicales correspondientes, terminados en **–il**.

Nomenclatura de hidrocarburos ramificados

1. Elegir la cadena principal.

- Si no hay enlaces dobles o triples, la cadena principal es la de mayor número de átomos de carbono.
- Si hay enlaces dobles o triples, es la que tiene mayor número de estos.
- En caso de igualdad, se elige primero la cadena de mayor número de carbonos.

Ejemplo:

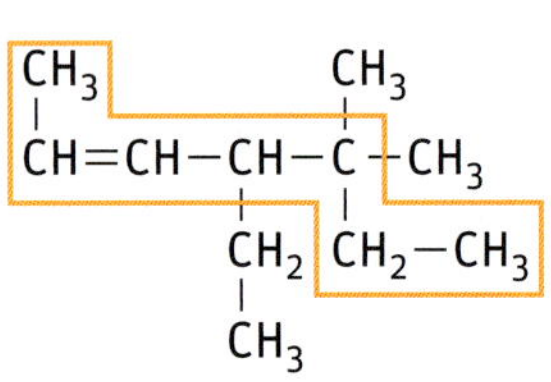

2. Numerar la cadena principal.

- Si no hay enlaces dobles o triples, se comienza por el extremo más próximo a una ramificación.
- Si hay algún enlace doble o triple, se empieza por el extremo más próximo a este.
- En caso de igualdad, se numera asignando a los dobles enlaces los localizadores más bajos.

Ejemplo:

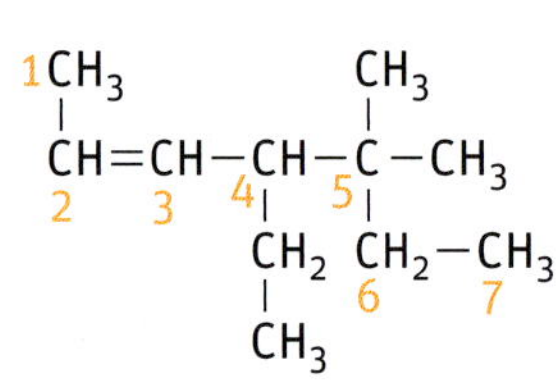

3. Nombrar el hidrocarburo.

- Se nombran primero y alfabéticamente las cadenas ramificadas, como si fueran radicales, sin la **–o** final.
- Delante del nombre de cada radical, y separado por un guión, se indica el número del localizador del carbono de la cadena principal al que va unido.
- Si hay varios radicales iguales, se usan **di–**, **tri–**,...

Ejemplo:

4-etil-5,5-dimetilhept-2-eno

2.2. Derivados halogenados

Los **derivados halogenados** resultan de sustituir uno o más átomos de hidrógeno en un hidrocarburo por otros tantos átomos de un halógeno (flúor, cloro, bromo o yodo).

Se nombran como en los casos anteriores, considerando y numerando los halógenos como radicales y citándolos en el lugar que les corresponde por orden alfabético.

CH_3Cl clorometano	$CHCl_3$ triclorometano
1 2 Br_2HC-CH_3 1,1-dibromoetano	3 2 1 $CH_3-CH=CHI$ 1-yodoprop-1-eno

2.3. Grupos funcionales

Se llama **grupo funcional** a un átomo o grupo de átomos que confiere a una molécula sus propiedades químicas características.

Si hay un grupo funcional, la cadena principal se numera dando el localizador más bajo al grupo funcional, que se nombra en último lugar con su terminación propia.

Los **compuestos oxigenados** están constituidos por carbono, hidrógeno y oxígeno.

Los **compuestos nitrogenados** están constituidos por carbono, hidrógeno y nitrógeno; en algunos casos pueden contener, además, oxígeno.

	Grupo funcional	Nomenclatura	Ejemplos	
Oxigenados	Alcoholes	Se nombran con el radical procedente del alcano terminado en **–ol**. Los polialcoholes terminan en **–diol**, **–triol**,… con sus localizadores.	5 4 3 2 1 $CH_3-CH_2-CH-CHOH-CH_3$ | CH_3 3-metilpentan-2-ol	4 3 2 1 $CH_3-CHOH-CH_2-CH_2OH$ butan-1,3-diol
Oxigenados	Aldehídos	Este grupo es siempre principio o final de la cadena, por lo que no necesita localizador. Se hacen terminar en **–al**, o **–dial**.	$CH_3-CH_2-C\begin{smallmatrix}=O\\ -H\end{smallmatrix}$ propanal	1 2 3 4 5 $CHO-CH_2-CH-CH_2-CHO$ | CH_2-CH_3 3-etilpentanodial
Oxigenados	Cetonas	Este grupo se encuentra en el interior de la estructura carbonada. Se nombran con la raíz del hidrocarburo, terminada en **–ona**, **–diona**,…	O ‖ CH_3-C-CH_3 propanona (acetona)	4 3 2 1 $CH_3-CH-CO-CO-CH_3$ | $CH_2-CH_2-CH_3$ 5 6 7 4-metilheptan-2,3-diona
Oxigenados	Ácidos carboxílicos	Al ser principio o final de la cadena, este grupo no necesita localizador. Se nombran con la palabra **ácido** terminada en **–oico** o **–dioico**.	$CH_3-C\begin{smallmatrix}=O\\ -OH\end{smallmatrix}$ ácido etanoico (ácido acético)	1 2 3 4 5 $COOH-CH-CH_2-CH_2-COOH$ | CH_3 ácido 2-metilpentanodioico
Nitrogenados	Aminas	Se nombran añadiendo **–amina**, **–diamina**,... al nombre del hidrocarburo o de los radicales sustituyentes.	CH_3-NH_2 metilamina	1 2 3 $NH_2-CH_2-CH-CH_3$ | NH_2 propano-1,2-diamina
Nitrogenados	Amidas	Derivan de los ácidos carboxílicos, sustituyendo el –OH por –NH_2. Se nombran cambiando la terminación **–oico** del ácido por **–amida**.	CH_3-CONH_2 etanamida	$NH_2-CO-CO-NH_2$ etanodiamida

EJERCICIOS PROPUESTOS

10. Nombra o formula, según corresponda, los siguientes compuestos.

a) $CH_3-CH_2-CH_2-CH_2-CH_2-CH_2-CH_3$

b) $CH_3-CH=CH-CH=CH_2$

c) 3-etilhexa-1,5-diino

d) $BrCH_2-CH_2-CH_2-CH_2-CH_2I$

e) $CH_2OH-CH_2-CH=CH-CH_3$

f) $CH_3-CH_2-NH_2$

g) $CH_2=CH-CH_2-\underset{\displaystyle Br}{\underset{|}{C}}=CH-CH=CH_2$

h) ácido 2-metil-pentanoico

i) 3,4-dibromopent-1-eno

j) pentano-3-amina

k) 3-metilpentanamida

Soluciones de las actividades

UNIDAD 1

8. a) 83,5 km; b) 0,432 g; c) 5,4 ·10^2 cm; d) 5,76·10^3 s

10. Error absoluto = 0,01 g; error relativo = 0,29 %

11. a) 1; b) 2; c) 3; d) 4; e) 3; f) 4

12. a) 46,54; b) 46,53; c) 46,53; d) 46,55; e) 46,54; f) 46,53

13. 7,8 g/cm^3 **15.** 103 m/s; 14º dirección NE, por encima de E

30. a) 4,5 · 10^3 g; b) 5,3 · 10^{-3} s; c) 6,5 · 10^3 K; d) 3 · 10^{-3} g; e) 5,6 · 10^{-3} kg; f) 3,51 · 10^4 m; g) 6,2 · 10^{-2} m; h) 2 · 10^{-3} A

31. a) 3,4 km; b) 1,52 kg; c) 5,32 m^3; d) 6,42 μs; e) 8,2 cm; f) 3,4 cm^3

34. a) 3,2 mm; b) 5,4 • 10^3 kg; c) 58,0 μm d) 4,5 g e) 34 ng

35. 12,4 t **36.** 5700 s

37. 0,75 s **38.** 0,032 L **39.** 2,00 · 10^5 L **40.** 60 dm^3 = 0,060 m^3

41. 330 cm^3 **42.** a) 1,4 m^2; b) 1,4 · 10^2 dm^2 = 1,4 · 10^4 cm^2

43. 3,0 · 10^{-29} m^3 **44.** 12,5 ± 0,1 g; 0,8 %

45. a) 1,27 mm; b) 0,01, 0,01; 0,02; 0,04; 0,01; 0, 00; 0,02; c) 0,016 mm; d) 1,3%; e) 1,27 ± 0,016 mm

46. a) 6628 km; b) 3,9%

47. a) 2; b) 2; c) 3; d) 4

48. a) 1,56 · 10^5 J; b) 1,01 · 10^3 g; c) 20,1 s ; d) 0,346 g

49. 125,6 m **50.** 25 N

51. 4,2 N

UNIDAD 2

1. 9,09·10^{-31} kg

21. Aproximadamente 10^{-2} m, es decir, 1 cm.

34. 2, 8, 18 y 32 respectivamente.

35. N.º de protones = N.º de electrones = 21; Z = 21; A=45

UNIDAD 3

58. e) 7,0 cm^3

UNIDAD 4

4. m_i =173 g; m_f = 173 g; m_{CO2} = 44 g

8. 34 g/mol H_2O_2 , 17 g/mol NH_3, 100 g/mol $CaCO_3$

9. a) 6 · 10^{24} moléculas de H_2O_2 y 2,4 · 10^{25} átomos;
b) 3,01 · 10^{23} moléculas de CCl_4 y 1,5 · 10^{24} átomos totales;
c) 2,2 · 10^{24} moléculas de SiH_4 y 1,1 · 10^{25} átomos totales.

10. 4 mol; 7,26 · 10^{24} átomos totales; 2,42 · 10^{24} átomos de Na

13. 8 mol y 184 g de Na; 2 mol y 63 g de O_2 **14.** 50 mL **25.** 80 g de O_2

26.

Masa de azufre (g)	Masa de hidrógeno (g)	Masa de sulfuro de hidrógeno (g)
32,0	2,0	34,0
16,0	1,0	17,0
8,0	0,5	8,5
48,0	3,0	51,0

30.

Sustancia	Mol	Masa (g)	V(L) a 0ºC y 1 atm
Oxigeno, O_2	0,5	16	11,2
Metano, CH_4	4	64	89,6
Neón, Ne	10	200	224

31. a) 8,8 · 10^{21} moléculas; b) 3,96 · 10^{23} átomos; 1,06·10^{23} átomos de C; 9,68 · 10^{22} átomos de O; 1,94 · 10^{23} átomos de H. **32.** 2,5 · 10^{-5} mol

32. 2,5 · 10^{-5} mol **33.** 1,4 · 10^5 mol Fe > 1,0 · 10^5 mol Al

34. 0,02 mol NaCl; 0,02 mol/L; 427 mL.

35. a) 0,14 mol/L; b) 0,014 mol $CaCl_2$; 1,60 g $CaCl_2$

37. a) 1 mol; b) 2 mol; c) 0,75 mol **38.** a) 29,25 g NaCl ; b) 20 g NaOH

41. 0,5 L HCl; 3 mol Cl_2 = 67,2 L Cl_2 (a 0ºC y 1 atm) **42.** 1000 L NH_3

43. b) 0,5 mol glucosa; c) 0,6 mol CO_2 y 0,6 mol H_2O; d) 0,45 mol O_2 = 10 L O_2

44. b) 0,944 mol H_2 = 5,7·10^{23} moléculas H_2; c) 21,1 L H_2

45. b) 0,2 mol C_2H_5OH ; c) 1,12 mol $C_6H_{12}O_6$

46. b) 56 L CO_2 **51.** 0,167 L H_2SO_4 **52.** 0,4 mol/L KOH

53. b) 13,500 mol H_2SO_4 **56.** 3,5 mol CO_2 y 7 mol H_2O

57. a) 6,8·10^{-2} mol CO_2; b) 0 mol CO_2; c) 6,3·10^{-2} mol CO_2; d) 6,9·10^{-2} mol CO_2. **59.** 22, 3 mol N_2 y 66,9 mol H_2

UNIDAD 5

2. a) 1965 kJ; b) 0,05 mol **3.** c) 0,11 mol **4.** c) 202,1 kJ

5. v = 4·10^{-4} mol/s = 8·10^{-4} mol/L·s **6.** 0,02 mol/s → 0,01 g/s

10. v_1 = 1 ·1 0^{-2} g/s, v_2 0 7 · 10^{-4} g/s, v_3 = 5 · 10^{-3} g/s, v_4 = 1,4 · 10^{-3} g/s

14. b) 250 kJ **16.** b) 92 kJ; c) 368 kJ; d) 0,25 mol

18. b)– 482 kJ **19.** b) 607,6 kJ **21.** a) 23 506 kJ; b) 940,3 L

22. b) 280 kJ **23.** b) 2297 kJ; c) 121,7 L

24. a) 1425 kJ; b) 624 kJ; c) 30 L

26. v = 1,5·10^{-2} g/s = 6,25·10^{-4} mol/s

27. a) 0,5 g/min → 1,67·10^{-5} mol/s; b) 1,67·10^{-5} mol/s → 2,2 g/s

29. a) v_1 = 0,025 mol/(L·s); v_2 = 0,0125 mol/(L·s); v_3 = 0,075 mol/(L·s)

39. c) 0,156 mol H_2SO_4; 0,217 mol HNO_3

UNIDAD 6

21. b) 1,535 · 10^{-10} m; 1,339 · 10^{-10} m; 1,203 · 10^{-10} m

41. b) 0,143 g

56. a) 1,04 · 10^3 g ; b) 449 g

UNIDAD 7

3. 50 m **5.** 9,80 m/s; 1,85 m/s **6.** 20 min; 28,3 km

7. 2,8 m/s^2 **8.** 5 m/s^2; – 5 m/s^2 **9.** a) 6,11 s; b) 187 m

10. a) 30 m; 14 m/s; b) 20 m **11.** a) 70 m; b) 4,1 s; c) 5,8 s

12. 3,5 · 10^{-3} rad/s; 5,6 · 10^{-4} Hz; 9,1 · 10^{-4} m/s^2

17. 4 m; 2π m

19. b) 100 m; 40 m; c) $v_{m\ 0\text{-}1}$ = 1,0 m/s; $v_{m\ 1\text{-}2}$ = 1,3 m/s; $v_{m\ 2\text{-}3}$ = – 1 m/s; $v_{m\ tot}$ = 1,1 m/s

UNIDAD 7

20. 12 m/s; –4 m/s^2 **21.** 67 m/s^2; 2,4 · 10^5 m/s

22. b) 94,3 m; b) 14,4 m/s **24. a)** –5 m; **b)** 6 s; **c)** 0,33 s

25. a) x = –10 + 0,4 t; **b)** 10 km; 34 km

27. b) Caso (I) 3 h; Caso (II) 2,5 h; **c)** Caso (I) A: 90 km; B: 180 km; Caso (II) A: 150 km B: 150 km

28. Se encuentran a 75 km de A, a las 3 h de su partida.

29. 116,7 km; 1,7 h

30. a) 0,4 m/s^2; 0,5 m/s^2; **b)** – 8,1 m/s^2; - 1,5 m/s^2; 403 m; 75 m)

34. (A) a_1 = 1 m/s^2; a_2 = 0; a_3 = - 0,4 m/s^2; 375 m. **(B)** 1 m/s^2; 4,5 m

35.

t (s)	0	2	4	6	8	10	12
s (m)	0	10	20	34	56	86	124
v(m/s)	5	5	5	9	13	17	21

36. b) 0,02 h; 0,4 km; **c)** 0,04 h **38. a)** 3,4 s; 32,8 m/s

39. 78,4 m; 39,2 m/s; 3,3 s **42. a)** 3 s; Δs = 0; **b)** – 10,4 m/s

43. a) 211,5 m; t = 1,5 s; **b)** 5,8 s

45. 4,29 · 10^{-7} Hz; 1,03 · 10^3 m/s; 2,68 · 10^{-6} rad/s; 2,76 · 10^{-3} m/s^2

46. 0,3 m/s; 0,5 m/s; 3,5 rad/s **47.** 33,4 vueltas **48.** 1620 vueltas

UNIDAD 8

4. R_x = 163,64 N; R_y = 63,64 N; R = 175,58 N

8. 0,28 m/s^2 **11.** 0 m/s^2 **13.** – 440 N **13.** 5700 N

15. b) 71,4 N/m; **c)** 28,6 g **17. a)** 40 N/cm; **b)** 6,25 cm; **c)** 320 N

19. a) – 2 N; **b)** 5,8 N; **c)** 19,2 N; 51,3º

20. I) F_x = -207,8 N; F_y = 120 N; II) F_x = 39,8 N; F_y = –23 N

21. R_x = 2 N; R_y = –7,9 N **22.** 519,6 N **25.** 1171,5 N

28. 97,2 m/s^2 **30.** 10N; 0 N; –60 N **33.** 11,4 m/s

34. a) 2*F*; **b)** *a*/3; **c)** 4*m*; **d)** *a* · 2$^{1/2}$

36. a) 3 N; **b)** 2,4 N; **c)** 1,9 N **d)** –28,8 N

37. a) v_A = 4,2 m/s; v_B = –3,3 m/s; **b)** v_A = 3, 7 m/s; v_B = –2,7 m/s

38. a) –25 m/s^2; 4 N; **b)** 3 m/s

40. 18 m/s **41. a)** 7,7 s; **b)** 13 s; **c)** 12,5 m/s **42.** 5,3 m/s^2

UNIDAD 9

5. 3,2 m; 19,6 m **6.** 1024,5 m/s; 2,7.10^{-6} rad/s; 27días **10.** 49 N

11. a) *N* = 784 N; $F = F_{roz}$ = 392 N; **b)** 552 N **12.** 240 N **13.** 5 m/s

15. 4 N; 2,2 m/s **12.** 11,9 m/s **17.** 8,7 · 10^{-8} N

18. a) ω = 9,9 rad/s; *T* = 0,63 s; 2,9 vueltas

21. a) 4,44 · 10^3 N; 7,72 · 10^3 m/s; **b)** 90,9 min

24. a) 25,9 N/kg; **b)** 0,28 N/kg; **c)** 1,38 · 10^{22} N; **d)** 1,37 · 10^4 m/s; 3,55

25. a) 1,62 N/kg; **b)** 7,35 · 10^{22} kg **28.** 7,51 s (Marte); 2,83 s (Tierra)

29. a) 223 días; **b)** 3,52 · 10^4 m/s; **c)** 0,011 m/s^2

30. a) Ganímedes: 1,07 · 10^6 km; Calisto: 1,88 · 10^6 km; **b)** 1,73 · 10^4 m/s

32. a) 4,9 N; 49 N; 9,8 m/s^2. **b)** Madera: 6,8 m/s^2; Hierro: 9,5 m/s^2; Madera: 13,6 m/s; Hierro: 19 m/s

36. 0,1 **37.** 7 m/s^2 **39. c)** 410 N; 400 N; 390 N

40. -2 m/s^2; 0,21 **43.** 100,45 N; 89 N 100,45 N; 75,8 N

UNIDAD 10

1. 3267 Pa; 6533 Pa; 19 600 Pa

2. $p_{(cara\ 60x12)}$ = 1769 Pa; $p_{(cara\ 60x17)}$ = 1249 Pa; $p_{(cara\ 12x17)}$ = 6245 Pa

4. p_{ondo} = 29400 Pa; p_{pared} = 9800 Pa **9.** 949 m

11. 27 812 N **12.** 294 N **15.** 4 · 10^7 Pa **16.** 140 525 Pa

17.

Fuerza (N)	5	10	25	50
Superficie (m^2)	0,0005	0,001	0,005	0,01
Presión (Pa)	10000	10000	5000	5000

21. 26,4 cm **22.** 2333 kg/m^3 **25.** 10,3 m

26. b) 55 978 Pa (A); 67 973 Pa (B); 101 293 (C); 90 630 (D)

28. 88651 Pa **30.** 19889 N

32. $p_A = p_B = p_C$ = 102 273 Pa; $p_D = p_E = p_F$ = 103 253 Pa

35. *E* = 25 186 N; F_T = 31 164 N **37.** 0,62 N

38. a) 196 N; **b)** 20 L; **c)** 9,1% **40. a)** 2510 cm^3

42. a) 0,88 N; **b)** 681 N; **c)** 680 N **46.** 30 000 N

UNIDAD 11

1. $E_{c2\ m/s}$ = 200 J; $E_{c4\ m/s}$ = 800 J; $E_{c6\ m/s}$ = 1800 J; $E_{c8m/s}$ = 3200 J; $E_{c10\ m/s}$ = 5000 J

2. 1764 J; 588 J; 0 J **6.** 980 J; 0 J; –980 J; 0J

8. a) 150 W; **b)** 2,7 · 10^6 J; **c)** 0,75 kWh , 0,09 €

9. a) 1 058 400 kJ = 294 kWh; **b)** 5880 N

11. a) –30 J; 33 J; **b)** 91 % **15. a)** 196 J; **c)** 20 m/s

16. a) 3500 J; **b)** E_{c2} = 7000 J; E_{c3} = 10 500 J

23. a) 89,5 J; **c)** 89,5 J **25. b)** Con 65,5 m/s; **c)** 218,7 m

26. 300 J **27. a)** 8660 J; **b)** 112,5 J; **c)** –112.5 J

28. a) 392 N; **b)** 1372 J; **c)** –34 J; **d)** 818 J

29. a) 1,35 · 10^6 J; **b)** – 1,35 · 10^6 J; **c)** –13 636 J **31. a)** 0 J

32. a) E_c = 0 J; $E_p = E_m$ = 2450 J; **b)** 2450 J; **c)** E_c = 2450 J; *v* = 9,9 m/s **d)** 0 J **e)** 10 m **f)** –2450 J

33. c) 0,7 m **34. a)** 14 J; 0 J; –9 J Total 15 J; **b)** 15 J; 0,77 m/s

35. a) 6000 J; **b)** 4800 J **36. a)** 1,86 · !0^7 J; **b)** 1,58 · !0^7 J; **c)** 85.4 %

37. b) 10 cm; **c)** d_3 = 15 cm; d_4 = 20 cm; **d)** 6 kg

38. a) 12 544 J; **b)** 784 N; **c)** 209 W; **d)** 94 %

39. 1,08 · !0^7 J = 1,08 · !0^4 KJ; 7,56 · !0^6 J = 7,56 · !0^3 KJ

41. *W* = 22,6 J; **a)** *W* = 22,6 J; *F* = 40 N

UNIDAD 12

1. 1 923 000 J = 1923 kJ **2.** 471 J/kgºC **6.** 5,2 · 10^7 J

8. c_{eA} = 7000 J/kgºC; c_{eB} = 2333 J/kgºC

14. a) 176 ºF y 353 K; **b)** 27 ºC y 300 K; **c)** –4 ºF; **d)** –29 ºC

17. 167200 J **22.** 83 L **23.** 0,24 kg **27.** 2,4· 10^{-5} K^{-1}

29. 4,8 x 10^{-5} K^{-1} **30.** 2,4 mm **32. a)** 2,20 L; **b)** 0,13 L; **c)** 2,20 L

33. 1,26 cm^3 **37.** 1,80 · 10^6 J; 1,94 · 10^6 J **38.** 7,94 · 10^5 kJ

39. 11,7 kg

40. a) 167 200 J; **b)** 216 000 J; **c)** 48 800 J; **d)** 77,4 %

El libro de **Física y Química para 4.º ESO** forma parte del Proyecto Editorial de Educación Secundaria de SM. En su realización ha participado el siguiente equipo:

Autoría
Ana Cañas, Jesús Ángel Viguera, Aureli Caamaño, Fernando I. de Prada

Asesoría científica
J. G. L. de Guereñu

Edición
Rocío A. Medina, Manuel Reyes, Daniel Omar Romero, María Garrido (edición digital)

Corrección
Ricardo Ramírez

Ilustración
ARCHIVO SM, Ricardo de Arce Borda, Ramón Colera Cañas, Pablo Jurado, Santiago Alberto Moralejo, Félix Moreno Arrastio, Jacinto Rodriguez Montoro, Myriam Alicia García Marquet, Juan Francisco Cobos Hernández, Ariel Alejandro Gómez, Diego Conte Peralta, Nicolás Fernández Prímola, EL OJO DEL HURACÁN, Antonio Muñoz Tenllado, Luis Mosquera Arancibia

Fotografía
Javier Calbet, Juan Baraja, José Manuel Navia, Sergio Cuesta, María Pía Hidalgo / ARCHIVO SM; Schmidbauer, Sergio Dotta Jr, Pedro Carrion Juarez, Peter Rey; Jose Antonio Nicoli / Dreamstime; Shawn Riley / iStock; CONTACTO; EFE; ALAMY IMAGES; PHOVOIR; PHOTOLINK; INGIMAGE; THINKSTOCK; Dotta; 123RF; SHUTTERSTOCK; GETTY IMAGES; AGE FOTOSTOCK; ESA / ATG medialab

Edición gráfica
Juan Baraja

Diseño de cubierta e interiores
Estudio SM

Responsable de proyecto
Ángel Rubio

Coordinación de contenidos digitales
Mara Mañas

Coordinación editorial de Ciencias
Laura Pérez

Dirección de Arte del proyecto
Mario Dequel

Dirección editorial
Aída Moya

Todas las actividades contenidas en este libro han de ser realizadas en un cuaderno aparte, nunca en el propio libro.
Los espacios incluidos son meramente indicativos y su finalidad es puramente didáctica.

Gestión de las direcciones electrónicas
Debido a la naturaleza dinámica de internet, Ediciones SM no puede responsabilizarse de los cambios o las modificaciones en las direcciones y los contenidos de los sitios web a los que remite en este libro.

Con el objeto de garantizar la adecuación de las direcciones electrónicas de esta publicación, SM emplea un sistema de gestión que redirecciona las URL que con fines educativos aparecen en la misma hacia diversas páginas web; entre otras de uso frecuente: http://es.wikipedia.org, www.youtube.es. SM declina cualquier responsabilidad por los contenidos o la información que pudieran albergar, sin perjuicio de adoptar de forma inmediata las medidas necesarias para evitar el acceso desde las URL de esta publicación a dichas páginas web en cuanto tenga constancia de que pudieran alojar contenidos ilícitos o inapropiados. Para garantizar este sistema de control es recomendable que el profesorado compruebe con antelación las direcciones relacionadas y que comunique a la editorial cualquier incidencia a través del correo electrónico ediciones@grupo-sm.com.

ISBN: 978-84-675-8706-7
Depósito legal: M-03371-2016
Impreso en la UE / *Printed in EU*

Este libro está impreso en papeles procedentes de bosques gestionados de manera sostenible.